Wandergenuss
Chiemgau und Berchtesgadener Land

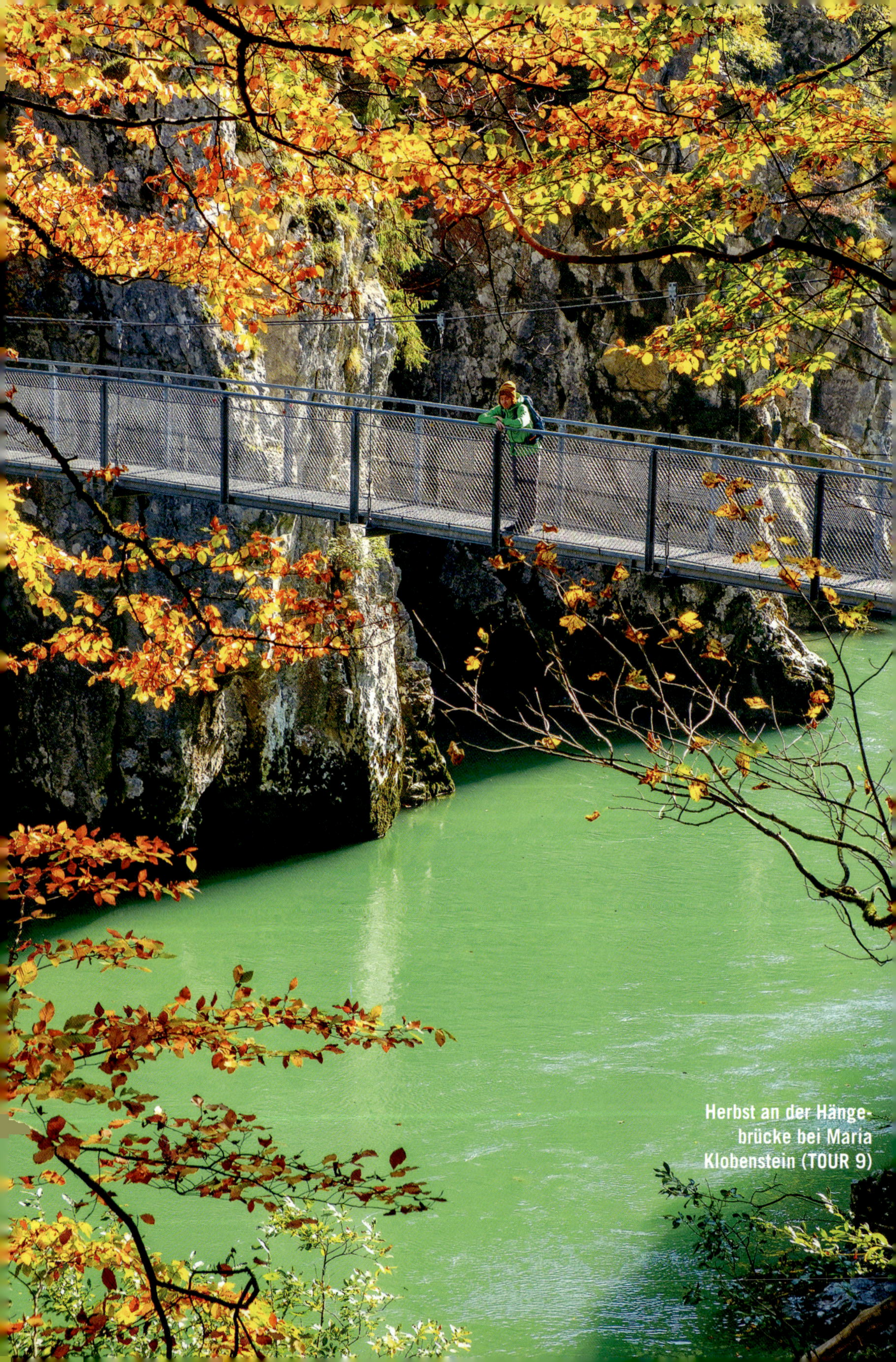

Herbst an der Hängebrücke bei Maria Klobenstein (TOUR 9)

Lisa und Wilfried Bahnmüller

Wandergenuss CHIEMGAU UND BERCHTESGADENER LAND

35 spannende Natur- und Kulturerlebnisse auf aussichtsreichen Wegen

BRUCKMANN

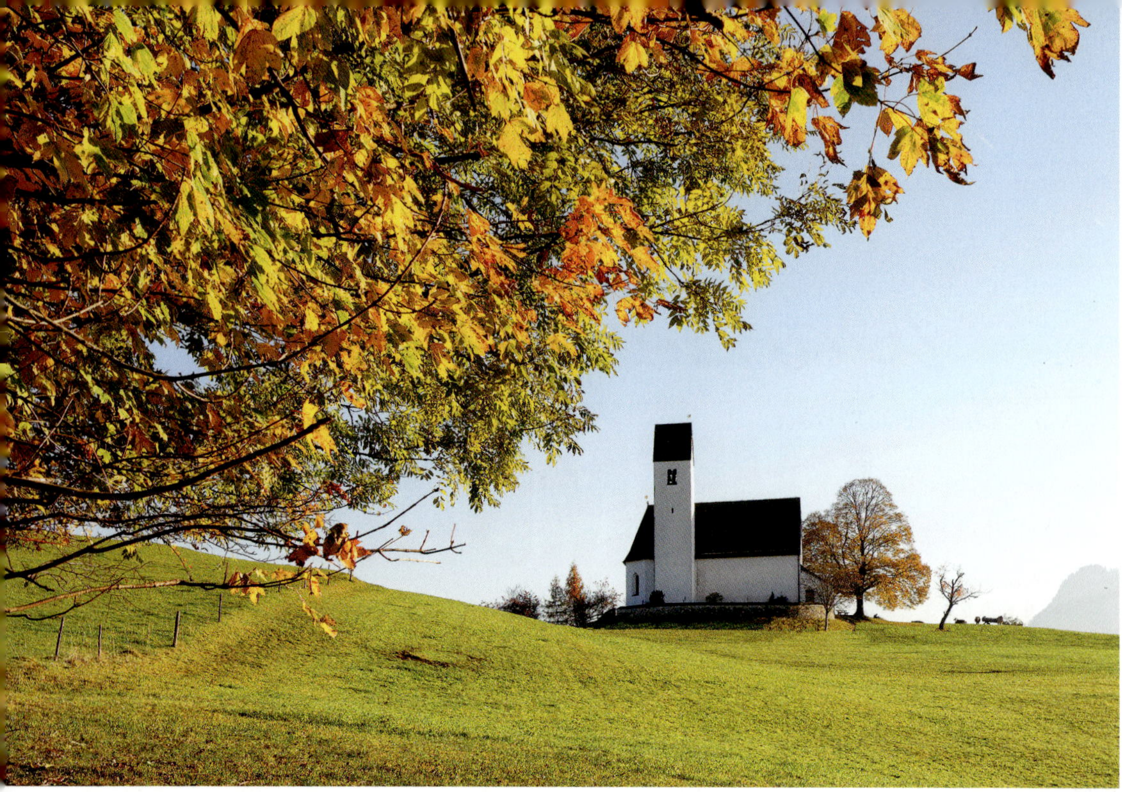

Kirche St. Peter in Steinkirchen am Samerberg (TOUR 1)

Inhalt

Ein neugieriger Esel begrüßt uns am Café Pauli bei Aschau (TOUR 7).

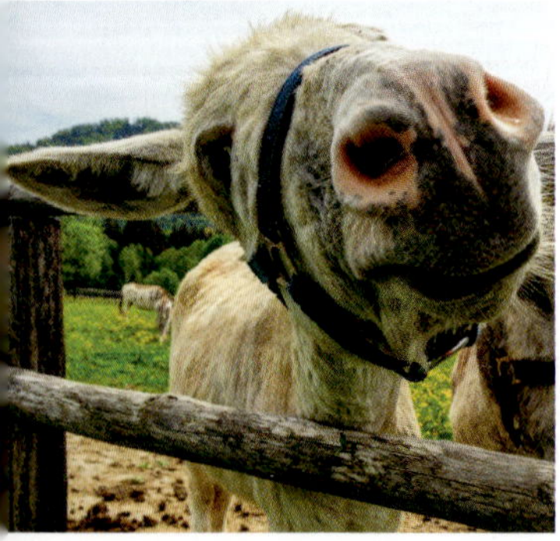

GENUSS AUF SCHRITT UND TRITT

Traditioneller Almabtrieb von der Halsalm zum Hintersee (TOUR 29)

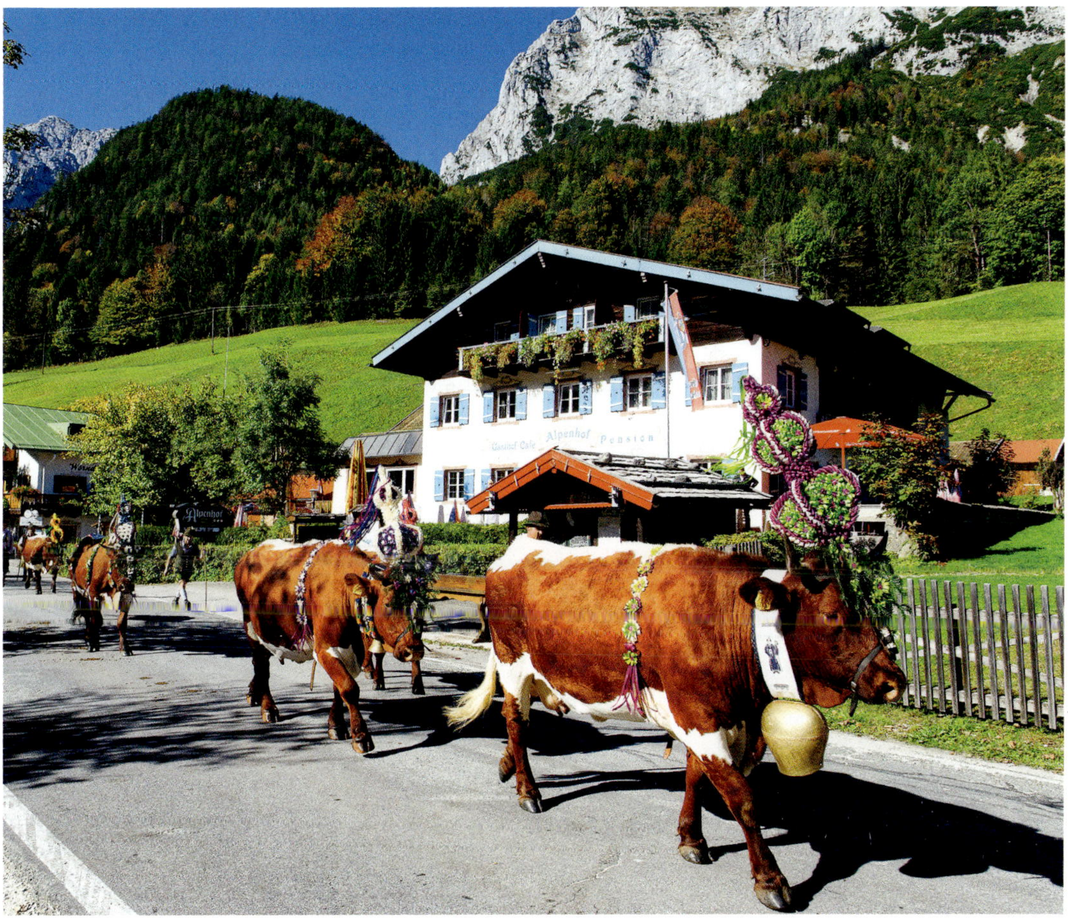

Mit der Seilbahn geht es rasch und bequem auf den Hochfelln (TOUR 15).

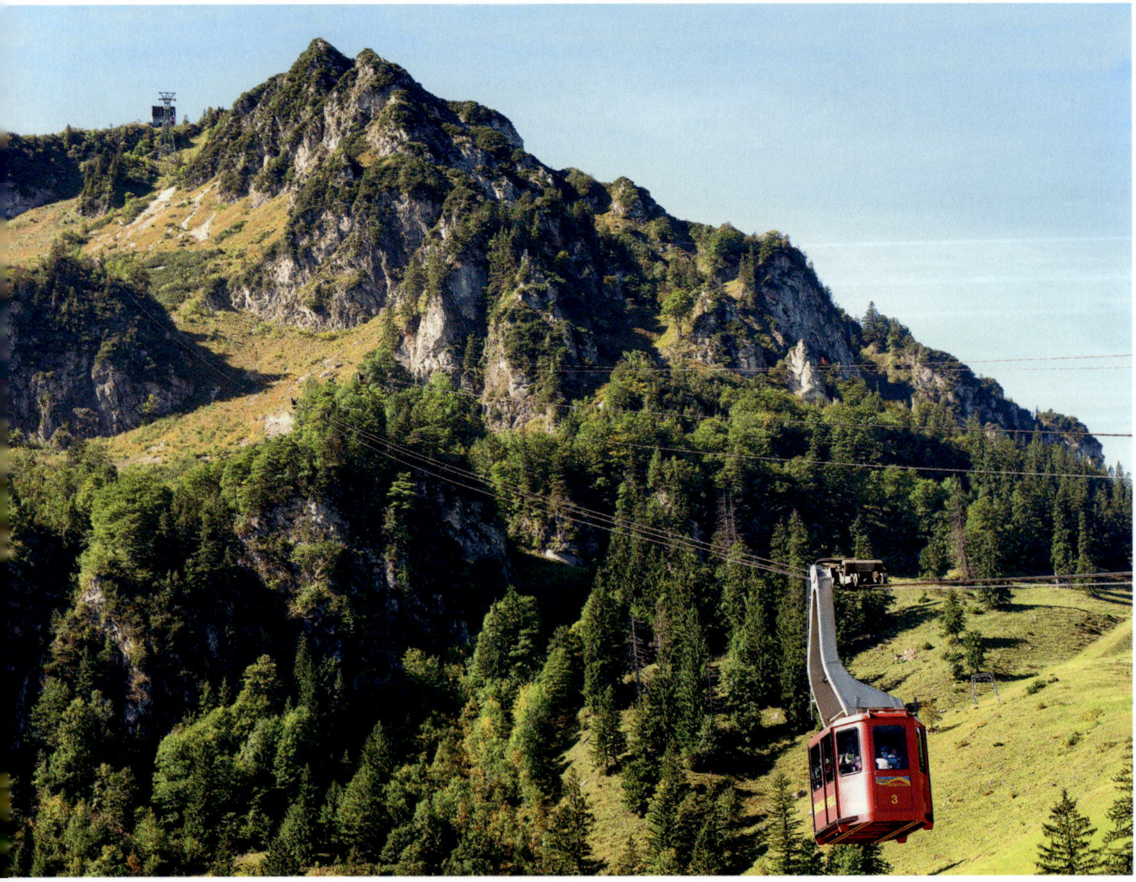

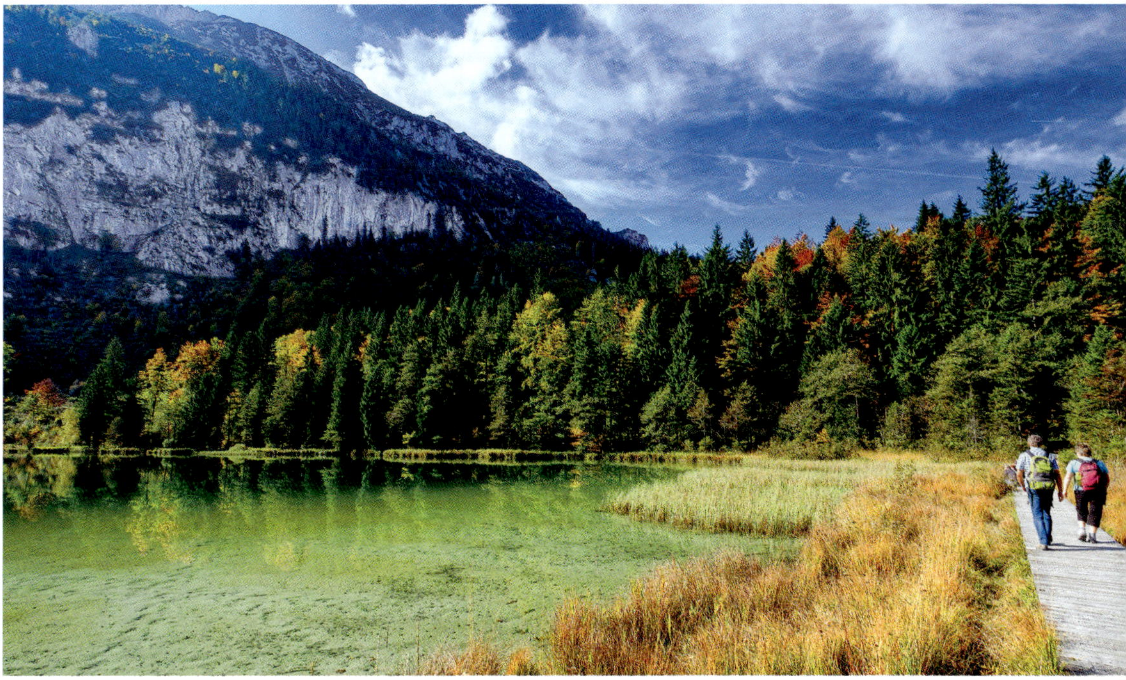

TOUR 24 führt an den Frillensee.

In der Almbachklamm (TOUR 31)

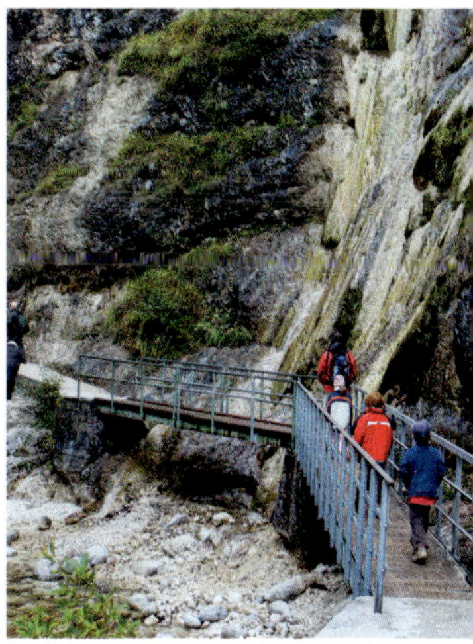

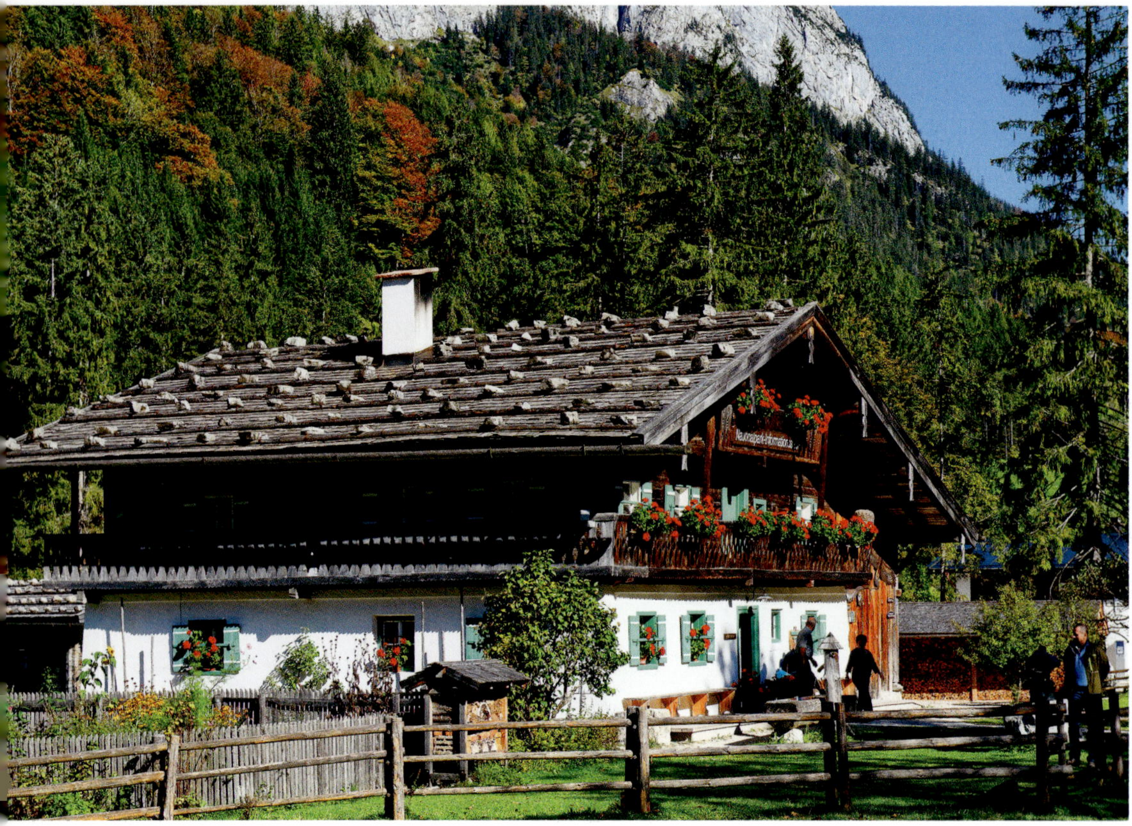

Die Informationsstelle des Nationalparks Berchtesgadener Land am Beginn des Klausbachtals (TOUR 28)

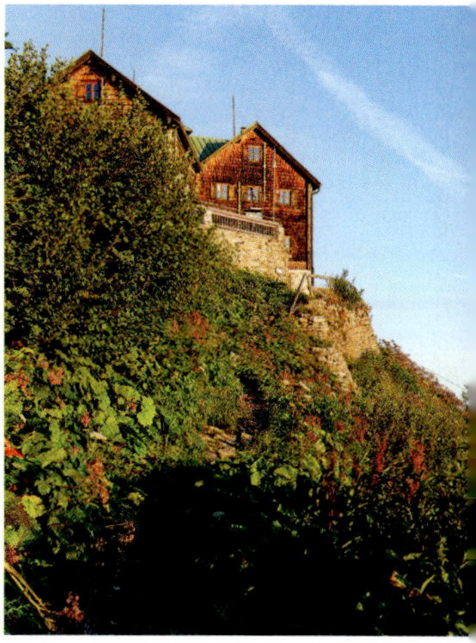

Das Purtschellerhaus im Morgenlicht (TOUR 35)

Der Watzmann gilt als Wahrzeichen des Berchtesgadener Lands (TOUR 32).

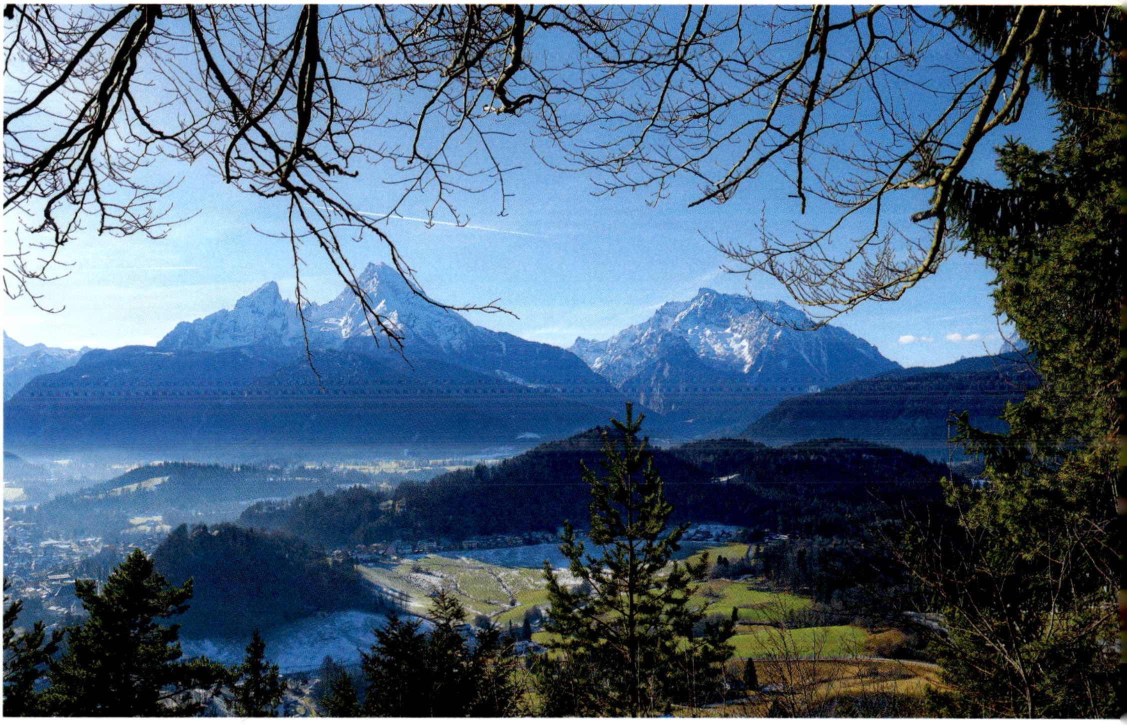

Mit viel Genuss durchs Chiemgau und das Berchtesgadener Land

Meer oder Berge? Im Chiemgau und im Berchtesgadener Land ist beides möglich! Südlich vom »bayerischen Meer«, dem großen Chiemsee, erheben sich die felsigen Chiemgauer Berggipfel in den weiß-blauen Himmel, und bis zum Berchtesgadener Land hin steigern sie sich in eine wilde, dramaturgisch perfekte Naturinszenierung, die rund um den Watzmann ihren Höhepunkt erreicht. In den Tälern rauschen Bäche und Flüsse, und dazwischen liegen Moore und Eiszeitseen, Wälder und romantische Dörfer, in denen Tradition und Moderne im wunderbaren Einklang stehen. Und zur Krönung ist der große Chiemsee mit seinen drei malerischen Inseln immer ganz nah. Diese malerische Landschaft fasziniert Gäste und Einheimische gleichermaßen, und das zu jeder Jahreszeit.

Das Chiemgau und das Berchtesgadener Land bieten die schönsten Ausflugsziele für gelungene Genusswanderungen. Bei der Tourenauswahl haben wir uns im Chiemgau vor allem auf die Gebiete südlich der Autobahn A 8 beschränkt, sodass wir ganz in den Genuss des wunderbaren Chiemgauer Alpenvorlands kommen. 35 Touren zwischen Salzach und Inn wurden in diesem Buch zusammengestellt: für Naturgenießer, Ruhesuchende, Aussichtswanderer, Kunstliebhaber und Einkehrgourmets.

Alle Wanderungen haben zwei Dinge gemeinsam: ein wunderbares Berggefühl, verbunden mit viel Genuss für alle Sinne. Unsere Augen erleben Hochgenüsse bei den Ausblicken auf Berge und Täler. Sie dürfen sich sattsehen an den Fernblicken von den Gipfeln des Hochfelln oder der Karspitze genauso wie an den grünen Bergwäldern über dem Frillensee, den bunten Almblumenwiesen der Hemmersuppenalm oder beim Anblick glitzernder Bergseen wie dem Obersee.

Auch wenn man es kaum in den Bergen vermuten würde, finden wir doch immer wieder kleine und große Kunstschätze am Weg, die alle einen Besuch oder zumindest ein kurzes Innehalten wert sind. Manche von ihnen, wie z. B. die Wallfahrtskirche Klobenstein, sind berühmt; andere hingegen, beispielsweise die Kirche Steinkirchen am Samerberg oder die Hl.-Kreuz-Kirche in Höhenberg bei Aschau, kennt kaum jemand. Aber alle haben etwas gemein: Sie sind Zeugen vom Leben in der Tradition, in der Ge-

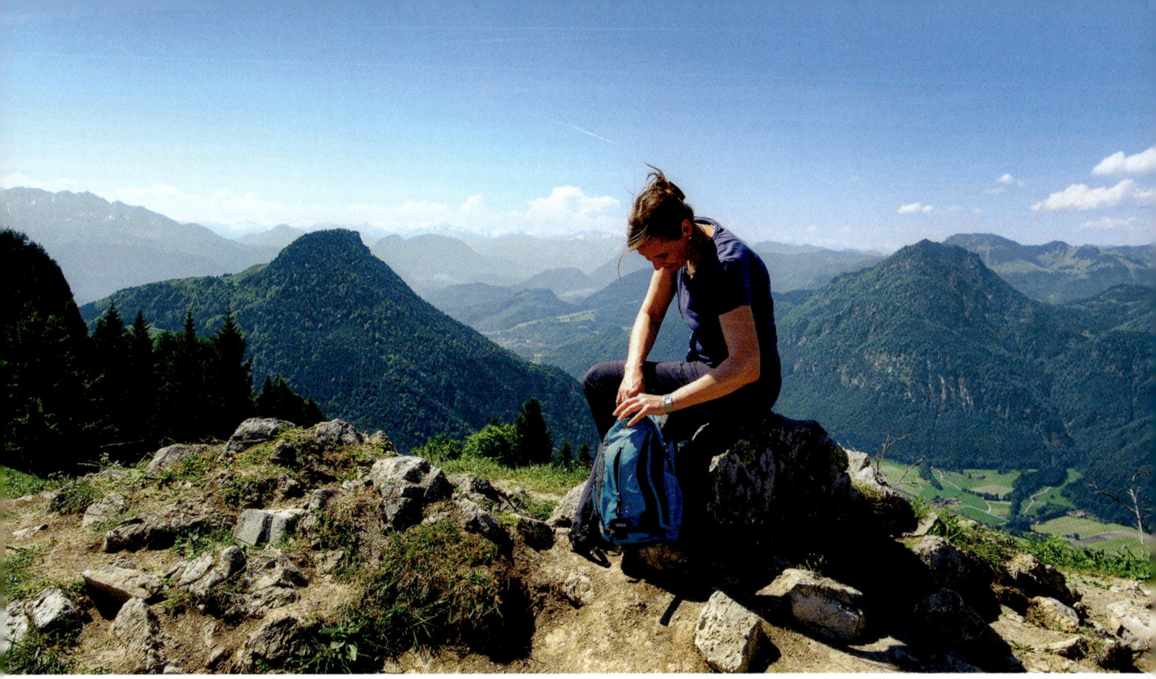

schichte und im Glauben, deren Wurzeln bis in die Gegenwart hineinreichen. Aber es gibt auch ganz andere Sehenswürdigkeiten am Weg wie die für die Holzarbeit benötigten Klausen oder die zahlreichen eiszeitlichen Überbleibsel – oder auch einfach die herrlichen Themenwege, auf denen man Moore oder Almen hautnah erleben kann.

Eine aussichtsreiche Gipfelbrotzeit wie hier am Heuberg gehört zu den schönsten Momenten beim Wandern (TOUR 3).

Aber auch die herrliche Ruhe und die intakte Natur lassen sich in vollen Zügen genießen. So freuen wir uns über kleine Dinge am Wegesrand, das Zwitschern der Vögel, das Brummeln der Hummeln und das Brausen des Windes genauso wie über epochale Naturdenkmäler wie den eisblauen Frillensee oder die wilde Almbachklamm.

Genussvoll wird's auch für unseren Geruchssinn: So riechen wir die klare Luft an einem kühlen Herbstmorgen und schnuppern die schwere feuchte Brise an einem schwülen Sommertag. Wir müssen uns nur darauf einlassen!

Und natürlich sollen auch unsere Geschmacksnerven nicht zu kurz kommen, denn zu einer gelungenen Wanderung gehört auch eine genussreiche Brotzeit. Egal, ob wir uns ein Picknick selbst organisieren oder auf einer gemütlichen Alm oder in einem wunderbaren Gasthaus einkehren, wir lassen es uns einfach schmecken.

Und wir können den Genuss auf diesen Wanderungen auch noch unendlich weiter ausdehnen: einmal bewusst über Moos oder Gras streicheln, an den Almkräutern schnuppern, Steine aufheben und in der Hosentasche mitnehmen, Rindenborke ertasten oder die Füße in kaltes Bergwasser tauchen – was wollen wir mehr? Genießen kann man nie genug!

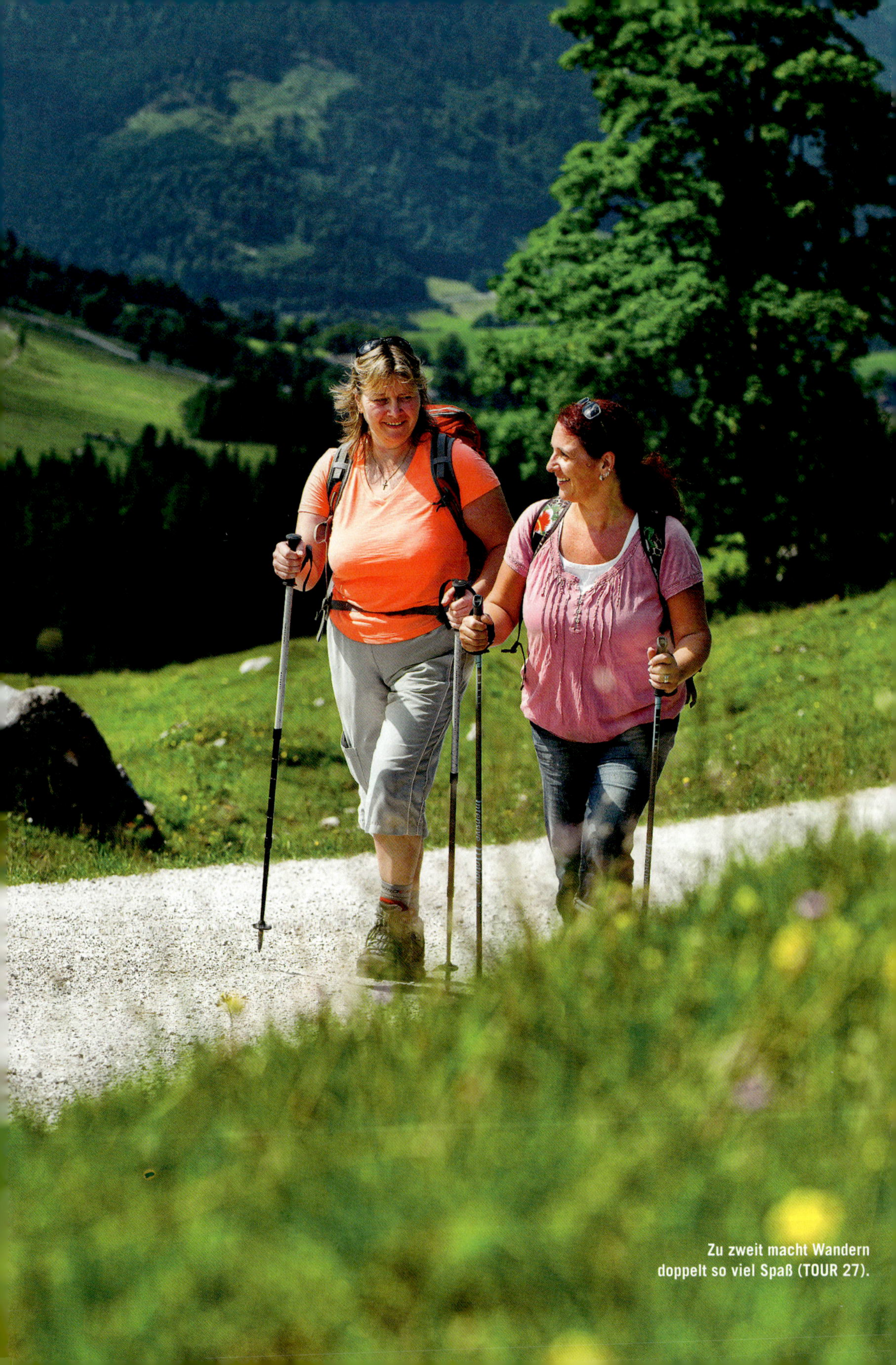

Zu zweit macht Wandern
doppelt so viel Spaß (TOUR 27).

Praktische Informationen

Wir haben die Genusstouren in diesem Buch in vier Kategorien unterteilt. Unter den Rubriken »Aussicht«, »Ruhe und Natur«, »Einkehr« sowie »Kultur am Wegrand« ist bestimmt für jeden etwas dabei. Sicherlich überschneiden sich dabei viele der Touren, und so glänzen einige sowohl mit einer traumhaften Aussicht als auch mit einer guten Einkehr. Wir haben uns einfach nach unserem persönlichen Geschmack für das uns wichtigste Merkmal entschieden.

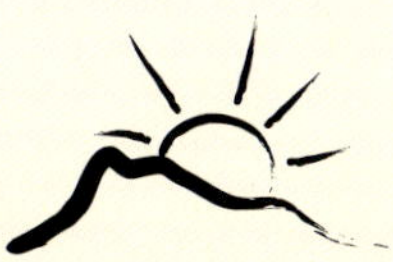
Aussicht

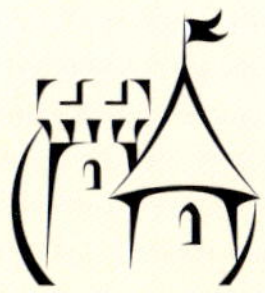
Kultur am Wegrand

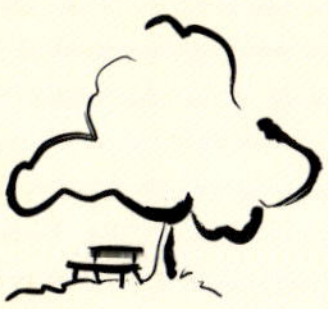
Ruhe und Natur

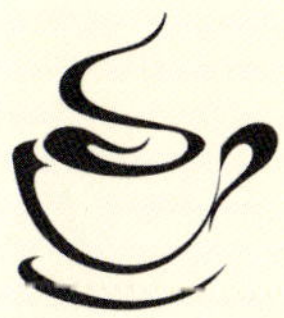
Einkehr

Einige der Touren führen zwar hoch auf einen Berg hinauf, aber sicherlich nicht in alpine Hochgebirgsregionen. Trotzdem wandern wir bei den meisten Touren im Gebiet der Alpen nicht auf breiten Wanderwegen, sondern auch auf schmalen und steinigen Pfaden. Es sind also keine Spaziergänge, die man mit leichtem Schuhwerk starten sollte.

Wer noch mehr gute und allgemeine Tipps zum Wandern im Gebirge sucht, wird auf der Homepage des Deutschen Alpenvereins (www.alpenverein.de) fündig. Wir haben im Folgenden die für dieses Buch wesentlichen Hinweise zusammengestellt.

Almen, Einkehr und Verpflegung

Fast alle Touren führen zu einer Einkehr, also zu Wirtshäusern oder Almen. Zur Sicherheit sollte man die Öffnungszeiten im Vorfeld aber noch einmal überprüfen. Pächter und Ruhetage wechseln, und gerade in den Übergangszeiten hat eine Alm oder ein Berggasthof auch einmal spontan Urlaub. Zudem öffnen manche Hütten bei schlechtem Wetter erst gar nicht. Ausreichend Getränke und etwas Notproviant dabeizuhaben, der aus Obst, Keksen oder einem Müsliriegel bestehen kann, schadet nie.

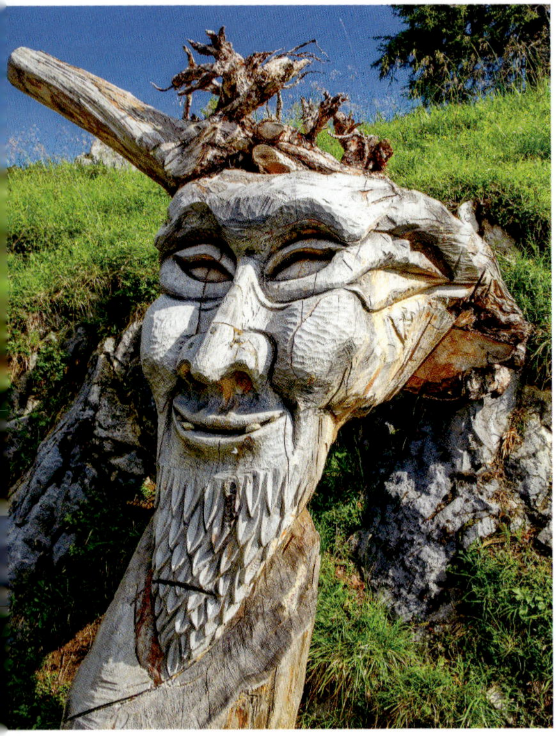

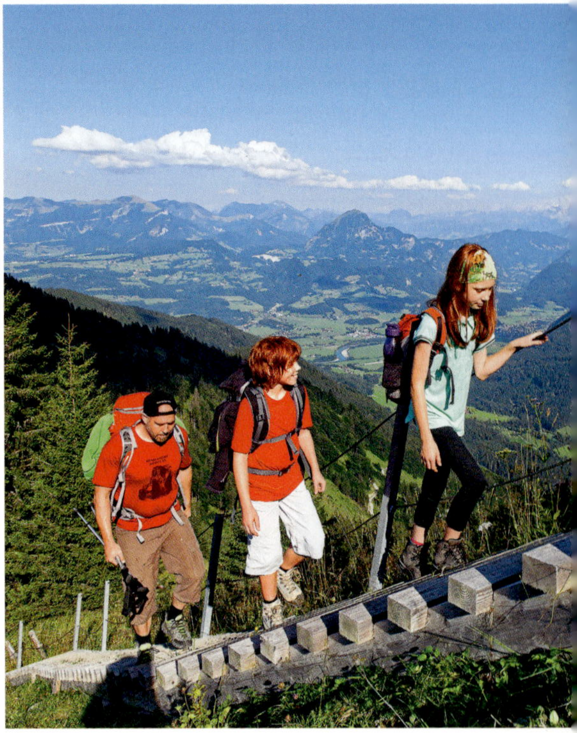

Für Kinder eignen sich viele der Wege, so auch der Holzgeister-Weg auf dem Rauschberg (TOUR 20).

Rechts: Auch steile Anstiege wie zum Purtschellerhaus können abwechslungsreich und spannend sein (TOUR 35).

Kondition und Fitness

Selbstverständlich wissen wir, dass jeder die Anstrengung bei einer Wanderung unterschiedlich stark empfindet. Unsere Genusstouren würden laut Alpenvereins-Bezeichnung wohl alle die Einstufung »leicht« erhalten. Technisch sind sie alle nicht schwierig, und es werden auch keine extremen Höhenmeter zurückgelegt. Und dort, wo wir hoch hinauf müssen, hilft uns in der Regel ein Lift.

Dennoch haben wir in diesem Buch eine Einteilung in die drei Bereiche »leicht – mittel – schwer« vorgenommen. Dabei orientiert sich die Einstufung eher an flachen Wanderungen in der Ebene, wobei in diesem Buch natürlich Flachwanderungen und Bergtouren gemischt sind. Das bedeutet, dass Touren, die in die Höhe führen, automatisch mehr Kondition erfordern und somit als schwieriger eingestuft wurden. Der trainierte Wanderer mag dann bei einer für ihn »mittelschweren« Bergtour vielleicht über diese

Einstufung schmunzeln, aber grundsätzlich gilt: Lieber mit den einfachen Touren beginnen, steigern kann man sich immer! Unter dem Infopunkt »Tourencharakter« haben wir uns bemüht, eine genaue Beschreibung der Wegbeschaffenheit und der gegebenenfalls zu erwartenden Schwierigkeiten zu geben.

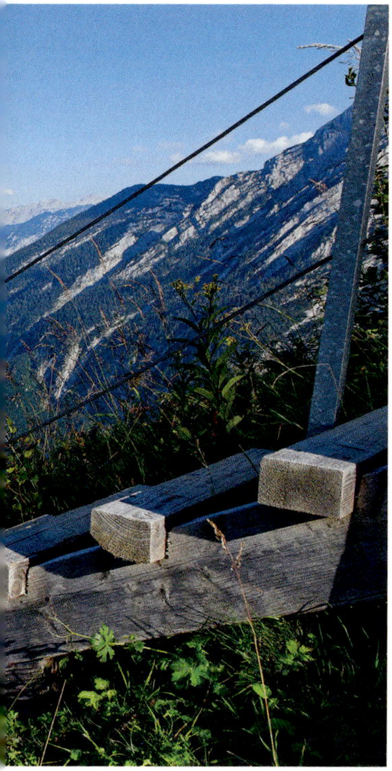

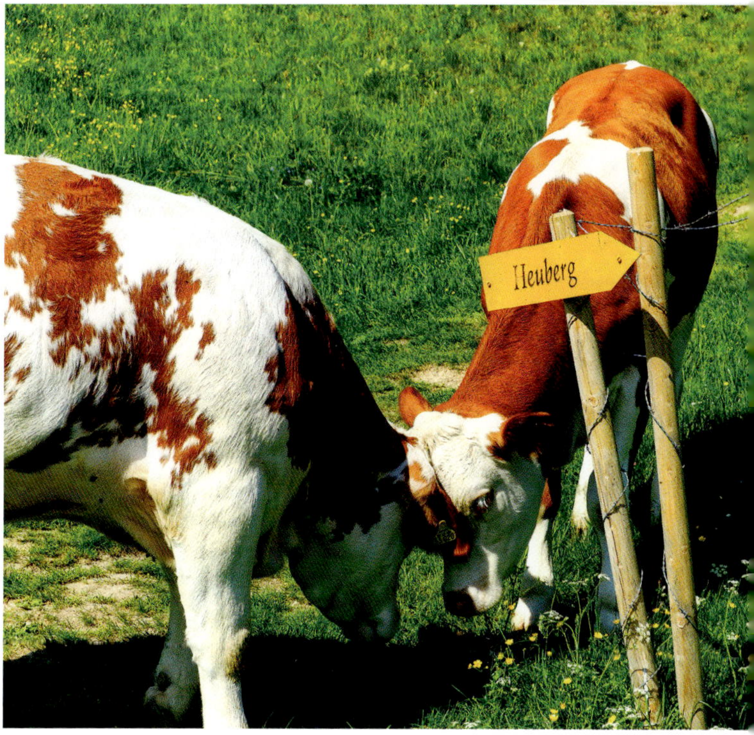

Vor Kühen und Kälbern auf einer Alm muss man keine Angst haben, aber sicherlich etwas Respekt und Vorsicht (TOUR 3).

Gehzeiten

Alle aufgeführten Zeiten sind Richtlinien und verstehen sich als reine Gehzeiten. Für Pausen auf dem Gipfel oder auf der Alm sowie für Besichtigungen muss man extra Zeit einplanen.

Ausrüstung

Feste Wanderstiefel (oder Trekkingschuhe) sind Grundvoraussetzung für sicheres Wandern. Falsches Schuhwerk (Halbschuhe, Turnschuhe etc.) bieten niemals genügend Halt und sind Auslöser für viele Unfälle. Wasserabweisende Schuhe sind auch im Sommer ideal.

Teleskopstöcke sind vor allem beim Abstieg von Bergen bequem und entlasten die Gelenke. Gut, wenn sie klein und leicht sind und so auch einmal

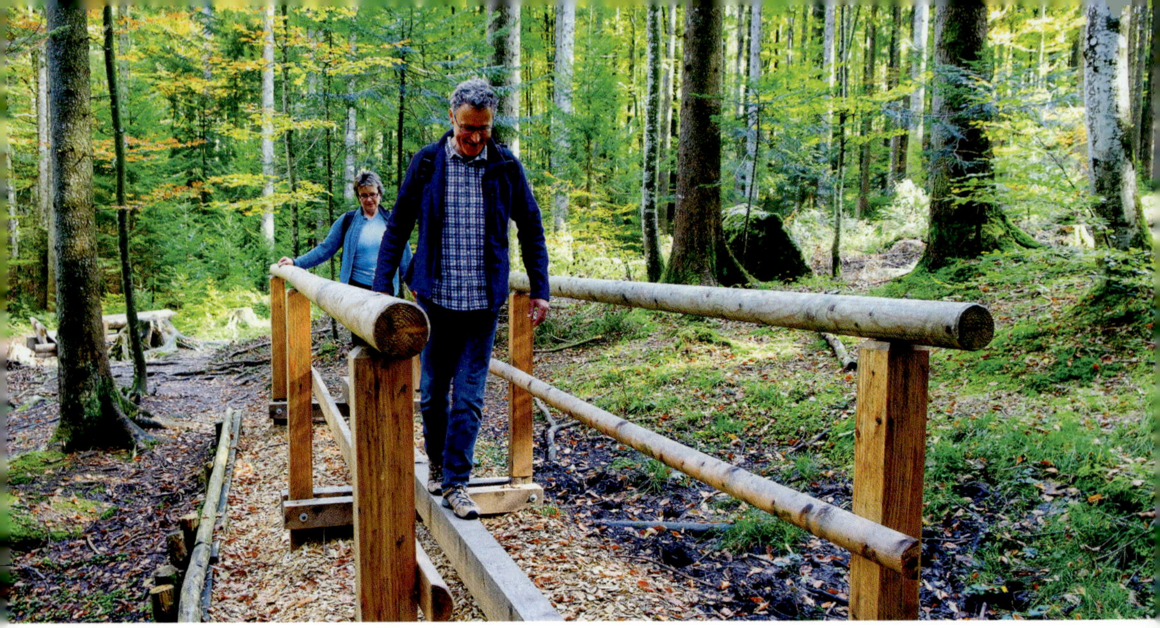

Viele neu angelegte Lehrpfade, wie z. B. der Walderlebnisweg zum Frillensee, begeistern auch die Erwachsenen (TOUR 24).

bei Nichtgebrauch an den Rucksack gebunden werden können. Bei der Auswahl des Rucksacks raten wir nicht zu sparen und sich ein wirklich gut sitzendes Modell von einem Fachhändler empfehlen zu lassen.

Bequeme Wanderbekleidung aus Funktionsmaterial ist praktisch und trocknet schneller. Grundsätzlich gilt das »Zwiebelprinzip« mehrerer Schichten: Unterhemd – T-Shirt – Bluse/Hemd – Pullover – Jacke. Vor allem Letztere, also eine wärmende Jacke, wie z. B. ein Windstopper oder eine Wetterschutzjacke, darf in unseren Breitengraden nie fehlen. Für einige der Touren kann man im Sommer seine Badesachen mitnehmen, denn nach einer Tour ist es ein wahrer Hochgenuss, sich in klare, kühle Fluten zu stürzen.

Einen Sonnenschutz (Kopfbedeckung nicht vergessen!) sollte man immer dabeihaben. Praktisch ist auch ein Insektenabwehrmittel, am besten mit Zeckenschutz (Beine einsprühen nicht vergessen!).

Vernünftig ist ein kleines Erste-Hilfe-Set mit Rettungsfolie (Fachhandel), das gut im Rucksack liegt und nicht viel Platz wegnimmt. Das gilt auch für ein Handy, mit dem wir sowohl in einem Notfall helfen als auch selbst um Hilfe bitten können.

Beste Jahres- bzw. Tageszeit

Allgemein gibt es keine beste Jahreszeit für diese Touren, das Wichtigste ist sicherlich immer noch der Faktor Wetter. Manche der Wanderungen lassen sich das ganze Jahr über begehen, wobei man im Winter nicht unbedingt damit rechnen kann, dass die Wege nach starkem Schneefall geräumt oder gespurt sind. Einige Touren eignen sich besonders für heiße Sommertage, denn sie führen angenehm schattig durch den Wald oder bieten während oder im Anschluss an die Wanderung erfrischende Badegelegenheiten.

Grundsätzlich sollte man, sofern möglich, im stark frequentierten Bereich des Chiemsees das Wochenende zum Wandern meiden – da kann es schon mal sehr voll werden. Wer jedoch antizyklisch unterwegs ist, z. B. als Frühaufsteher oder Langschläfer, erlebt trotzdem einsames Gipfelglück oder erholsame Stunden in der Natur, und das in völliger Ruhe.

Sicherheit

Bereits bei der Auswahl der Touren sollte man seine eigene Leistungsfähigkeit – und auch die der Begleiter – kritisch in die Überlegungen einbeziehen, denn überanstrengen sollte sich niemand bei einer Genusswanderung!

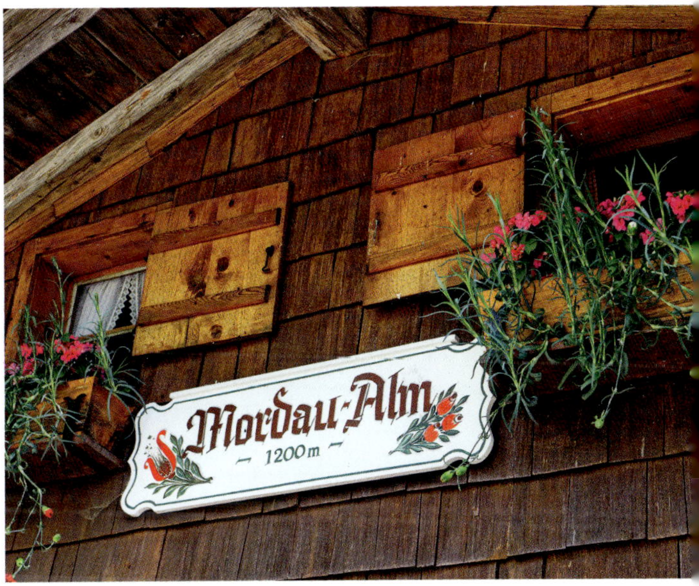

»Echte« Almen haben nur im Sommer geöffnet, wenn sie von ihren Besitzern mit Tieren bestoßen werden (TOUR 27).

Grundsätzlich wandert man besser nicht allein – falls einem etwas zustößt, kann die Begleitung Hilfe holen. Zumindest sollte man im Vorfeld Freunden mitteilen, wohin man unterwegs ist. Im schlimmsten Fall haben Rettungstrupps dann Anhaltspunkte, wo sie suchen müssen.

Die Mitnahme eines Handys ist sicher immer sinnvoll (Notruf 112). Fast ganz Bayern ist mit einem zuverlässigen flächendeckenden Empfangsnetz ausgerüstet. Und wenn die moderne Technik einmal nichts mehr nutzt, gibt es immer noch das alte, aber bewährte alpine Notsignal: Es besteht aus sechs optischen oder akustischen Signalen (Rufen, Pfeifen, Winken) in der Minute (alle zehn Sekunden), dann folgen drei Minuten Pause vor einer Wiederholung. Antwort: dreimal pro Minute ein Signal.

Beachten sollte man vor und während der Tour das Wetter. Unvorhersehbare Wetterumschwünge sind vor allem in den Sommermonaten nicht selten. Wer von einem Gewitter überrascht wird, sollte exponierte Wegstellen unbedingt meiden und lieber Schutz in Senken suchen. Vorsicht ist auch in den Wäldern bei starkem Wind geboten – es besteht immer die Gefahr von Windbruch durch herunterfallende Äste.

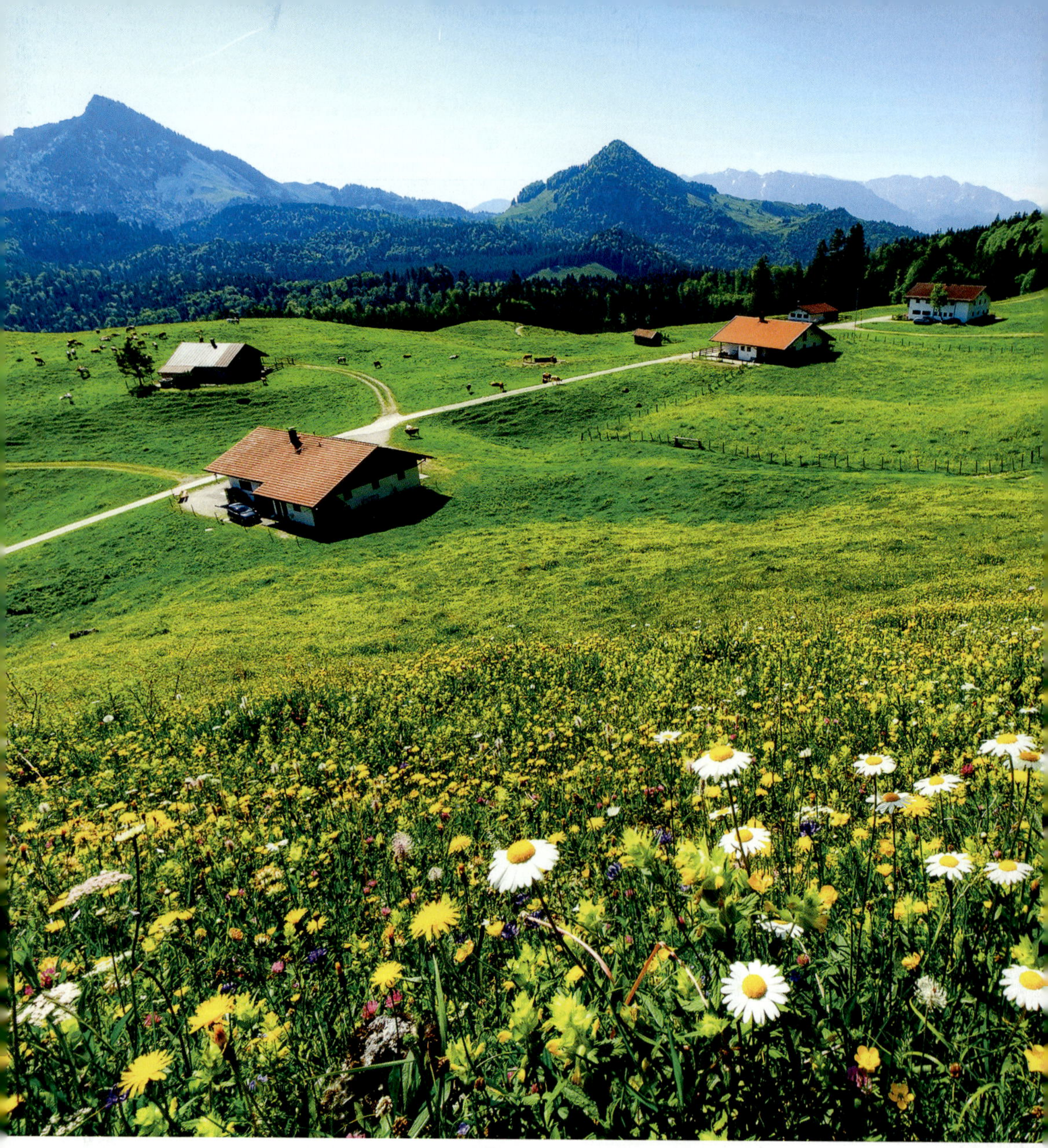

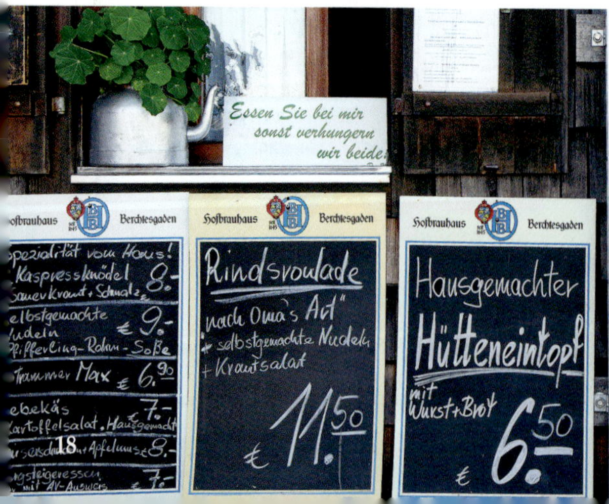
Essen Sie bei mir sonst verhungern wir beide!
Hofbrauhaus Berchtesgaden
Kaspressknödel 8.-
Trammer Max € 6.90
Hofbrauhaus Berchtesgaden
Rindsroulade
nach Oma's Art"
+ selbstgemachte Nudeln
+ Krautsalat
€ 11.50
Hofbrauhaus Berchtesgaden
Hausgemachter
Hütteneintopf
mit Wurst+Brot
€ 6.50

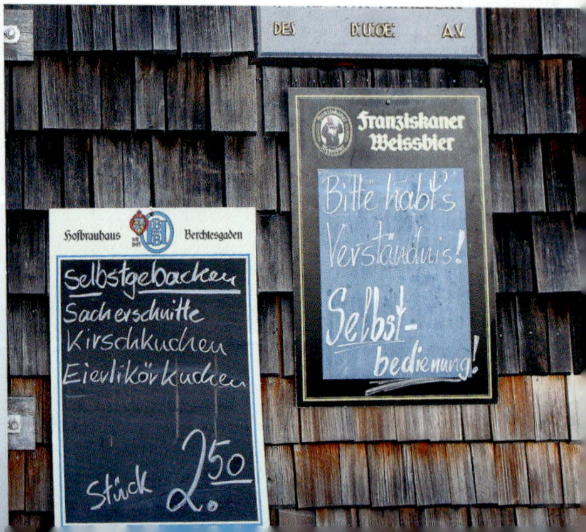
DES D.U.Oe. A.V.
Hofbrauhaus Berchtesgaden
Selbstgebacken
Sacherschnitte
Kirschkuchen
Eierlikörkuchen
Stück 2.50
Franziskaner Weissbier
Bitte habt's Verständnis!
Selbst-bedienung!

FÜR JUNG & ALT

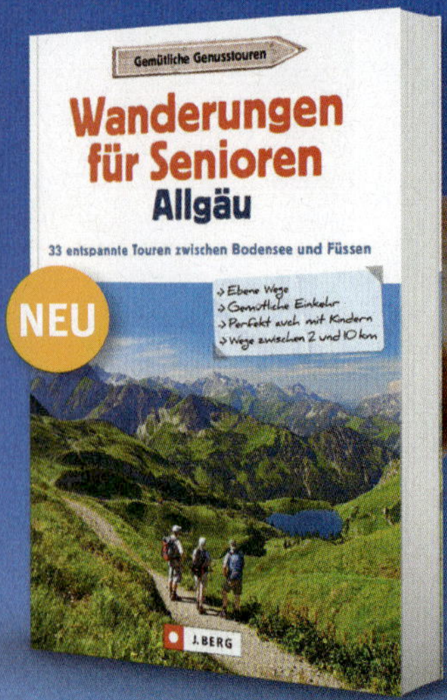

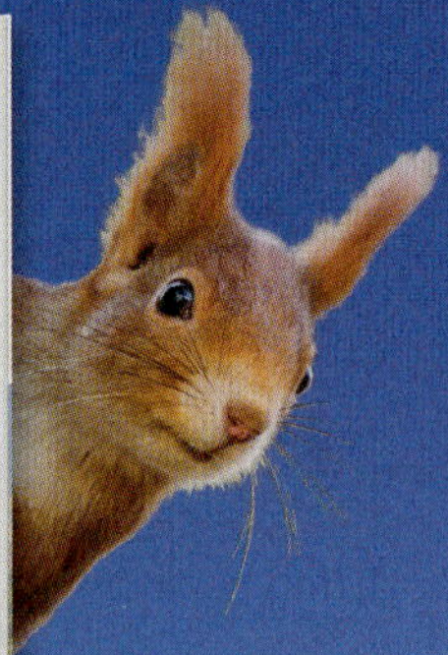

(K)eine Frage des Alters!

Einmal Breitachklamm hin und zurück, rund um den Hopfensee mit den Allgäuer Alpen im Blick oder per Panoramaweg durch das Kleinwalsertal: das Allgäu hat viele einfache Wanderungen zu bieten. Mit diesem Wanderführer für das Allgäu ist Wandervergnügen keine Frage des Alters! Alle Touren sind entspannt zu begehen, auf breiten Wegen und ohne Stolperfallen – und trotzdem abwechslungs- und aussichtsreich.

128 Seiten · ca. 130 Abb. · € 14,99
ISBN 978-3-86246-522-4

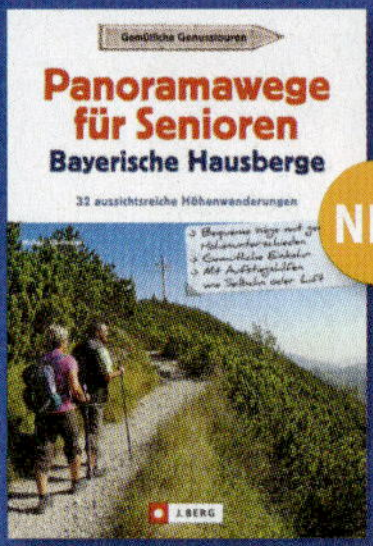

Lohnende Panoramawanderungen für Gemütliche und Gescheite: Wieso plagen, wenn der Wandergenuss so einfach ist?

128 Seiten · ca. 130 Abb. · € 15,–
ISBN 978-3-86246-576-7

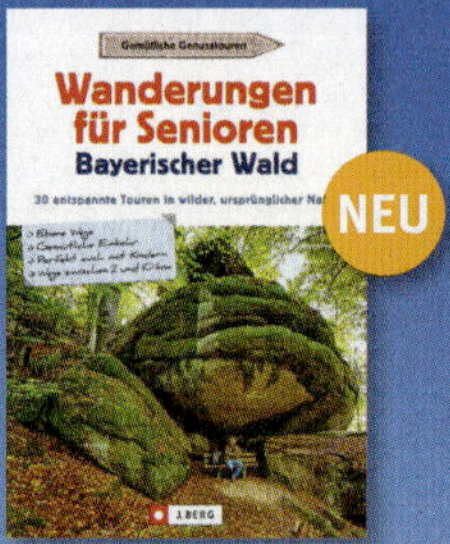

Touren ohne Strapazen im Bayerischen Wald – von barrierefrei bis mittelleicht. Immer mit viel Wandergenuss.

128 Seiten · ca. 130 Abb. · € 14,99
ISBN 978-3-86246-523-1

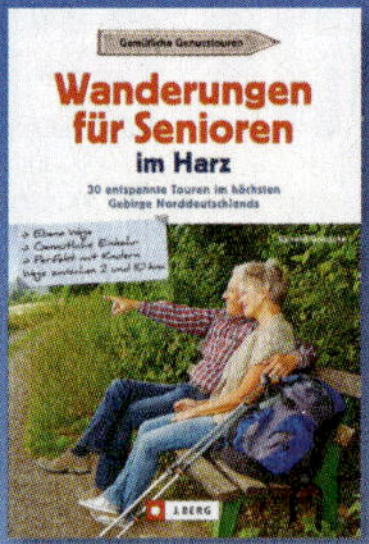

Nicht mehr so gut zu Fuß und trotzdem wanderlustig? Mit diesem Harz-Wanderführer für Senioren sind Sie gut gerüstet.

128 Seiten · ca. 130 Abb. · € 15,–
ISBN 978-3-86246-032-8

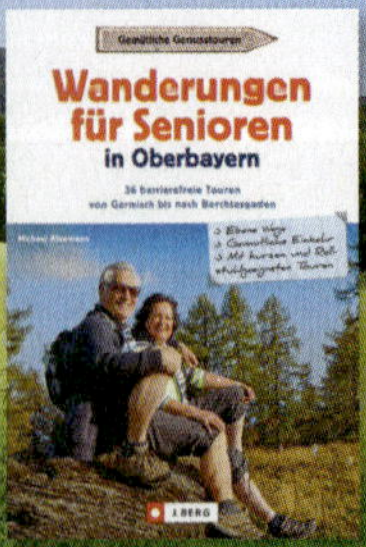

Wandern ist keine Frage von Alter: dieser Wanderführer präsentiert die schönsten Wege für Senioren in den Bayerischen Hausbergen.

128 Seiten · ca. 110 Abb. · € 14,99
ISBN 978-3-86246-418-0

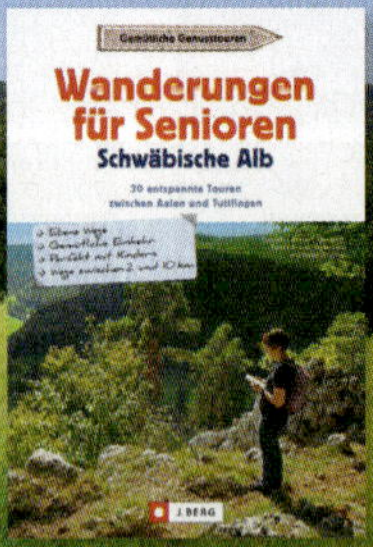

Leichte, barrierefreie Wanderungen auf der Schwäbischen Alb, mit Tipps fürs Kaffeepäuschen, bietet dieser Wanderführer.

128 Seiten · ca. 120 Abb. · € 14,99
ISBN 978-3-86246-562-0

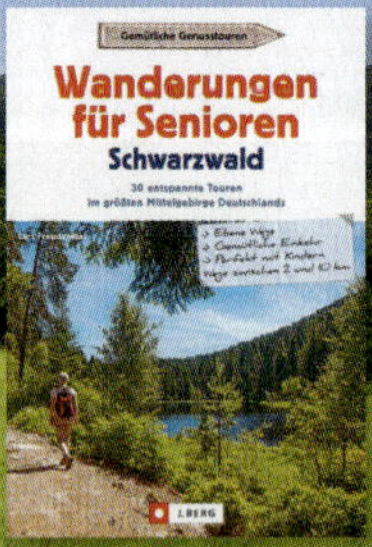

So starten wanderfreudige Senioren perfekt ausgerüstet in den Schwarzwaldurlaub. Mit Tipps für unterwegs, zu Anreise und Einkehr.

128 Seiten · ca. 130 Abb. · € 15,–
ISBN 978-3-86246-289-6

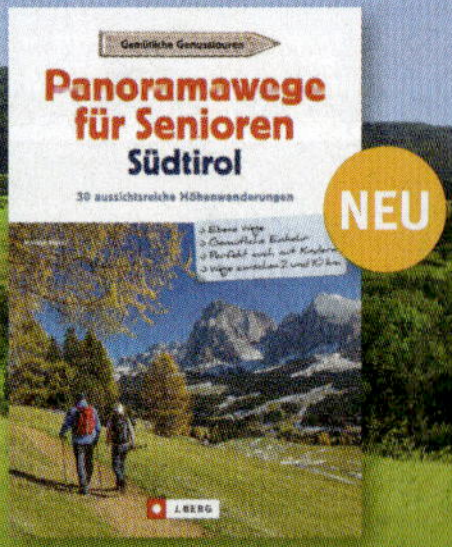

Leichte Touren für schwere Beine. Panaromawanderungen und Höhenwege in Südtirol für Senioren. Einfach ins Hochgebirge!

128 Seiten · ca. 130 Abb. · € 14,99
ISBN 978-3-86246-542-2

e Auch als eBook erhältlich.

RAUS AUS DEM ALLTAG. RAUF AUF DIE ALM!

Alle Infos zu Tourenmöglichkeiten und Hütten auf einen Blick

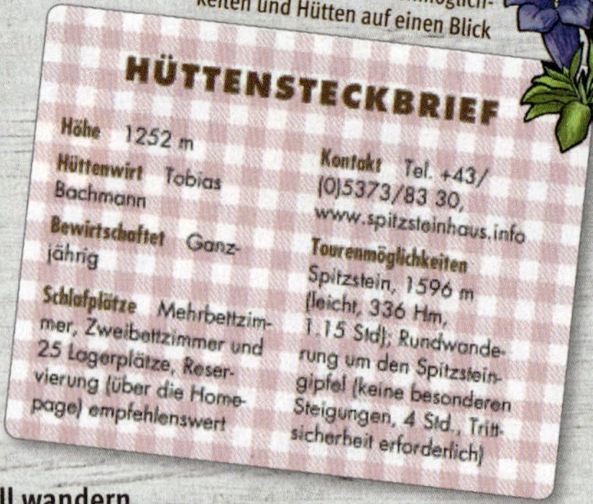

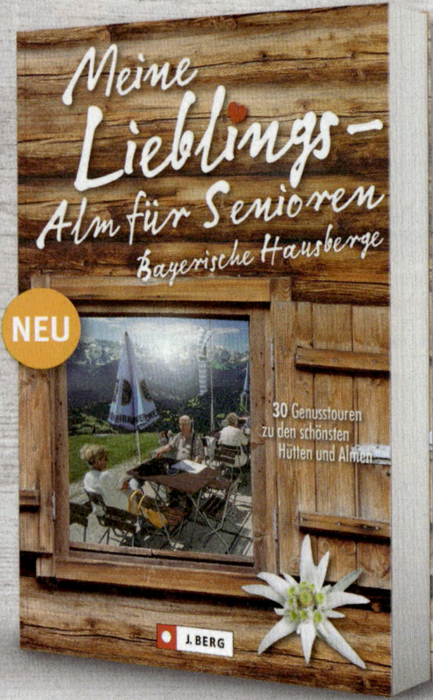

Genussvoll wandern und einkehren

Genussvolle Wanderungen mit noch genussvollerer Einkehr! Unsere Lieblings-Almen in den Bayerischen Hausbergen führen Sie zu Klassikern wie dem Herzogstandhaus, zu absolut Urigem wie der Almwirtschaft Siebenhütten bei Wildbad Kreuth und zu Geheimtipps wie der grenznahen Mariandlalm am Trainsjoch. Die einfachen Wanderwege – mit wenig Steigung, wurzelfrei und nicht ausgesetzt – sind perfekt für Senioren geeignet. Und genauso für ihre Enkel!

128 Seiten · ca. 130 Abb. · € 14,99
ISBN 978-3-86246-062-5

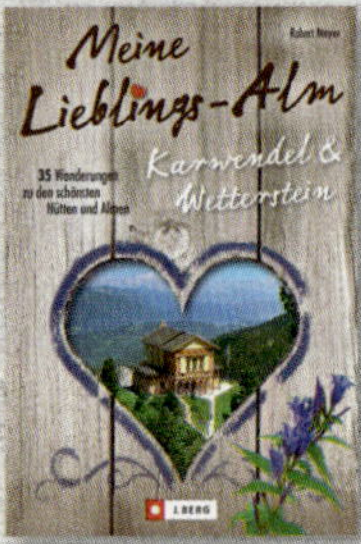

35 Lieblings-Almen im Karwendel und Wetterstein. Mit Wegbeschreibungen, Geschichten und Rezepten.

128 Seiten · ca. 130 Abb. · € 15,–
ISBN 978-3-86246-156-1

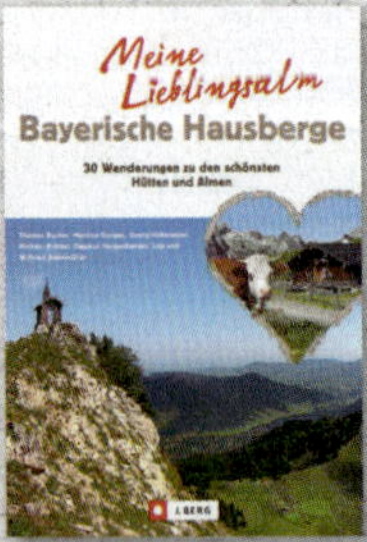

Urige Gemütlichkeit und geniale Aussicht: Wer etwas Besonderes sucht, erliegt dem Charme der Almen in diesem Hüttenführer.

128 Seiten · ca. 120 Abb. · € 14,99
ISBN 978-3-86246-117-2

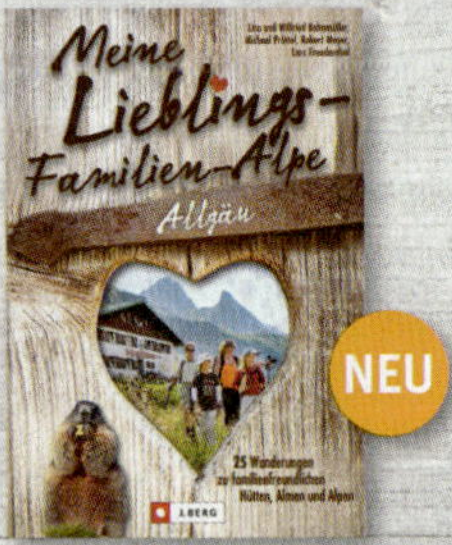

Leichte Touren mit familienfreundlicher Einkehr im Allgäu. Dazu Lustiges, Launiges und Lesenswertes zu allen Lieblings-Alpen.

128 Seiten · ca. 130 Abb. · € 14,99
ISBN 978-3-86246-054-0

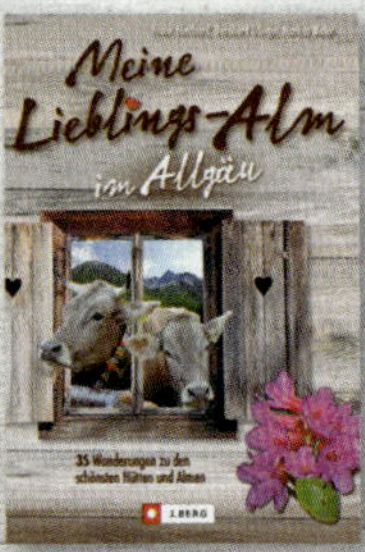

35 Lieblings-Almen im Allgäu – jede für sich eine Hüttenwanderung wert! Ein origineller Hüttenführer für die Einkehr mit Erinnerungswert.

160 Seiten · ca. 140 Abb. · € 17,99
ISBN 978-3-86246-288-9

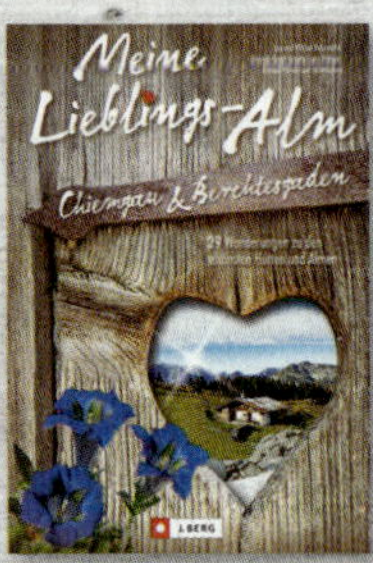

Kurz aufsteigen, lang einkehren. Mit diesem Wanderführer kommen Sie auf den Geschmack unbeschwerter Hüttenwanderungungen.

128 Seiten · ca. 130 Abb. · € 15,–
ISBN 978-3-86246-287-2

e Auch als eBook erhältlich.

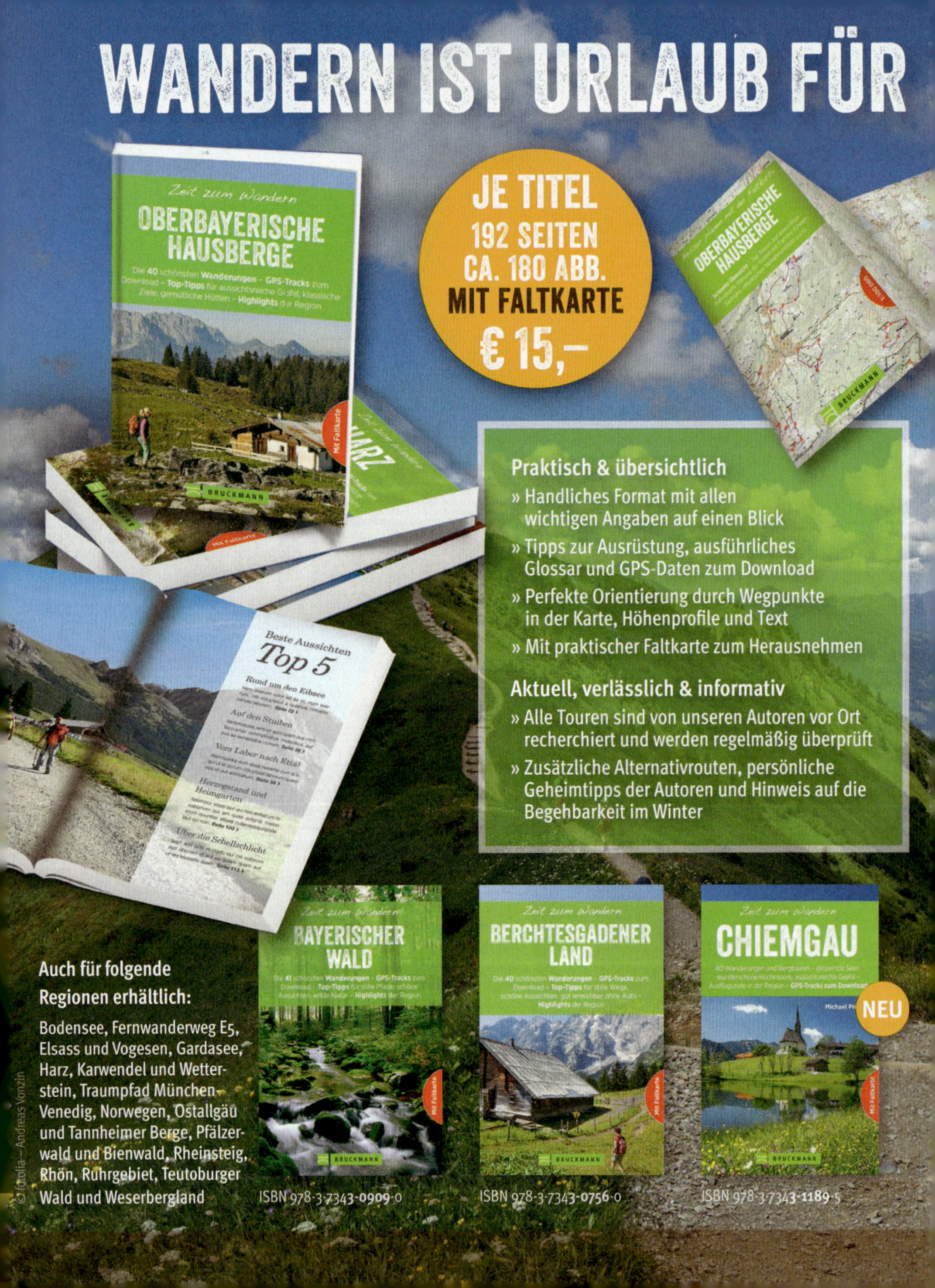

WANDERN IST URLAUB FÜR
Zeit zum Wandern
OBERBAYERISCHE HAUSBERGE
Die 40 schönsten Wanderungen – GPS-Tracks zum Download – Top-Tipps für aussichtsreiche Gipfel, klassische Ziele, gemütliche Hütten – Highlights der Region
BRUCKMANN
Mit Faltkarte
JE TITEL
192 SEITEN
CA. 180 ABB.
MIT FALTKARTE
€ 15,–
Beste Aussichten
Top 5
Rund um den Eibsee
Auf den Stuiben
Vom Laber nach Ettal
Herzogstand und Heimgarten
Über die Schellschlicht
Praktisch & übersichtlich
» Handliches Format mit allen wichtigen Angaben auf einen Blick
» Tipps zur Ausrüstung, ausführliches Glossar und GPS-Daten zum Download
» Perfekte Orientierung durch Wegpunkte in der Karte, Höhenprofile und Text
» Mit praktischer Faltkarte zum Herausnehmen
Aktuell, verlässlich & informativ
» Alle Touren sind von unseren Autoren vor Ort recherchiert und werden regelmäßig überprüft
» Zusätzliche Alternativrouten, persönliche Geheimtipps der Autoren und Hinweis auf die Begehbarkeit im Winter
Auch für folgende Regionen erhältlich:
Bodensee, Fernwanderweg E5, Elsass und Vogesen, Gardasee, Harz, Karwendel und Wetterstein, Traumpfad München-Venedig, Norwegen, Ostallgäu und Tannheimer Berge, Pfälzerwald und Bienwald, Rheinsteig, Rhön, Ruhrgebiet, Teutoburger Wald und Weserbergland
Zeit zum Wandern
BAYERISCHER WALD
Die 41 schönsten Wanderungen – GPS-Tracks zum Download – Top-Tipps für stille Pfade, schöne Aussichten, wilde Natur – Highlights der Region
ISBN 978-3-7343-0909-0
Zeit zum Wandern
BERCHTESGADENER LAND
Die 40 schönsten Wanderungen – GPS-Tracks zum Download – Top-Tipps für stille Wege, schöne Aussichten, gut erreichbar ohne Auto – Highlights der Region
ISBN 978-3-7343-0756-0
Zeit zum Wandern
CHIEMGAU
40 Wanderungen und Bergtouren – glitzernde Seen, wunderschöne Hochmoore, aussichtsreiche Gipfel – Ausflugsziele in der Region – GPS-Tracks zum Download
NEU
ISBN 978-3-7343-1189-5
© fotolia – Andreas Vonzin

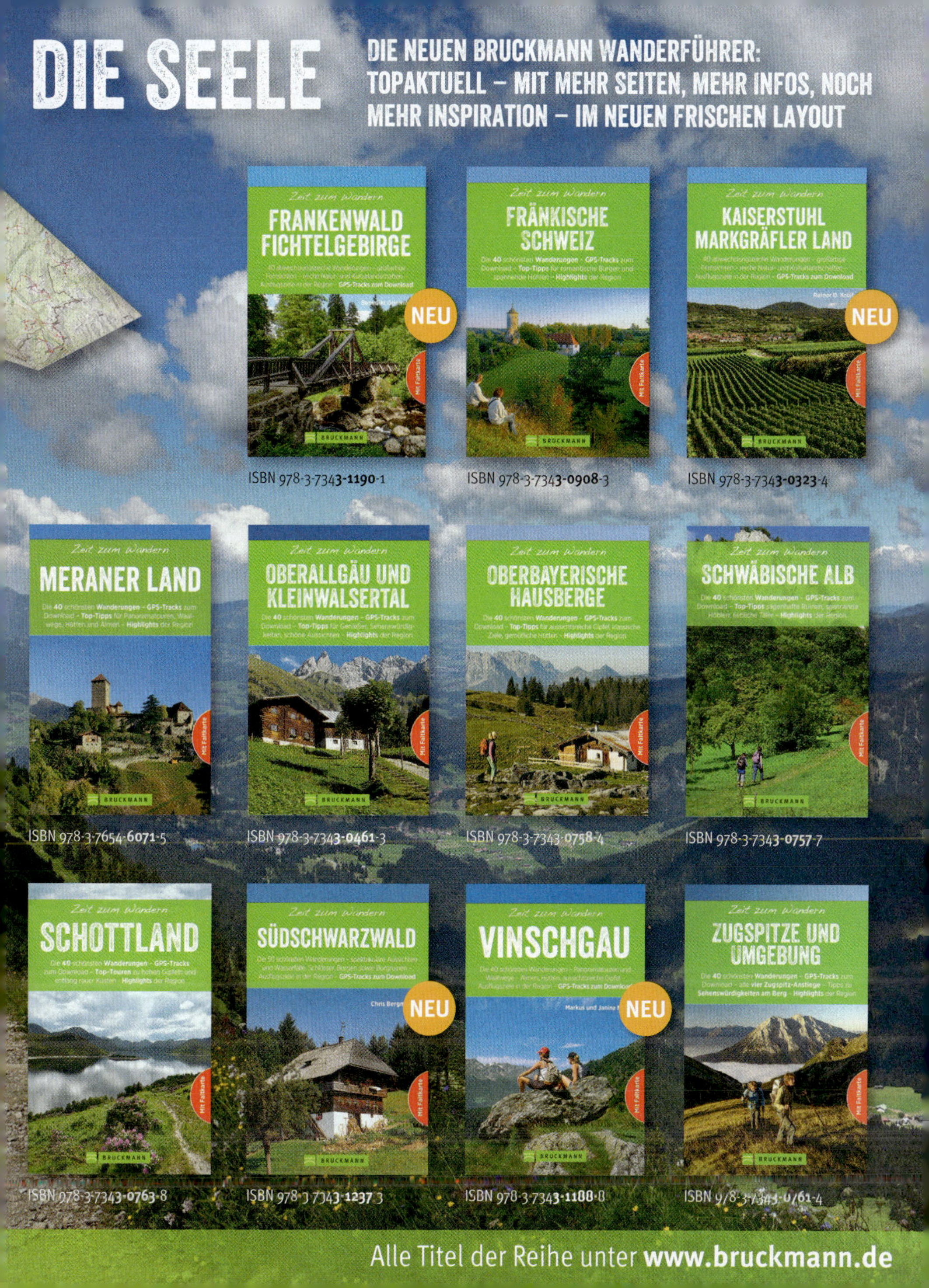

DIE SEELE
DIE NEUEN BRUCKMANN WANDERFÜHRER: TOPAKTUELL – MIT MEHR SEITEN, MEHR INFOS, NOCH MEHR INSPIRATION – IM NEUEN FRISCHEN LAYOUT
Zeit zum Wandern FRANKENWALD FICHTELGEBIRGE
NEU
ISBN 978-3-7343-1190-1
Zeit zum Wandern FRÄNKISCHE SCHWEIZ
ISBN 978-3-7343-0908-3
Zeit zum Wandern KAISERSTUHL MARKGRÄFLER LAND
NEU
ISBN 978-3-7343-0323-4
Zeit zum Wandern MERANER LAND
ISBN 978-3-7654-6071-5
Zeit zum Wandern OBERALLGÄU UND KLEINWALSERTAL
ISBN 978-3-7343-0461-3
Zeit zum Wandern OBERBAYERISCHE HAUSBERGE
ISBN 978-3-7343-0758-4
Zeit zum Wandern SCHWÄBISCHE ALB
ISBN 978-3-7343-0757-7
Zeit zum Wandern SCHOTTLAND
ISBN 978-3-7343-0763-8
Zeit zum Wandern SÜDSCHWARZWALD
NEU
ISBN 978-3-7343-1237-3
Zeit zum Wandern VINSCHGAU
NEU
ISBN 978-3-7343-1188-8
Zeit zum Wandern ZUGSPITZE UND UMGEBUNG
ISBN 978-3-7343-0761-4
BRUCKMANN
Alle Titel der Reihe unter www.bruckmann.de

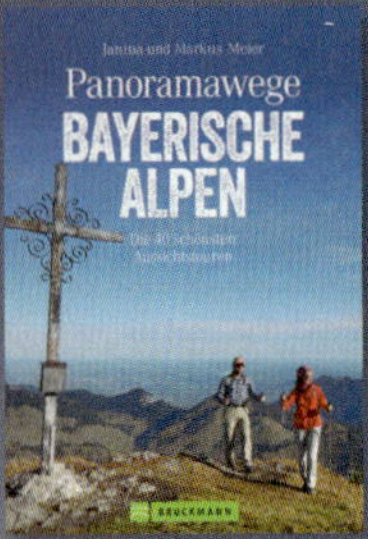

Die 40 schönsten Höhenwege, Grattouren, Überschreitungen und Panoramapfade in den Bayerischen Alpen.

160 Seiten · ca. 150 Abb. · € 19,99
ISBN 978-3-7654-**5732**-6

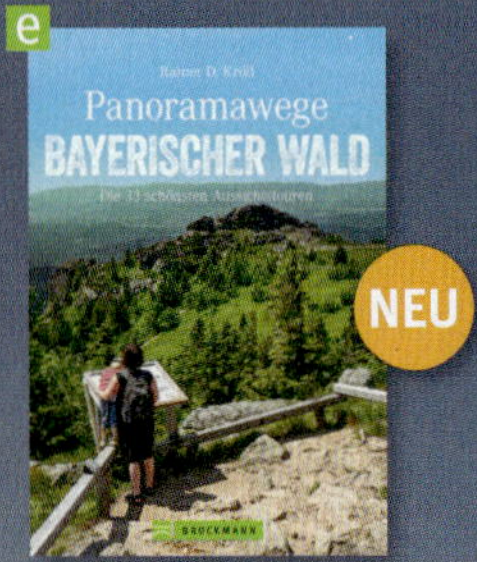

Die 33 schönsten Panoramatouren im Bayerischen Wald versammelt dieser Wanderführer. Vom Naturpark bis zum Böhmerwald.

160 Seiten · ca. 180 Abb. · € 19,99
ISBN 978-3-7343-**1069**-0

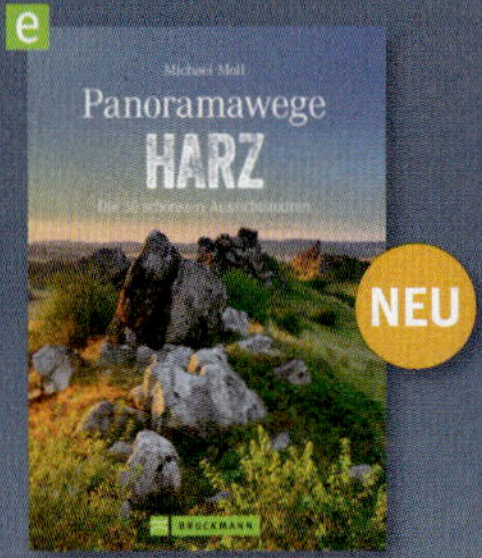

Der Harz gehört zu den vielfältigsten und beliebtesten Wanderregionen in Deutschland. 35 ausgewählte Panorama-Touren.

160 Seiten · ca. 180 Abb. · € 19,99
ISBN 978-3-7654-**5201**-7

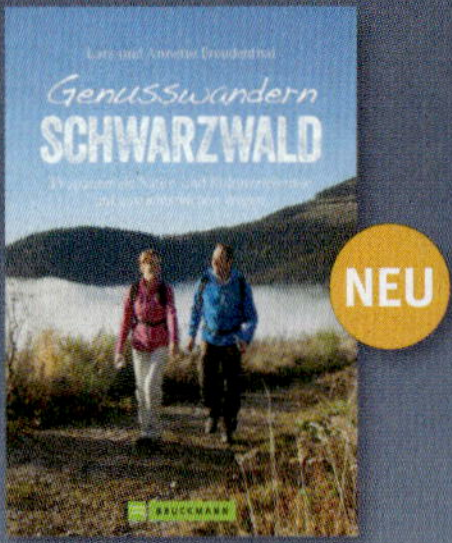

35 leichtere Touren mit Natur- und Kulturerlebnissen. Ein Wanderführer zu den schönsten Plätzen im Schwarzwald.

160 Seiten · ca. 180 Abb. · € 19,99
ISBN 978-3-7343-**1198**-7

HERRLICHE AUSSICHTEN!

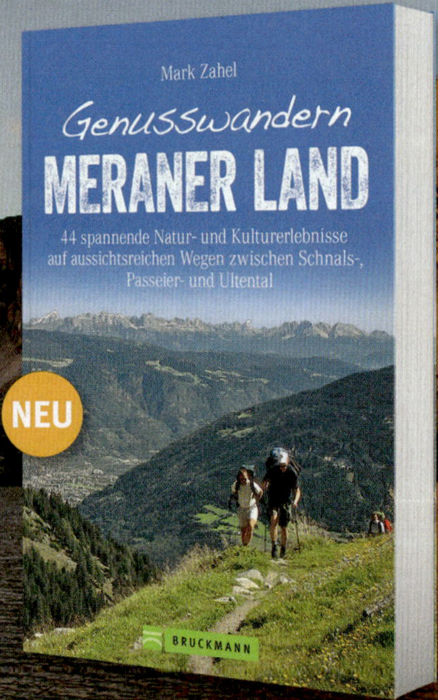

Wanderglück für Genießer

Wandern in Südtirol vereint Natur, Kultur und Kulinarik zum Erlebnis. Dieser Wanderführer lässt Sie das Meraner Land mit allen Sinnen genießen. Mit allen GPS-Daten zum Download.

160 Seiten · ca. 180 Abb. · € 19,99
ISBN 978-3-7343-**1181**-9

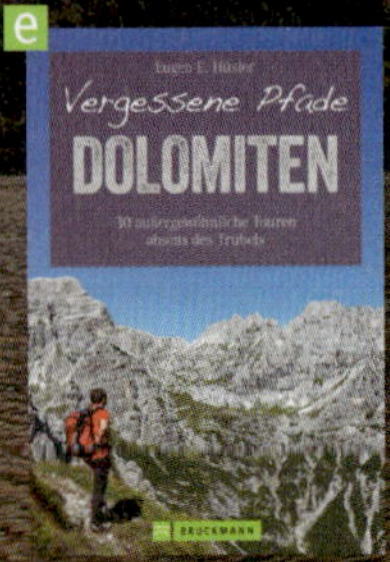

Es gibt auch stille Winkel in den Dolomiten, Einsamkeit und nur selten begangene Pfade. Mit diesem Führer finden Sie diese Routen.

160 Seiten · ca. 180 Abb. · € 19,99
ISBN 978-3-7654-**6818**-6

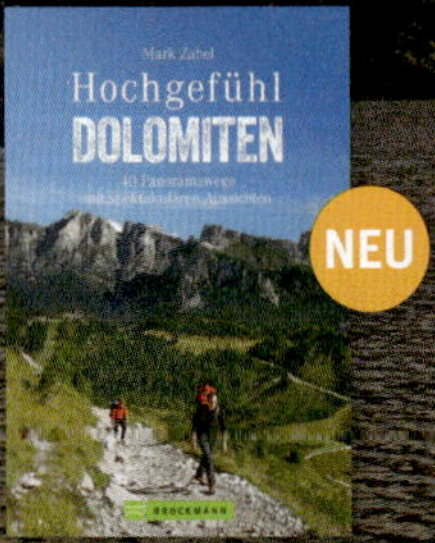

40 Panoramawege mit spektakulären Aussichten. Aussichtsreiche Bergtouren, ortskundig beschrieben und stimmungsvoll bebildert.

160 Seiten · ca. 180 Abb. · € 19,99
ISBN 978-3-7343-**1239**-7

e Auch als eBook erhältlich.

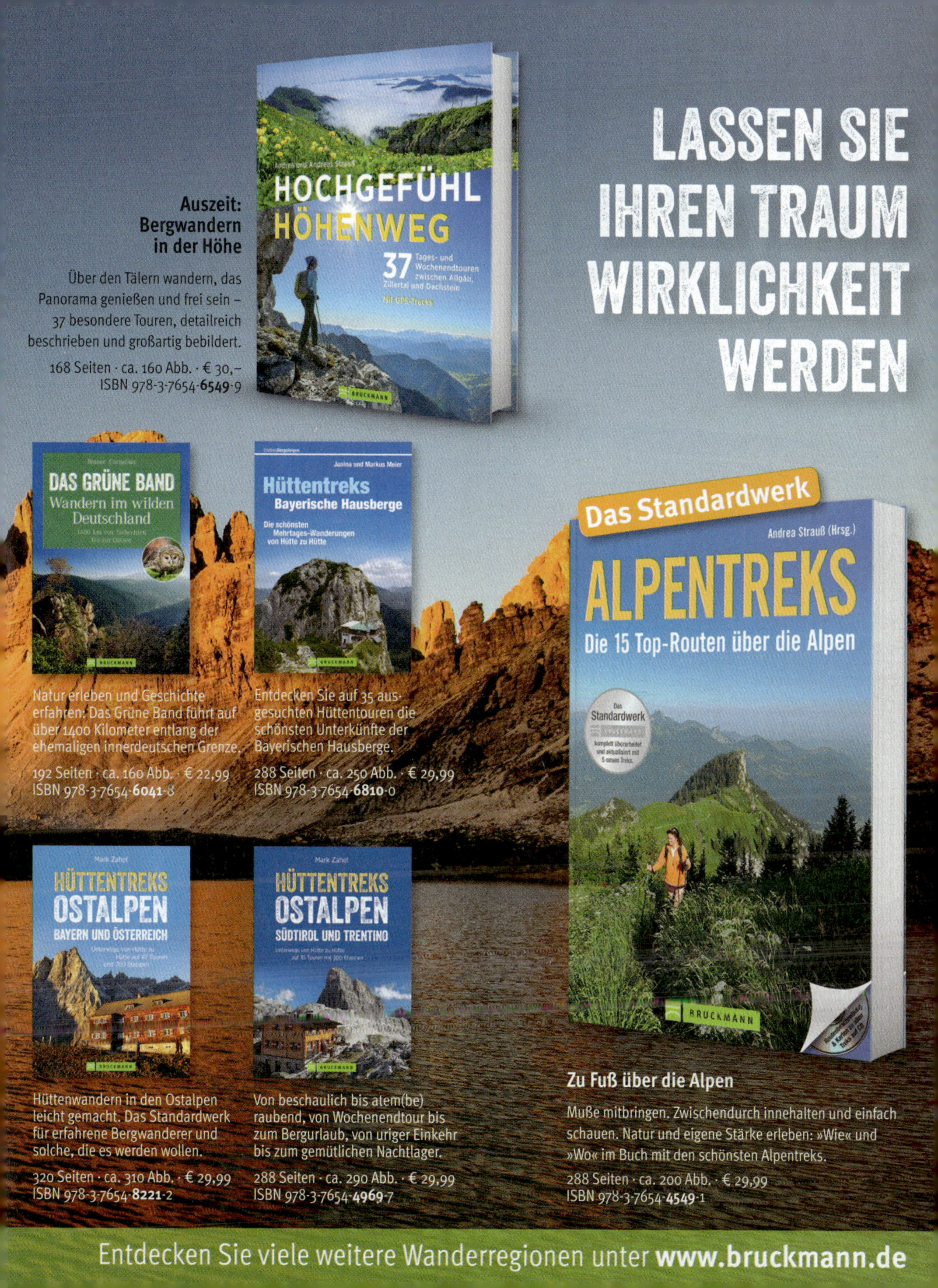
LASSEN SIE IHREN TRAUM WIRKLICHKEIT WERDEN
Auszeit: Bergwandern in der Höhe
Über den Tälern wandern, das Panorama genießen und frei sein – 37 besondere Touren, detailreich beschrieben und großartig bebildert.
168 Seiten · ca. 160 Abb. · € 30,–
ISBN 978-3-7654-6549-9
HOCHGEFÜHL HÖHENWEG
37 Tages- und Wochenendtouren zwischen Allgäu, Zillertal und Dachstein
DAS GRÜNE BAND
Wandern im wilden Deutschland
Natur erleben und Geschichte erfahren: Das Grüne Band führt auf über 1400 Kilometer entlang der ehemaligen innerdeutschen Grenze.
192 Seiten · ca. 160 Abb. · € 22,99
ISBN 978-3-7654-6041-8
Janina und Markus Meier
Hüttentreks
Bayerische Hausberge
Die schönsten Mehrtages-Wanderungen von Hütte zu Hütte
Entdecken Sie auf 35 ausgesuchten Hüttentouren die schönsten Unterkünfte der Bayerischen Hausberge.
288 Seiten · ca. 250 Abb. · € 29,99
ISBN 978-3-7654-6810-0
Das Standardwerk
Andrea Strauß (Hrsg.)
ALPENTREKS
Die 15 Top-Routen über die Alpen
BRUCKMANN
Zu Fuß über die Alpen
Muße mitbringen. Zwischendurch innehalten und einfach schauen. Natur und eigene Stärke erleben: »Wie« und »Wo« im Buch mit den schönsten Alpentreks.
288 Seiten · ca. 200 Abb. · € 29,99
ISBN 978-3-7654-4549-1
Mark Zahel
HÜTTENTREKS OSTALPEN
BAYERN UND ÖSTERREICH
Hüttenwandern in den Ostalpen leicht gemacht. Das Standardwerk für erfahrene Bergwanderer und solche, die es werden wollen.
320 Seiten · ca. 310 Abb. · € 29,99
ISBN 978-3-7654-8221-2
Mark Zahel
HÜTTENTREKS OSTALPEN
SÜDTIROL UND TRENTINO
Von beschaulich bis atem(be)raubend, von Wochenendtour bis zum Bergurlaub, von uriger Einkehr bis zum gemütlichen Nachtlager.
288 Seiten · ca. 290 Abb. · € 29,99
ISBN 978-3-7654-4969-7
Entdecken Sie viele weitere Wanderregionen unter www.bruckmann.de

FÜR IHRE SICHERHEIT AM BERG

PRAXISWISSEN VON PROFIS FÜR EINSTEIGER UND FORTGESCHRITTENE

» **Praxisnah**
mit aktuellem Insiderwissen, Checklisten und vielen Tipps

» **Kompetent**
von Spezialisten ihres Fachs verfasst

» **Anschaulich**
mit vielen erklärenden Schritt für Schritt Abbildungen

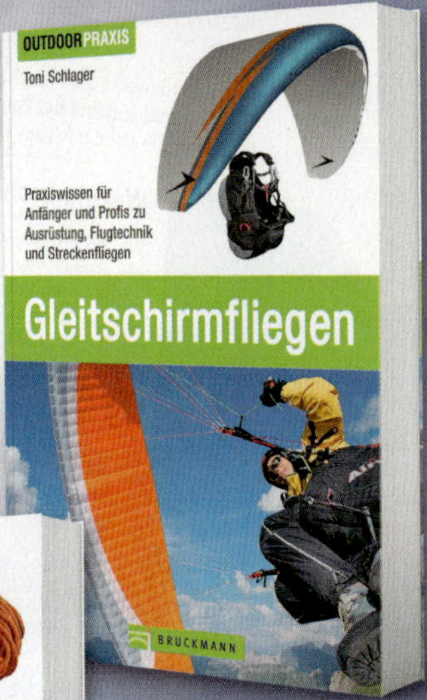

Fliegen zu können, ist ein uralter Traum der Menschen: Das Lehrbuch für das gesamte Wissen für Anfänger und Fortgeschrittene.

240 Seiten · ca. 200 Abb. · € 25,–
ISBN 978-3-7654-**5778**-4

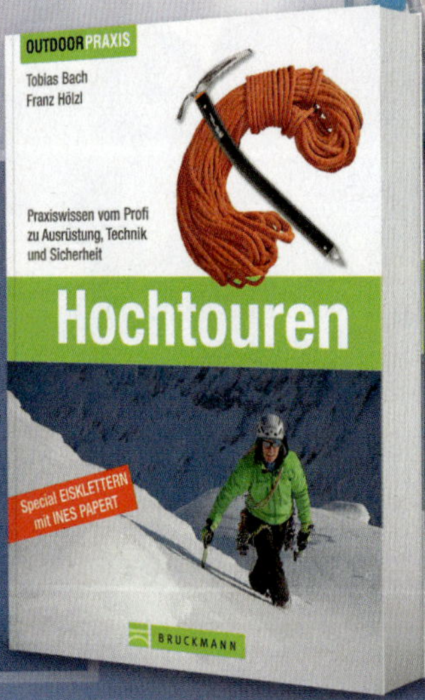

Allzeit sicher im Hochgebirge unterwegs. Alles Wichtige zur Vorbereitung und Durchführung einer Hochtour, weiß dieses Praxishandbuch.

192 Seiten · ca. 200 Abb. · € 19,99
ISBN 978-3-7654-**5003**-7

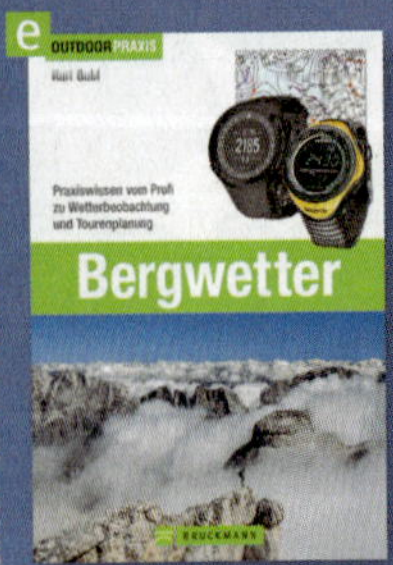

Mit seinen Wetterprognosen verhalf Karl Gabl den Huber-Buam, Stephan Siegrist, David Lama und vielen anderen zu erfolgreichen Touren.

192 Seiten · ca. 200 Abb. · € 19,99
ISBN 978-3-7654-**5875**-0

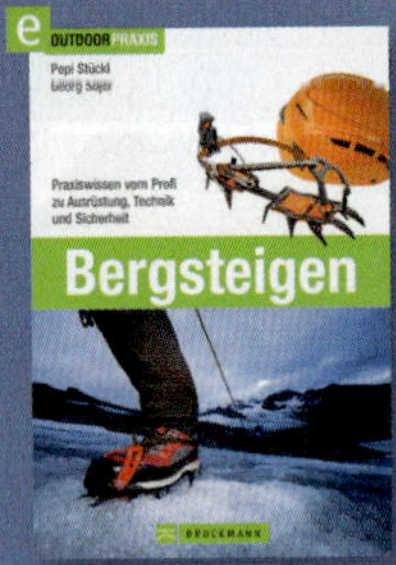

Aktualisiertes Praxisbuch zum Bergwandern, zum Klettersteiggehen, zu Hochtouren, zum Klettern in Fels und Eis sowie zum Skitourengehen.

192 Seiten · ca. 200 Abb. · € 19,99
ISBN 978-3-7654-**5876**-7

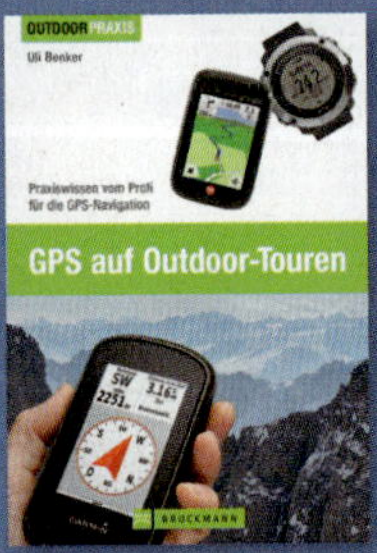

Das praktische Handbuch erklärt Ihnen verständlich die Grundlagen, die wichtigsten Funktionen und Anwendungsmöglichkeiten von GPS.

240 Seiten · ca. 250 Abb. · € 19,99
ISBN 978-3-7654-**6978**-7

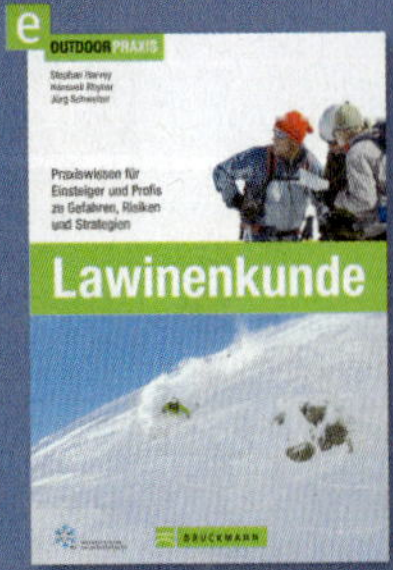

Unverzichtbares Lawinen-Basiswissen für Skitourengeher, Snowboarder und Schneeschuhwanderer. Anschaulich und praxisbezogen.

192 Seiten · ca. 200 Abb. · € 19,99
ISBN 978-3-7654-**5779**-1

e Auch als eBook erhältlich.

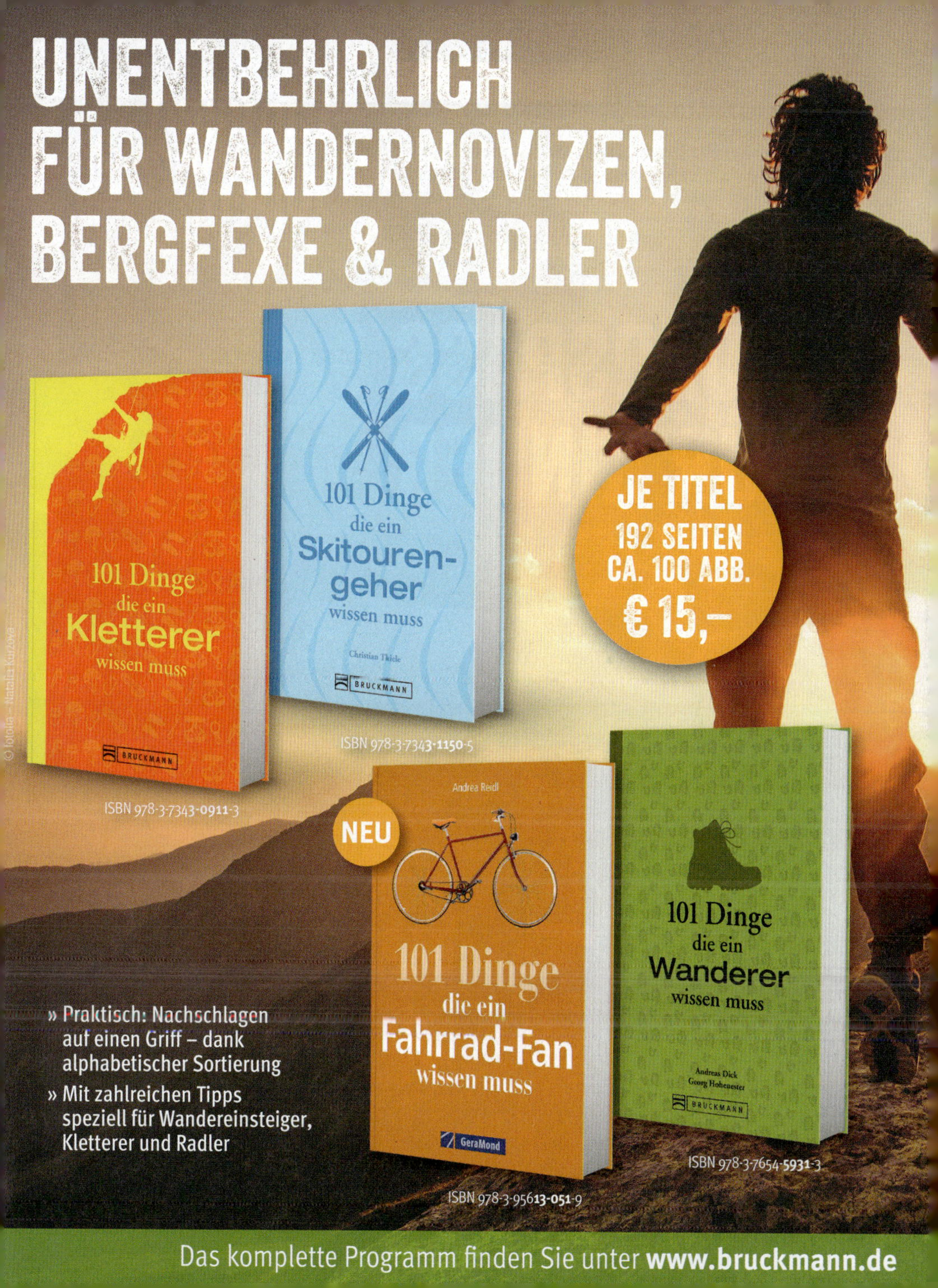

UNENTBEHRLICH FÜR WANDERNOVIZEN, BERGFEXE & RADLER
101 Dinge die ein Kletterer wissen muss
BRUCKMANN
ISBN 978-3-7343-0911-3
101 Dinge die ein Skitourengeher wissen muss
Christian Thiele
BRUCKMANN
ISBN 978-3-7343-1150-5
JE TITEL
192 SEITEN
CA. 100 ABB.
€ 15,–
NEU
Andrea Reidl
101 Dinge die ein Fahrrad-Fan wissen muss
GeraMond
ISBN 978-3-95613-051-9
101 Dinge die ein Wanderer wissen muss
Andreas Dick
Georg Hohenester
BRUCKMANN
ISBN 978-3-7654-5931-3
» Praktisch: Nachschlagen auf einen Griff – dank alphabetischer Sortierung
» Mit zahlreichen Tipps speziell für Wandereinsteiger, Kletterer und Radler
Das komplette Programm finden Sie unter www.bruckmann.de

PREISTIPP! nur € 12,99

In den Alpen wandern! Damit dies ein besonders schönes und unterhaltsames Vergnügen für die ganze Familie wird, haben die Autoren 100 leichte und kindergeeignete Touren zusammengestellt, auf denen es viel zu entdecken gibt. Ob Wasserfall, Seilbahn oder Erlebniswege – tolle Ausflugsziele und spannende Attraktionen auf der Tour garantieren jede Menge Spaß für Groß und Klein.

288 Seiten · ca. 280 Abb. · € 12,99
ISBN 978-3-7654-**6979**-4

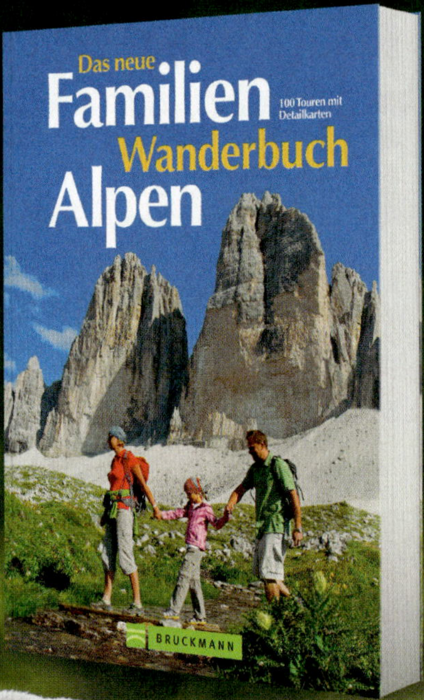

WANDERSPASS FÜR KINDER

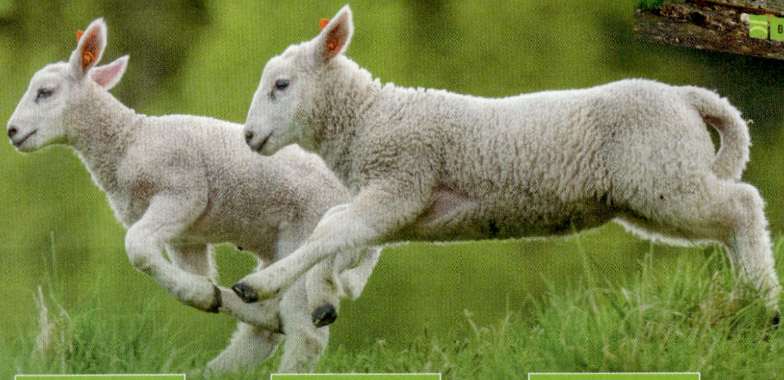

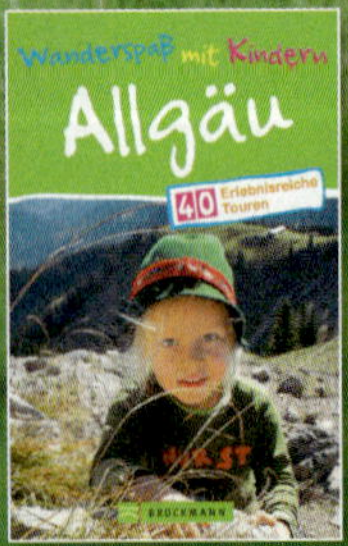

Wer meint, sein Kind sei Wandermuffel, wird im Allgäu eines Besseren belehrt: 40 elternerprobte Familienwanderungen.

192 Seiten · ca. 200 Abb. · € 15,–
ISBN 978-3-7343-**0825**-3

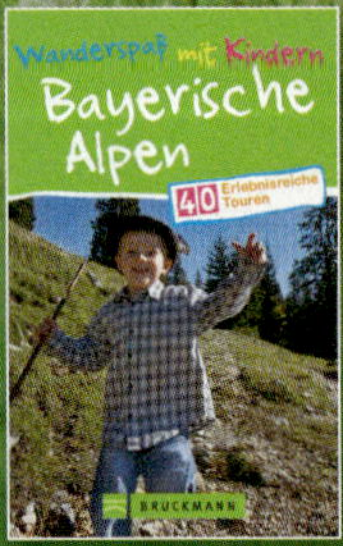

Dieser Wanderführer lotst Kinder hochmotiviert durch die Bayerischen Alpen. Das perfekte Geschenk für Eltern.

192 Seiten · ca. 200 Abb. · € 14,99
ISBN 978-3-7343-**0564**-1

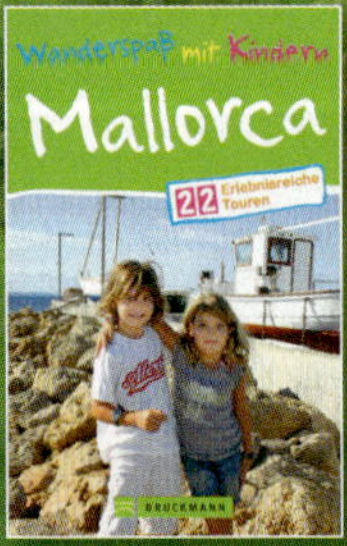

22 Wanderungen für Kinder ab 4 Jahren und ihre Begleiter. Mit Themenseiten zu Naturwissen, Basteltipps und Spielen für unterwegs.

144 Seiten · ca. 150 Abb. · € 14,99
ISBN 978-3-7343-**0566**-5

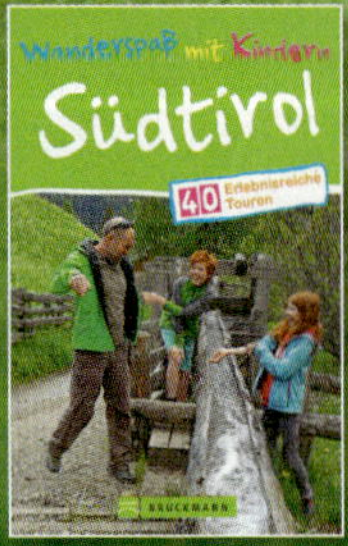

Erlebniswandern mit Kindern mit familienerprobten Touren auf Waalwegen, zu Burgen und Eishöhlen. Ein aufregendes Vergnügen!

192 Seiten · ca. 200 Abb. · € 15,–
ISBN 978-3-7343-**0826**-0

e Auch als eBook erhältlich.

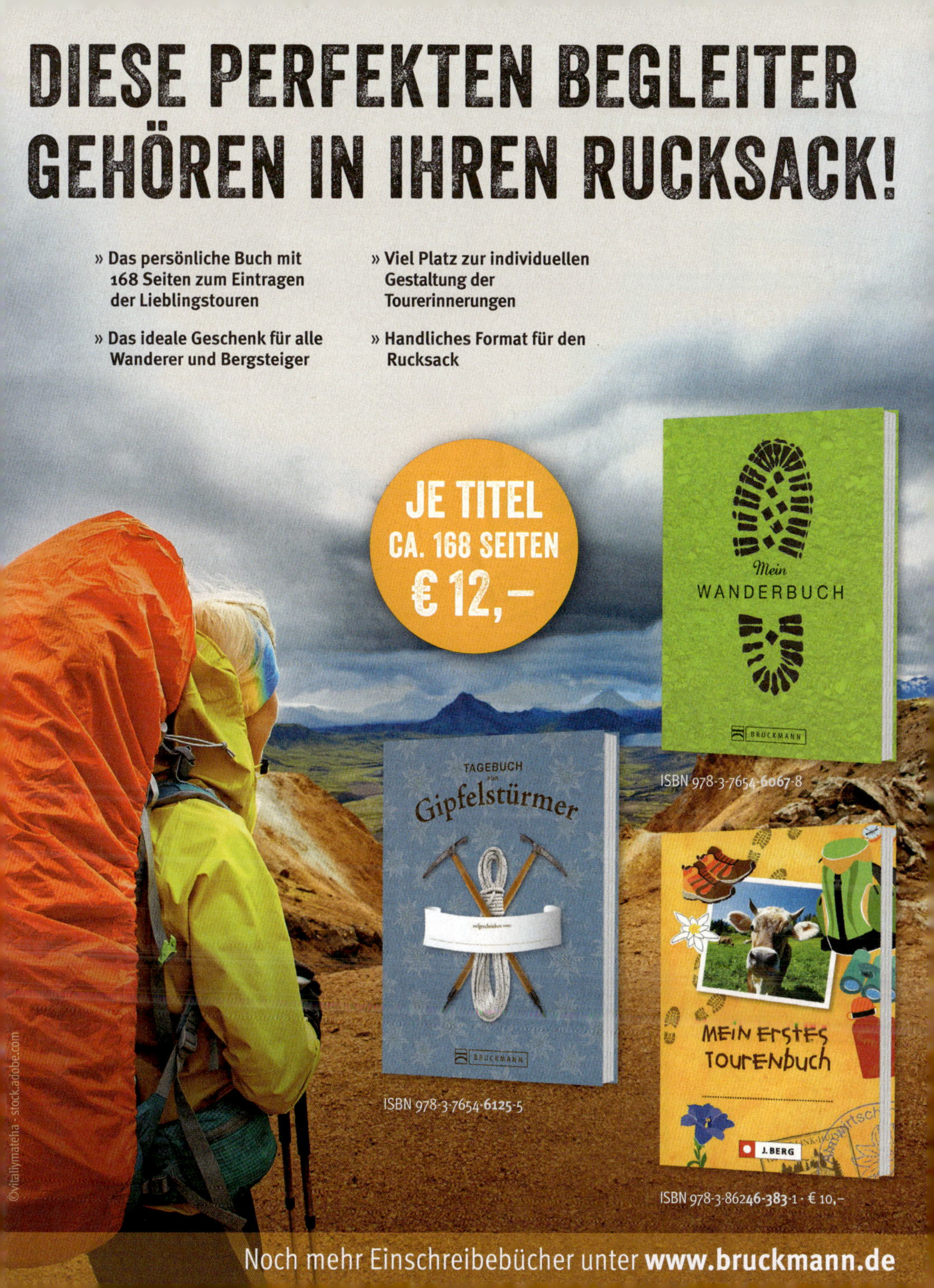
DIESE PERFEKTEN BEGLEITER GEHÖREN IN IHREN RUCKSACK!
» Das persönliche Buch mit 168 Seiten zum Eintragen der Lieblingstouren
» Viel Platz zur individuellen Gestaltung der Tourerinnerungen
» Das ideale Geschenk für alle Wanderer und Bergsteiger
» Handliches Format für den Rucksack
JE TITEL
CA. 168 SEITEN
€ 12,–
Mein WANDERBUCH
BRUCKMANN
ISBN 978-3-7654-6067-8
TAGEBUCH FÜR Gipfelstürmer
BRUCKMANN
ISBN 978-3-7654-6125-5
MEIN ERSTES TOURENBUCH
J. BERG
ISBN 978-3-86246-383-1 · € 10,–
Noch mehr Einschreibebücher unter www.bruckmann.de
©vitaliymateha - stock.adobe.com

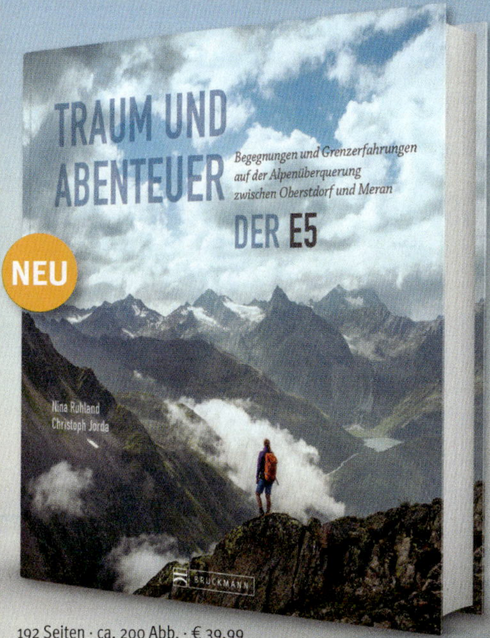

192 Seiten · ca. 200 Abb. · € 39,99
ISBN 978-3-7343-**1084**-3

»Die Strecke ist auch geeignet für Einsteiger, es muss nicht geklettert werden. Wer aber lieber zu Hause bleibt, der genießt einfach die schönen Fotos des Bildbands „Traum und Abenteuer, der E5“.«

BAMS

LEBE DEINEN TRAUM!

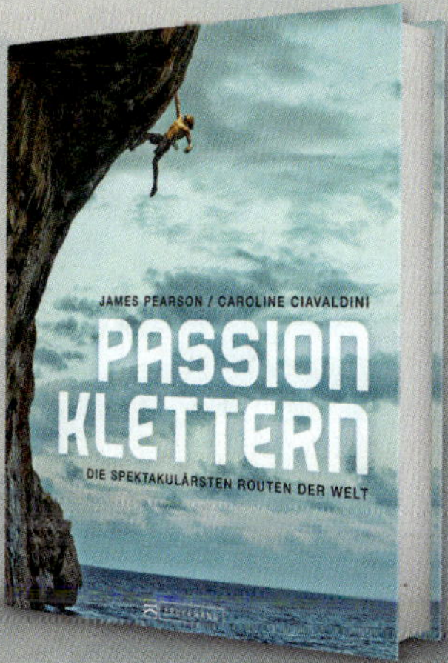

Leidenschaftlich felsverrückt

Sport am Limit – schwierigste Gipfel, bizarre Sandsteinfelsen und Klippen über steilem Abgrund: Beim Felsklettern ist die Welt ein einziges Abenteuer.

224 Seiten · ca. 250 Abb. · € 40,–
ISBN 978-3-7343-**1040**-9

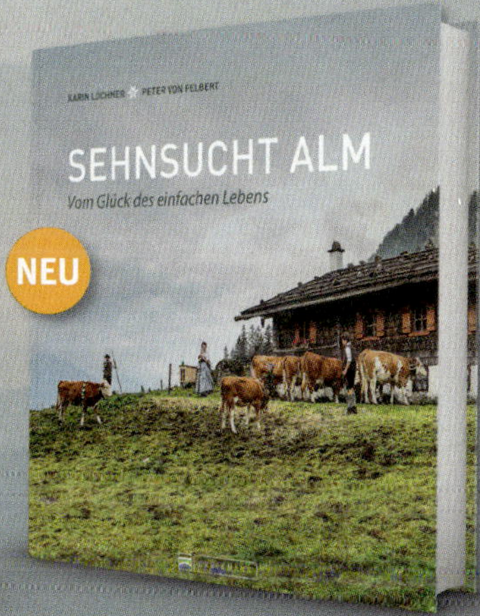

Zwischen Alltag und Bergromantik

Dieser Bildband lässt ins echte Almleben eintauchen. Sennerinnen aus den bayerischen Alpen verraten Rezepte, Gesundheitstipps und Lebensweisheiten.

192 Seiten · ca. 250 Abb. · € 39,99
ISBN 978-3-7343-**1220**-5

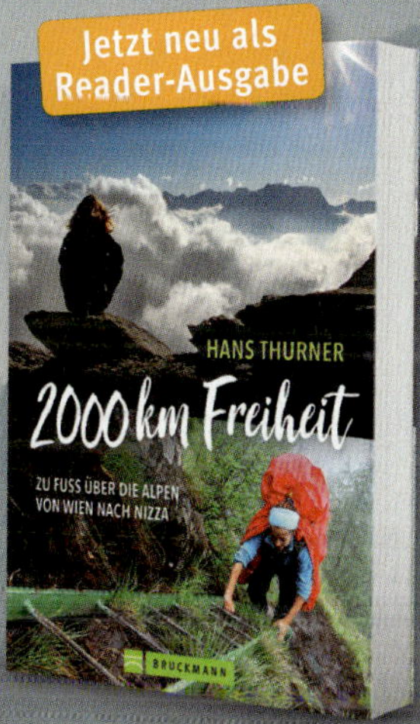

Faszination Alpenüberquerung

Das spannende Tagebuch einer Alpenüberquerung: zu Fuß vier Monate von Wien nach Nizza – quer über die Alpen. Das Abenteuer Alpentreks ganz persönlich!

192 Seiten · ca. 250 Abb. · € 19,99
ISBN 978-3-7343-**1085**-0

Mehr Bergfaszination unter **www.bruckmann.de**

AUFSATTELN, ABSCHALTEN, DIE WELT ENTDECKEN!

AUF DEN SCHÖNSTEN RADWEGEN UNTERWEGS

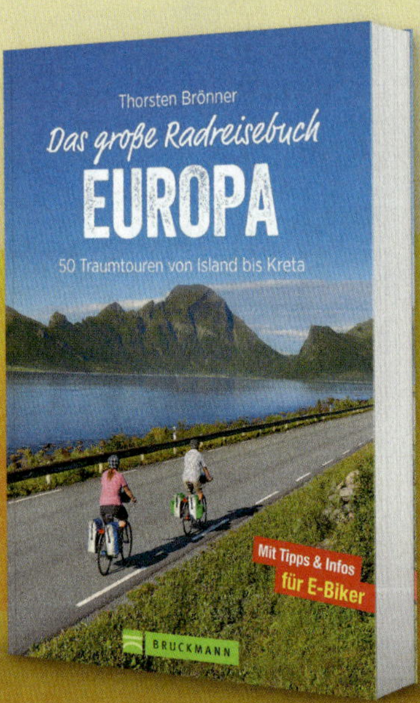

Europa erradeln

Das Credo Ihrer Fahrradreise: Viel Wadenmuskulatur, wenig Gepäck! Unbedingt mit müssen die Anregungen aus diesem Fahrradführer für ganz Europa.

288 Seiten · ca. 300 Abb. · € 30,–
ISBN 978-3-7343-**0667**-9

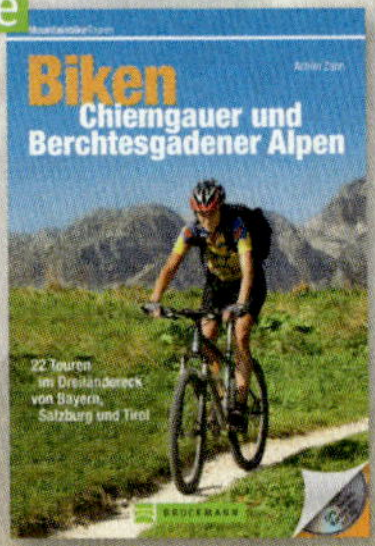

Entdecken Sie die schönsten Almen der Chiemgauer- und Berchtesgadener Alpen mit dem Mountainbike.

192 Seiten · ca. 160 Abb. · € 24,95
ISBN 978-3-7654-**5950**-4

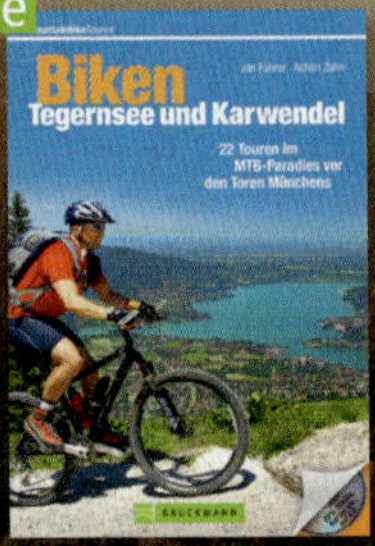

Die abwechslungsreichen Routen durchs Karwendel- und Mangfallgebirge lassen Biker-Herzen höher schlagen.

192 Seiten · ca. 160 Abb. · € 24,95
ISBN 978-3-7654-**5951**-1

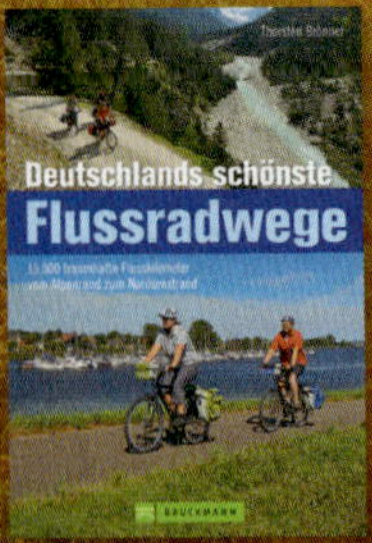

Das eigene Land mit dem Fahrrad entdecken: 15.000 Radwegkilometer – mit wichtigen Infos, Karten, Höhenprofilen sowie GPS-Tracks.

288 Seiten · ca. 392 Abb. · € 29,99
ISBN 978-3-7654-**5107**-2

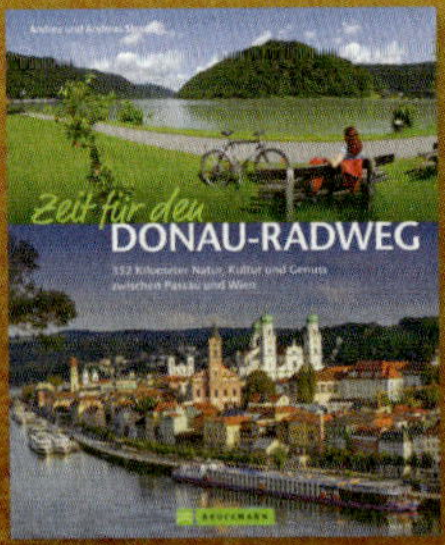

Der Bildband lädt ein zur großen Genießertour entlang der Donau, einer der schönsten Kultur- und Naturlandschaften Europas.

168 Seiten · ca. 250 Abb. · € 29,99
ISBN 978-3-7343-**0669**-3

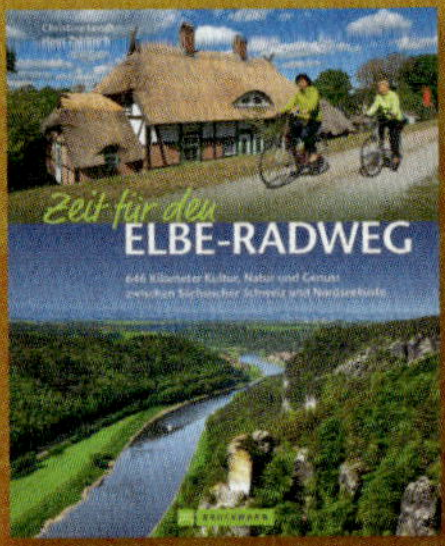

Der perfekte Mix aus Natur und Kultur zwischen Riesengebirge und Wattenmeer: inspirierende Bilder und detaillierte Infos.

168 Seiten · ca. 250 Abb. · € 29,99
ISBN 978-3-7343-**0861**-1

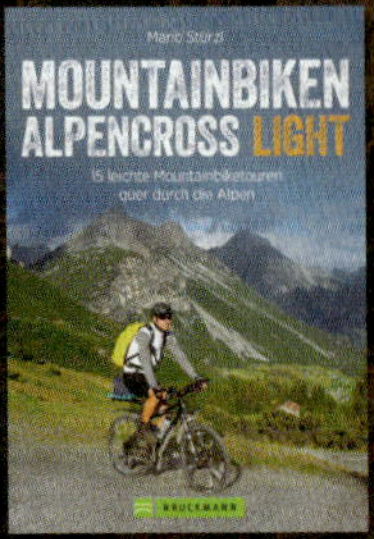

Einmal den Traum Transalp erfüllen ohne vor Anstrengung zu japsen?Bei den »Transalp-Light-Touren« ist der Weg das Ziel.

192 Seiten · ca. 160 Abb. · € 24,99
ISBN 978-3-7654-**5969**-6

e Auch als eBook erhältlich.

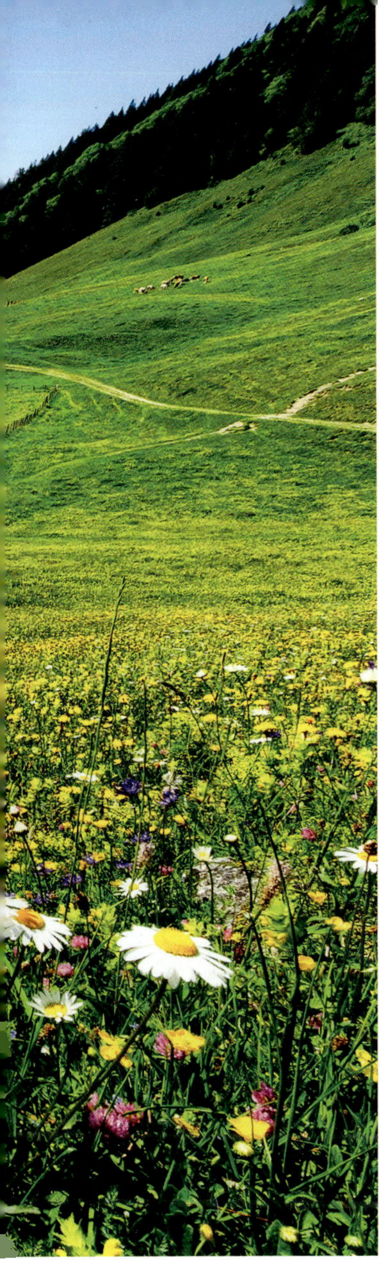

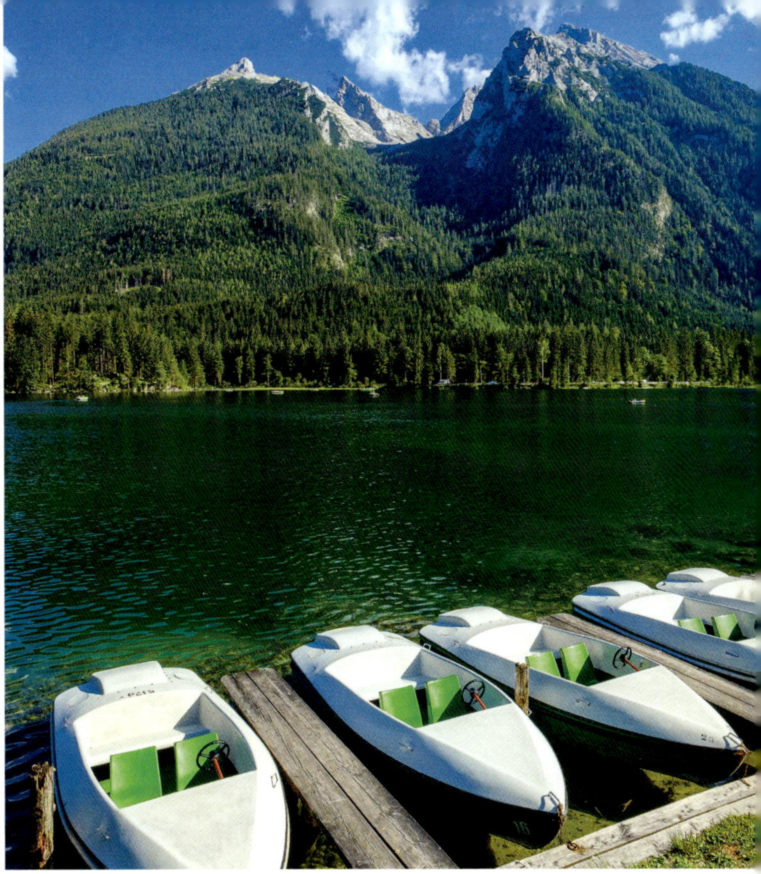

Genuss auf Schritt und Tritt

Blühende Bergwiesen mit den Daffnerwaldalmen (o. li.). Elektroboote warten am Hintersee auf uns Genießer (o. re.). Die Speisekarte am Purtschellerhaus steht an der Hauswand (u. li.). Am Bachschmid-Kaser auf dem Hochfelln sitzen wir sehr gemütlich (u. re.).

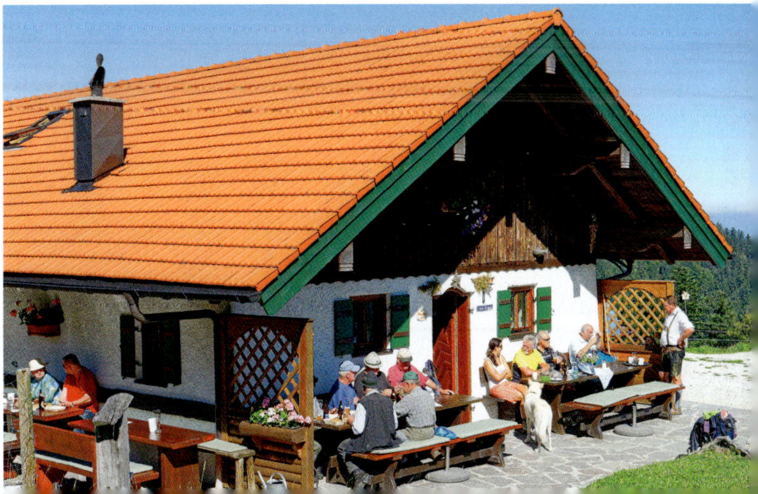

1

Von Törwang auf den Dandlberg

Im Land der Säumer

Mittel 3.30 Std. 430 Hm 11,5 km

Besonderer Genuss: Kultur am Wegrand

Tourencharakter
Einfache, aber längere Wanderung über Nebenstraßen und Feldwege; auch im Winter, wenn es nicht frisch geschneit hat, zu begehen. Verzichtet man auf den Dandlberg-Gipfel, ist die Tour auch mit Kinderwagen möglich.

Ausgangs-/Endpunkt
Törwang, Dorfplatz
GPS: 47.7810 N, 12.2143 O

Anfahrt
Auto: A 8 München–Salzburg bis Ausfahrt Achenmühle, nach Achenmühle, dort rechts Richtung Törwang, an Törwang zunächst vorbei und bei der 3. Dorfeinfahrt rechts zum großen Parkplatz (gebührenpflichtig)
Bus & Bahn: Mit dem Zug nach Rosenheim, weiter mit dem Bus nach Törwang

Gehzeiten
Steinkirchen 45 Min., Dandlbergalm 1 Std., Roßholzen 30 Min., Törwang 1.15 Std.

Einkehr
Mehrere Gasthäuser in Törwang; Badwirt in Roßholzen

Karte
Kompasskarte 1:50 000, Nr. 181 Rosenheim

Information
www.samerberg.de

Der Samerberg ist ein lang gestrecktes Hügelgebiet unter der Hochries. Im Norden fällt das Land steil zur Rosenheimer Ebene ab, im Westen erreichen die Hügel mit dem Dandlberg fast 1000 Meter – ein ideales Wandergebiet, das keine großen Anforderungen an die Kondition stellt. Die abwechslungsreichen Wege führen zu kunsthistorischen Kostbarkeiten und zu wahrlich wunderbaren Aussichtsplätzen.

Zur Aussichtskapelle Unsere Wanderung beginnt am Dorfplatz von Ⓐ **Törwang** mit seinen blumengeschmückten Häusern. Wir nehmen den Fußweg, der genau gegenüber dem Rathaus zwischen den Häusern beginnt und relativ steil über eine Wiese aufwärts führt. Wem das zu anstrengend ist, der wählt einfach die Straße, die beim Gasthof Zur Post abzweigt. Die Straße und der Wiesenweg treffen sich, dann geht es noch 300 Meter wei-

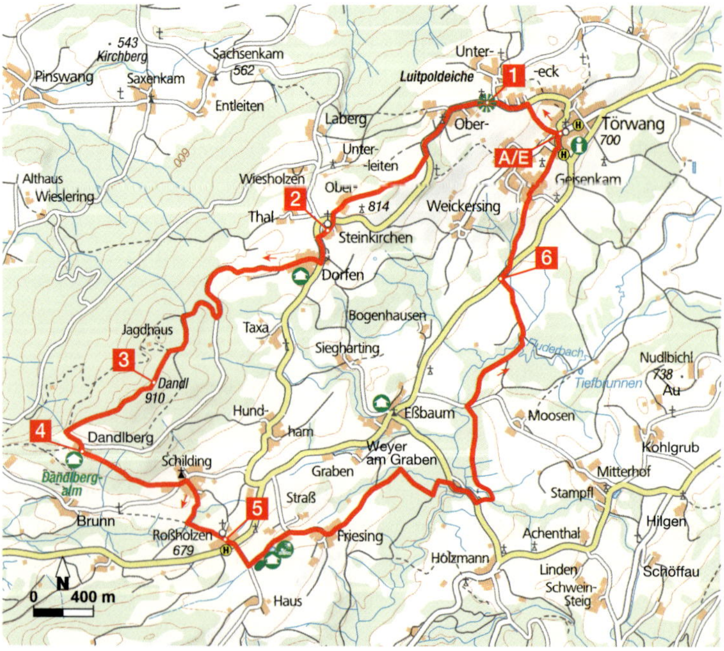

ter, und wir stehen neben der mächtigen Luitpoldeiche an der berühmten ❶ **Aussichtskapelle** und erleben ein einzigartiges Panorama. Nach Norden fällt der Samerberg steil ins Alpenvorland ab, entsprechend weit öffnet sich der Blick von der Kapelle. Hier lohnt sich ein gutes Fernglas, 142 Kirchtürme soll man damit an klaren Föhntagen erkennen können. Die Gegenseite nach Süden wird über Törwang von der Hochries dominiert. Wie in einem Bilderbuch ausgebreitet, liegt der Samerberg mit seinen vielen Weilern und Kirchen unter uns. Nicht vergessen sollte man bei dem ganzen Schauen, einen Blick in die Kapelle zu werfen. Sie beherbergt ein schönes gotisches Tafelbild der Vierzehn Nothelfer.

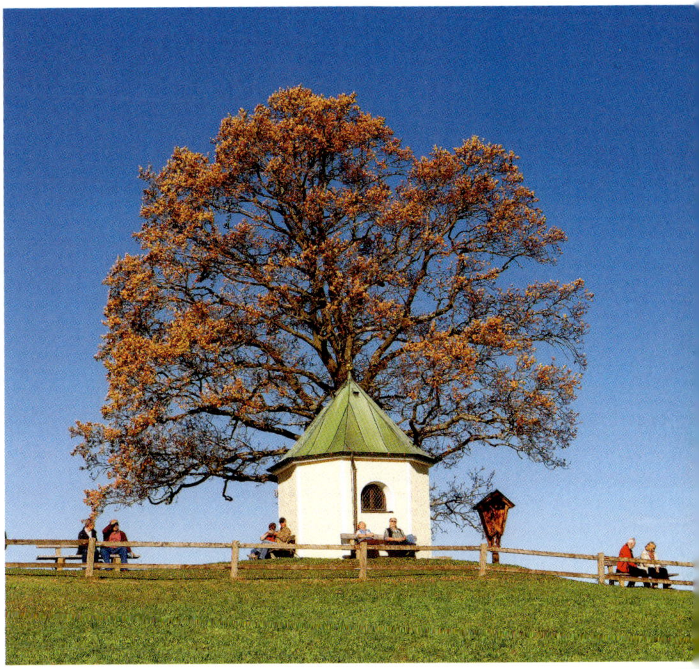

Von der Aussichtskapelle bei Törwang genießen wir wunderbare Ausblicke auf die Rosenheimer Ebene.

Nach Steinkirchen Wir wandern von der Kapelle aus durch den Weiler Obereck und halten uns nach dem ehemaligen Gasthof Schinkensepp an der Straßengabel links. Ein paar Hundert Meter nach dem Ortsendeschild macht unsere Straße einen Bogen nach links. Etwa am Ende dieser Kurve zweigt rechts ein Feldweg ab. An dem Jubiläumsbaum für die Jahrtausendwende, einer jungen Linde, vorbei gehen wir auf den nächsten Hügel. Eine Bank bei einem Feldkreuz lässt uns kurz verschnaufen, dann wandern wir durch den Weiler Oberleiten direkt auf die ❷ **Kirche von Steinkirchen** zu. Ihr wuchtiger Satteldachturm und das Patrozinium zum hl. Petrus weisen auf das hohe Alter der Kirche hin. Im Inneren steht die wertvolle gotische Plastik *Christus als Schmerzensmann*.

Auf den Dandlberg Von der Kirche aus gehen wir zur Straße vor. Der Wegweiser »Dandlberg« führt uns zum nächsten Weiler. Wir biegen rechts in den Dandlbergweg ab und folgen dieser Straße mit einem Linksknick. Nach dem letzten Haus gabelt sich die Straße – wir halten uns rechts und umwandern einen riesigen einzeln stehenden Baum, der aus zwei Stämmen besteht. Jetzt führt der Weg langsam aufwärts, und nach einer Rechtskurve stoßen wir wieder auf eine Weggabel.

Variante: Wer mit dem Kinderwagen unterwegs oder schlecht zu Fuß ist, der hält sich hier links und gelangt so direkt zur Dandlbergalm.

Wir nehmen den rechten Weg und lassen nach einem Wasserhochbehälter den Jungwald rechts liegen. Schließlich zweigt rechts ein Weg ab (Wegweiser »Dandlberg«); hier schwenken wir ein und treffen kurz darauf wieder auf eine Wegverzweigung, an der wir uns links halten. Durch den Hochwald, dann über eine Schonung und wieder durch den Hochwald erreichen wir den ❸ **Gipfel des Dandlbergs**, der jedoch keine Aussicht gewährt.

So wandern wir geradeaus weiter. Der Weg durch den Buchenwald senkt sich ab, links unter uns tauchen bereits die Wiesen der Dandlbergalm auf. Gleich darauf stehen wir an dem großen Antennenmast, der für einen einwandfreien Fernsehempfang im Inntal sorgt. Der Punkt ist ideal ausgesucht, denn weit lässt er uns ins Inntal schauen, und uns gegenüber stehen die Berge um den Wendelstein und des Mangfallgebirges.

Nach links auf der ungeteerten Straße haben wir nach wenigen Metern die ❹ **Dandlbergalm** erreicht. Sie ist längst keine reine Alm mehr, sondern im Lauf der Jahre ein ausgewachsenes Wirtshaus geworden, in dem man hervorragend Brotzeit machen kann.

Nach Roßholzen Nach der Rast wandern wir auf der kleinen Zufahrtsstraße weiter, die rechts von der Alm leicht abwärts führt. Nach einem Waldstück öffnet sich der Blick auf den westlichen Samerberg mit Roßholzen unter der Hochries.

Im Weiler Schilding steht eine eigenartige Rundkapelle. Sie gehört zum Bauernhof direkt daneben, dessen Bewohner sie vor ein paar Jahren aus einem alten Silo erbauten. Wir folgen aber nicht der Straße, in der die Kapelle steht, sondern biegen ca. 50 Meter davor rechts ab. Beim letzten Haus im Dorf entscheiden wir uns für den rechten Weg nach Roßholzen. Die betonierte Straße führt leicht abwärts. Kurz bevor der Beton endet, biegen

Der Samerberg und die Säumer

Die Bauern am Samerberg konnten nie auf große landwirtschaftliche Erträge hoffen. Dazu waren die Flächen der Felder zu klein. Noch heute sind die meisten Bauern Nebenerwerbslandwirte und fahren zur Arbeit in die Stadt. Früher verdienten sie sich vor allem als Säumer etwas dazu: Sie transportierten mit ihren Pferden Waren bis nach Italien – das gab der Landschaft ihren Namen. Große Kunst gibt es auf dem Samerberg nicht zu entdecken, dafür aber jede Menge kleine Schätze. So beherbergt die Kirche von Steinkirchen links vom Hochaltar ein einzigartiges Kunstwerk: den gotischen Schmerzensmann vom Samerberg, eine ungewöhnlich eindrucksvolle Christusfigur aus der zweiten Hälfte des 15. Jh.

wir links ab, überqueren auf einer kleinen Brücke einen Wassergraben und steigen wieder aufwärts nach 5 **Roßholzen**. Im Inneren der Kirche St. Bartholomäus finden wir übrigens eine ganze Reihe wertvoller gotischer Figuren und Reliefs, die aus der Werkstatt des Chiemgauer Meisters von Rabenden stammen.

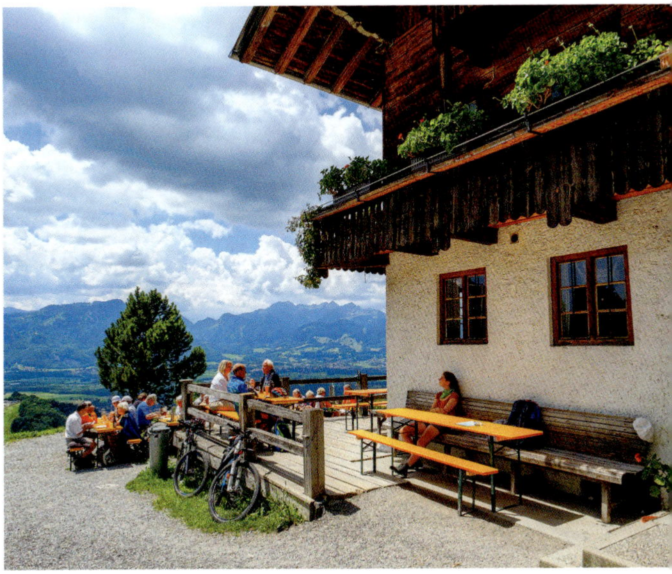

Von der Dandlbergalm blicken wir auf das Inntal.

Rückweg über Friesing und Geisenkam Wir wandern an der Kirche und am Moarhof, einer Eventlocation, vorbei und kommen zur breiten Straße, die aus dem Inntal auf den Samerberg führt. Etwas links versetzt queren wir sie und wandern auf der kleinen Straße Richtung Sportplatz. Leicht aufwärts geht es dann links zu den Sportplätzen. Der Badwirt mit seiner bodenständigen Küche bietet sich für alle zu einer Rast an, die der Einkehr-Versuchung bei der Dandlbergalm widerstanden haben. Unmittelbar dahinter findet sich übrigens ein zwar einfaches, aber nicht minder erfrischendes Freibad, für das man (Stand 2018) keinen Eintritt bezahlen muss. Am Bad vorbei wandern wir zum nächsten Straßen-T, wenden uns dort nach rechts und erreichen den Weiler Friesing. Im Ort links und dann beim letzten Haus geradeaus geht es auf dem Feldweg weiter. Er führt zuerst über Wiesen und dann im Wald auf einen zweiten Weg, dem wir nach links zur nächsten Straße folgen. Wir biegen rechts in die Straße ein und wandern an einem Haus vorbei einen kleinen Hügel hinauf. Oben finden wir einen großen Wegweiser, der uns links in den Wald schickt. Wir überqueren zwei Bäche und wandern mit einigem Abstand wieder an der Rückseite des Hauses vorbei.

Bald überqueren wir eine kleine Teerstraße, kreuzen den Steinbach auf einer breiten Brücke, passieren einen Wanderparkplatz am Lehrbienenstand und erreichen schließlich die 6 **Straße Inntal–Törwang**, die wir bei Roßholzen schon einmal überquert haben. Etwas rechts versetzt finden wir nach einer Bachbrücke links den schmalen Weg nach Geisenkam. Wir durchqueren den Weiler auf der Dorfstraße und kommen an einer kleinen Kapelle vorbei zurück nach E **Törwang** und zum Dorfplatz.

2 Zur Doaglalm

Almenglück unter der Hochries

Leicht | 2.45 Std. | 530 Hm | 7 km

Besonderer Genuss: Einkehr

Tourencharakter
Technisch leichte Bergtour auf Wanderwegen und Bergpfaden, lässt sich abkürzen. Abstieg vom Sattel zur Spatenau relativ steil über einen Wiesenweg

Ausgangs-/Endpunkt
Wanderparkplatz Spatenau
GPS: 47.7499 N, 12.2173 O

Anfahrt
Auto: Über A 8 und A 93 zur Ausfahrt Nußdorf, durch Nußdorf Richtung Neubeuren, dann rechts zum Samerberg, über Roßholzen nach Essbaum, dort rechts weiter über Ried im Winkel zum Gasthaus Duftbräu, der Straße noch ca. 1 km weiter folgen bis zum großen gebührenpflichtigen Spatenau-Waldparkplatz links der Straße
Bus & Bahn: Keine Möglichkeit

Gehzeiten
Bis Doaglalm 45 Min., Aufstieg Aussicht 50 Min., Abstieg zur Doaglalm 35 Min., Rückweg 35 Min.

Einkehr
Doaglalm (April–Okt. Di–So 10–18 Uhr, Nov.–März Sa/So geöffnet, in den Ferien Di–So ab 10 Uhr; Mo Ruhetag; Tel. 08032/82 19

Karte
Kompasskarte 1:50 000, Nr. 10 Chiemsee

Information
www.samerberg.de

Die mit einer Seilbahn erreichbare Hochries ist unumstritten das Highlight auf dem Samerberg. Unterhalb dieses oft überfüllten Gipfels gibt es herrliche Rundwege, die doch alles bieten, was man zu einer genussvollen Bergwanderung braucht: eine prachtvolle Aussicht, Ruhe und eine wunderbare Einkehrmöglichkeit.

Fast ans Ziel Selbstverständlich können wir für eine sehr kurze Wanderung die Doaglalm auch direkt ansteuern – dann sparen wir uns die Rundtour zur schönen Aussicht, das ist die einfachste Variante.
Doch egal, für was wir uns entscheiden: Wir starten alle gemeinsam am Ⓐ **Wanderparkplatz Spatenau** und queren die Straße nach rechts auf die Almzufahrtsstraße, die bereits zur Doaglalm beschildert ist. Durch den Wald geht es aufwärts. Bald kürzen wir auf einem steinigen Wanderpfad eine Serpen-

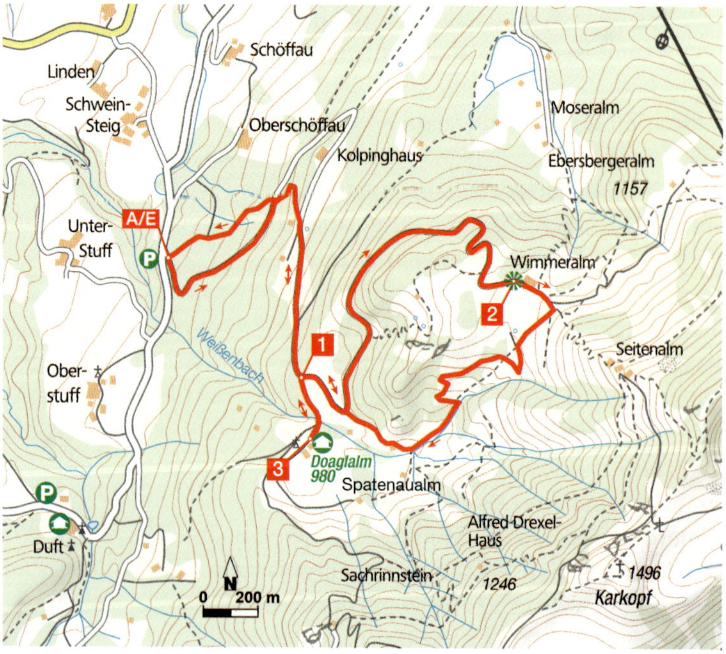

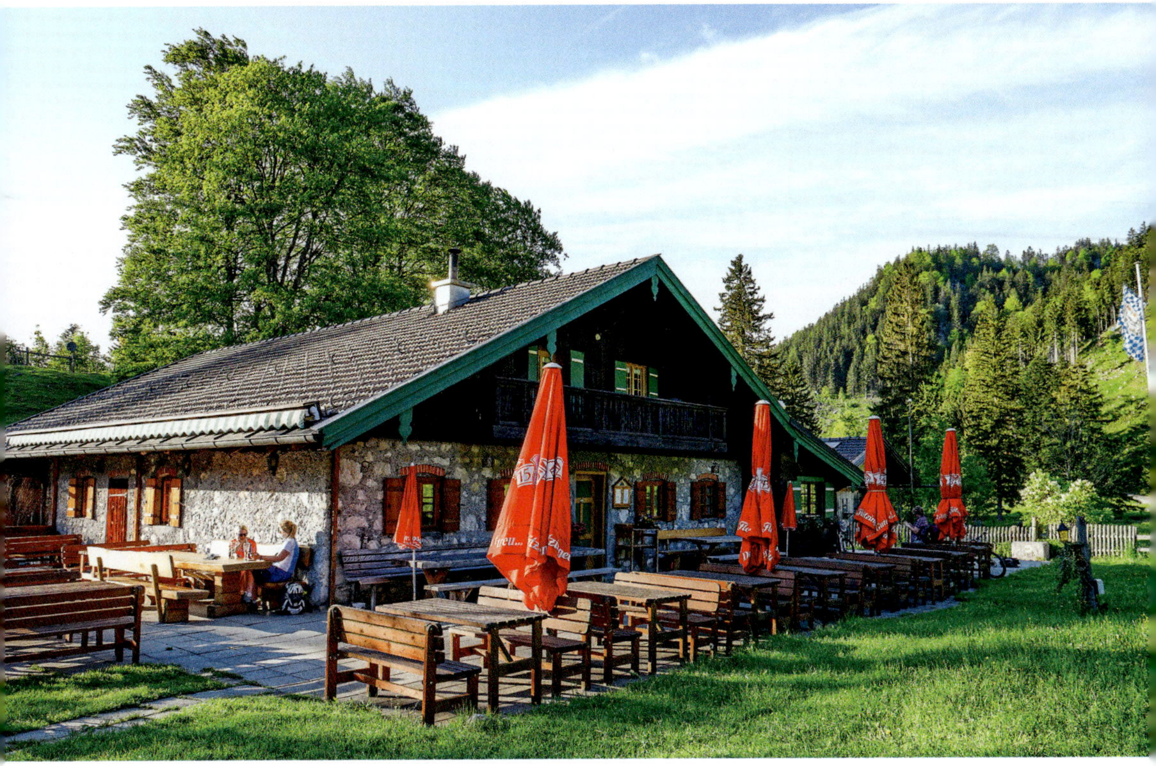

tine der Straße ab. Wenn wir wieder auf die Straße treffen, folgen wir ihr weiter nach rechts, bis der Weg flacher wird und wir kurz vor der Doaglalm an einer **1** **Wegkreuzung im Spatenau-Almgebiet** stehen.

Die letzten Gäste auf der Doaglalm

Lust auf eine Rundtour? Hier trennen sich nun die Wege. Wer noch etwas weiterwandern möchte – vor allem, um eine schöne Aussicht zu genießen –, der wandert an dieser Kreuzung geradeaus, der Beschilderung zur Hochries folgend. Nach gut 200 Metern nehmen wir links den breiten Weg, der nun relativ steil ansteigt. Rasch gewinnen wir so an Höhe und dürfen uns bald über die weite Sicht freuen. Unter uns liegt der Samerberg mit seinen vielen Weilern und Bauernhöfen, im Hintergrund zeigt sich das flache Rosenheimer Land und östlich davon das Chiemgau mit seinen Seen.

Die kleine Almstraße bringt uns über zwei Kehren weiter hinauf zu einem **2** **kleinen Sattel**. Auch hier ist die

Tipp

Am Samerberg gibt's noch ein paar tolle Ziele mehr: So kann man im nahen Grainbach Bauerngolf spielen oder im Spielstadl toben, und bei Törwang lockt im Sommer das Naturschwimmbad Samerberger Filze. Eines dieser Ziele lässt sich sicherlich prima mit der Wanderung verbinden.

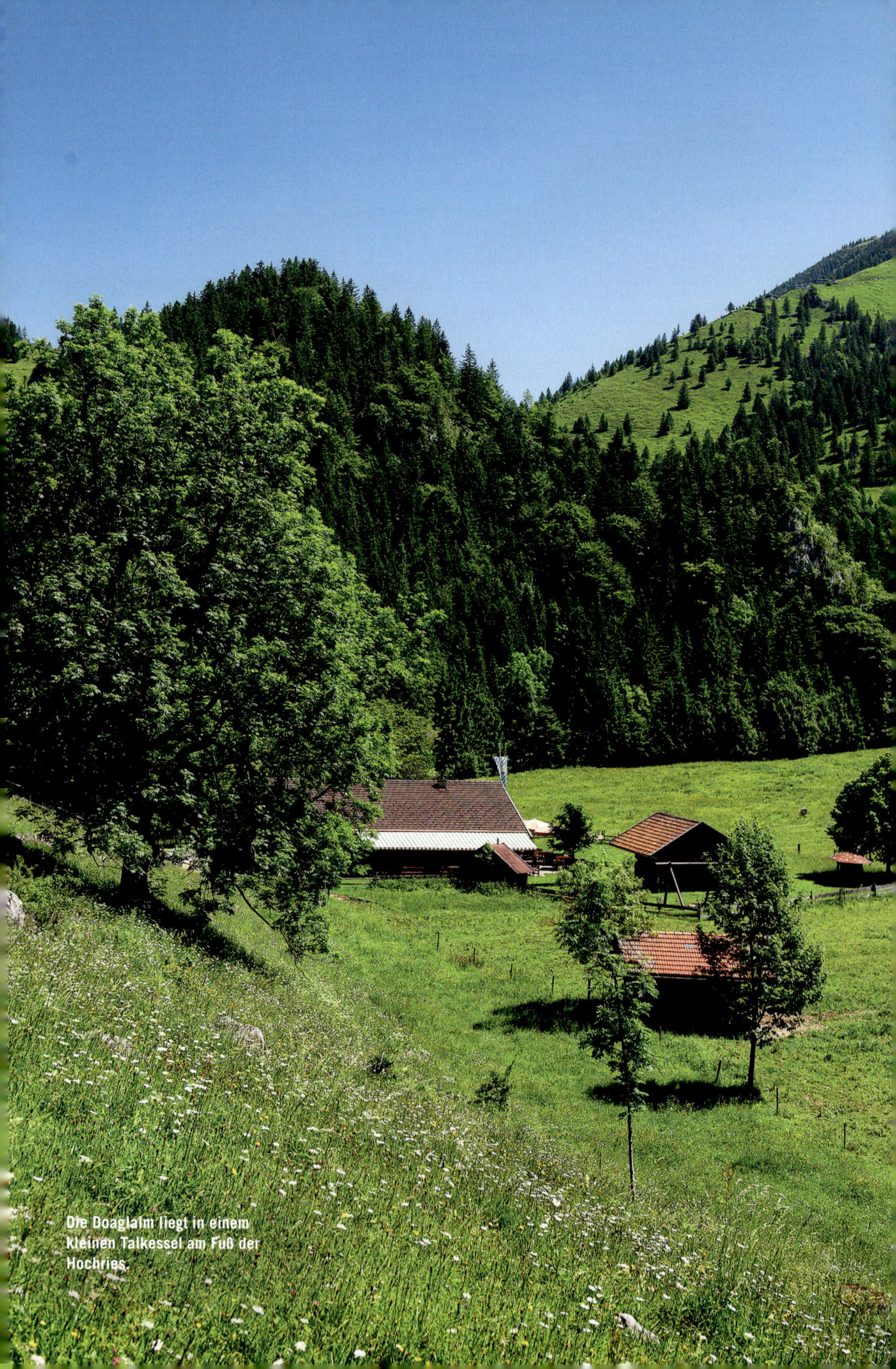

Die Doaglalm liegt in einem kleinen Talkessel am Fuß der Hochries.

Aussicht fast vollkommen, und sicherlich finden wir auf der Almwiese ein Plätzchen, um unsere mitgebrachte Brotzeit zu genießen.

Finales Almenglück Dann steigen wir zur Wimmeralm hinunter und wandern zur nächsten Weggabelung. Geradeaus führt der Weg weiter zum Hochries-Gipfel, aber das ist uns dann doch zu viel. Wir wenden uns stattdessen nach rechts und steigen über eine Wiese steil abwärts. Wenn es flacher wird, passieren wir zwei Almhütten und befinden uns wieder im Almgebiet der Spatenau. So stoßen wir erneut an die Kreuzung, die wir schon vom Hinweg kennen, und wandern nun nach links zur 3 **Doaglalm**, um auf der sonnigen Terrasse Platz zu nehmen und die Einkehr zu genießen. Zunächst auf dem Hinweg und dann die letzten Meter wieder auf einem schmäleren Wanderweg gelangen wir alsdann wieder zurück zum E **Wanderparkplatz Spatenau**.

Die Doaglalm

Sie ist vor allem berühmt für ihren äußerst locker luftigen, goldgelben Kaiserschmarrn, wobei natürlich auf der Speisekarte noch weitere köstliche Gerichte stehen. Die Alm ist beliebt bei Tagestouristen und Einheimischen, viele kommen auch mal schnell mit dem Fahrrad herauf. Besonders toll ist sie für Familien geeignet, denn der Weg hierher ist kurz, und Kinder freuen sich über einen Spielplatz, auf dem sie gefahrlos toben und sausen können, denn es gibt kein abschüssiges Gelände rundum (www.doaglalm.de).

Unten: Regentropfen schmücken einen Trauben-Steinbrech.

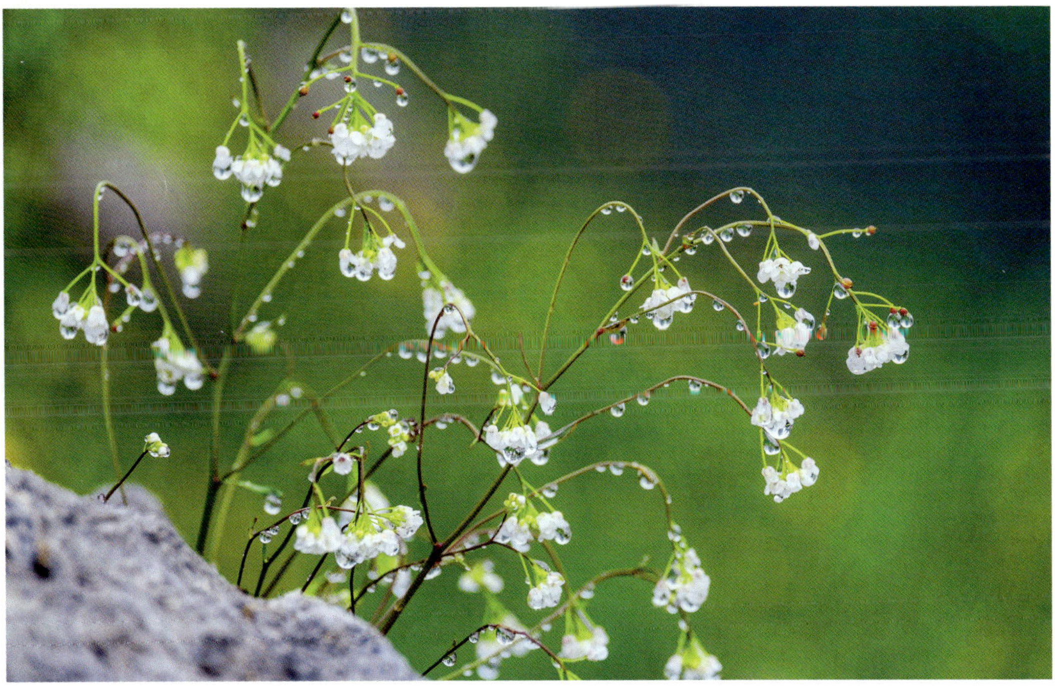

3

Auf den Heuberg

Daffnerwaldalmen und drei Gipfel

Mittel | 3.30 Std. | 600 Hm | 7,5 km

Besonderer Genuss: Einkehr

Tourencharakter
Technisch leichte Bergtour, wenn man nur zum Grasberg aufsteigt (der Heuberg besteht aus drei Gipfeln: Wasserwand, Kitzstein und Grasberg, wobei man für die ersten beiden absolut trittsicher und schwindelfrei sein muss). Der Abstieg kann nach Regen rutschig sein. Die Tour lässt sich verkürzen.

Ausgangs-/Endpunkt
Wanderparkplatz Schweibern
GPS: 47.7499 N, 12.2173 O

Anfahrt
Auto: Über A 8 und A 93 zur Ausfahrt Nußdorf, durch Nußdorf Richtung Neubeuern, dann rechts zum Samerberg, über Roßholzen nach Eßbaum, dort rechts weiter über Ried Richtung Gasthaus Duftbräu, kurz davor in der Kurve rechts auf der kleinen Straße zum Wanderparkplatz Schweibern
Bus & Bahn: Keine Möglichkeit

Gehzeiten
Bis Daffnerwald 1 Std., Aufstieg zum Gipfel 50 Min., Abstieg und Rückweg 1.40 Min.

Einkehr
Daffnerwaldalmen: die Deindlalm und die Lagleralm (beide fast das ganze Jahr über geöffnet); Gasthof Duftbräu

Karte
Kompasskarte 1:50 000, Nr. 10 Chiemsee

Information
www.samerberg.de

Die Wanderung auf den Heuberg ist eine echte Bilderbuch-Bergtour mit allem, was dazugehört: ruhige Wanderwege und Bergpfade, Bergwälder mit knorrigen Bäumen, bunt blühende Almwiesen, Kletterfelsen, Almhütten mit Einkehr, Bergbäche und natürlich ein richtiges und vor allem aussichtsreiches Gipfelerlebnis.

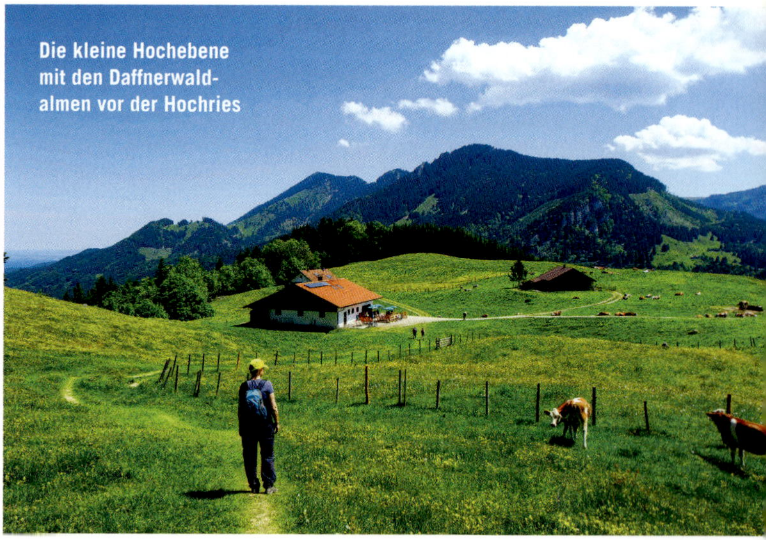
Die kleine Hochebene mit den Daffnerwaldalmen vor der Hochries

Über die Daffnerwaldalmen Auf den Heuberg führt ein breiter Wanderweg ab dem A **Wanderparkplatz Schweibern**. Einige Serpentinen der Forststraße lassen sich gleich über kleinere Wanderpfade abkürzen. Dann treffen wir kurz vor den Daffnerwaldalmen erneut auf den 1 **Forstweg**. In beiden Richtungen ist der Heuberg ausgeschildert. Rechts ist der Weg länger und führt über Mailach und die Nordseite des Berges zum Gipfel. Wir halten es heute lieber genussvoll und wandern nach links, wo wir keine 20 Minuten später die 2 **Daffnerwaldalmen** ansteuern. Im Frühjahr sind die Wiesen rund um die drei Almen mit einem zartlila Meer von blühenden Krokussen überzogen, aber auch im Sommer sind sie eine echte Augenweide. Deshalb

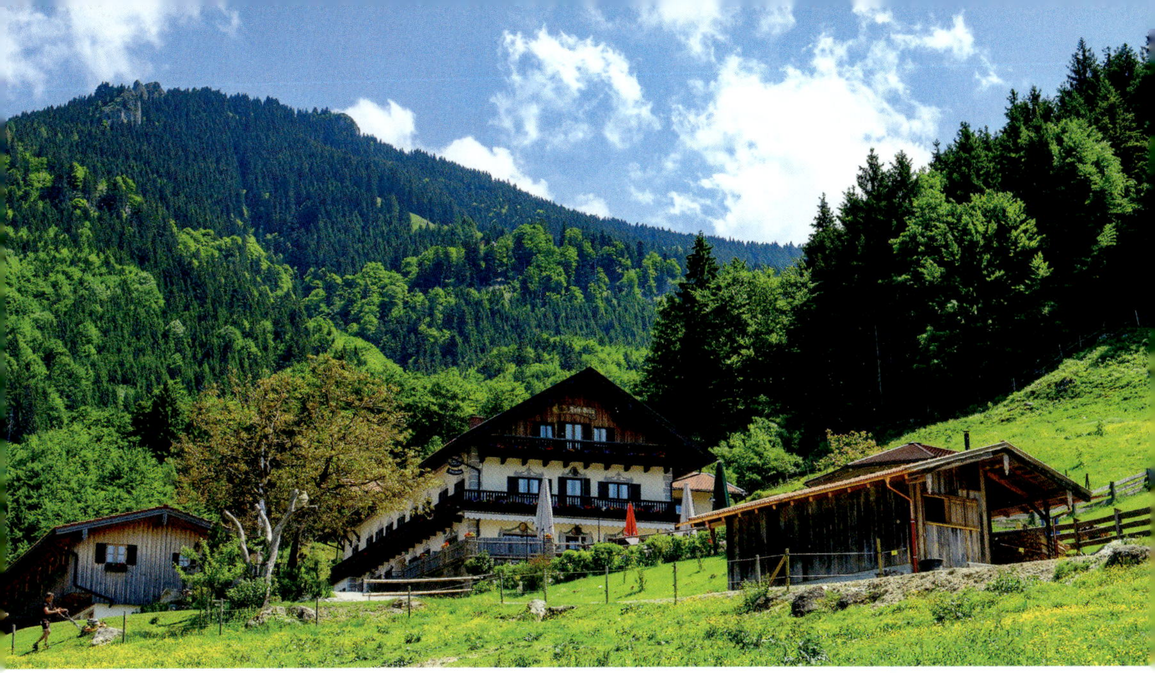

ist ein Einkehrstopp fast schon Pflicht, doch wir kommen nach der Gipfeleroberung wieder hierher zurück, sodass wir mit der Brotzeit noch etwas warten können.

Den Gasthof Duftbräu erreichen wir am Ende der Tour.

Berge und Seen bis zum Horizont

Der Ausblick vom Grasberg ist fantastisch – der Wendelstein mit seinen Antennen dient dabei als Landmarke. Er baut sich steil über dem Inntal auf, das hier wie ein Trichter wirkt. Um die Kirchlein St. Margareten und Schwarzlack finden wir keine Dörfer, sondern nur verstreut liegende Bauernhöfe (man baute die Höfe einst dort, wo die Felder lagen). Das Inntal öffnet sich hin zur Kreisstadt Rosenheim, und bei klarem Wetter kann man mit dem Fernglas im Hintergrund den Fernsehturm von München erkennen. Weiter rechts liegt direkt unter uns, verdeckt durch die Wasserwand, der Samerberg, und dahinter entdecken wir den lang gestreckten Simssee. Auch der Chiemsee mit den Inseln ist wieder zu sehen. Ganz in der Nähe finden wir das Feichteck, die Hochries und den Spitzstein, dazwischen ragt der Geigelstein in den Himmel. Den Süden dominieren der Wilde und der Zahme Kaiser und das Kranzhorn. Am Horizont, über dem Tiroler Inntal, stehen die Zillertaler Alpen im Hintergrund. Der Pendling bei Kufstein stürzt jäh zum Tal hin ab. Wieder direkt in unserer Nachbarschaft, nur auf der anderen Seite des Inntals, steht der völlig mit Wald bewachsene Wildbarren, dann folgen Brünnstein, Traithen und schließlich die Rotwand. Vor uns befindet sich auf einer kleinen Bergkuppe das romanische Kirchlein, einst Bestandteil eines Benediktinerklosters, am Petersberg, der schon in vorgeschichtlicher Zeit besiedelt war.

Grasberg oder Drei-Gipfel-Tour Der Aufstieg zum Gipfel beginnt vor der Laglerhütte, das ist die letzte Hütte am Almboden. Auf dem etwas überwachsenen Bergweg gehen wir aufwärts. Wir bleiben immer auf dem Hauptweg und ignorieren die vielen Trampelpfade, die den Hang durchkreuzen – das schont die Umwelt und auch die Kondition, denn unser Weg führt in bequemer Neigung schräg am Hang aufwärts. Er macht durch einen kleinen Hohlweg eine Linkskurve. Nach einer kleinen flachen Senke wird es nochmals richtig steil, und wir erreichen den Sattel zwischen der Wasserwand und dem Grasgipfel des Heubergs. Jetzt stellen wir fest, dass der Heuberg eigentlich drei Gipfel hat: die Wasserwand im Norden, den Grasberg in der Mitte und den Waldberg im Süden (auf den Karten auch: Kitzstein). Heuberg wird der gesamte Berg genannt.

Wer schwindelfrei und bergerfahren ist und zudem Lust auf eine kleine Kletterpartie hat, der steigt am Drahtseil entlang auf die höhere Wasserwand (Vorsicht, die Felsen sind von den vielen Gipfelstürmern glatt poliert!). Wem das zu riskant erscheint, der geht noch die wenigen Meter bis auf den 3 **Grasberg** und schaut dort in die Runde. Dieser Gipfel ist, weil er seinem Namen alle Ehre macht und dicht mit Gras überwachsen ist, zum Rasten ohnehin besser geeignet.

Abstieg entlang des Fluderbachs Der Rückweg führt uns zunächst wieder abwärts zu den 2 **Daffnerwaldalmen**, wo wir nun guten Gewissens nach so viel sportlicher Leistung einkeh-

Der Gasthof Duftbräu

Eigentlich war der Gasthof einmal ein Schwarzbau: Irgendwann vor 1543 hat sich nämlich der Holzknecht Georg Schmidt dort, wo heute der Duftbräu steht, ein kleines Häuschen errichtet, und in einer Urkunde wird geklagt, dass er das Häusl ohne Wissen der Obrigkeit erbaut hätte. Ursprünglich aus Tuffstein gebaut, wurde im Lauf der Jahrhunderte daraus ein »Duftstein« und schließlich, weil Ende des 19. Jh. in dem Haus (das inzwischen das Schankrecht erhalten hatte) Bier gebraut wurde, der Gasthof Duftbräu. Heute ist er ein sehr beliebtes Ausflugsziel und somit kein Geheimtipp mehr. Aber auf der sonnigen Terrasse mit dem herrlichen Ausblick schmeckt die bayerische Küche besonders gut. Jeden Samstag gibt's Schweinshax'n, und die ist so lecker, das lassen sich auch viele Einheimische nicht entgehen. Im Innern ist das Duftbräu in einer tollen Mischung aus Alt und Modern eingerichtet, und draußen werden die Kinder schließlich ganz bestimmt den großzügigen Spielplatz lieben (www.duftbraeu.de).

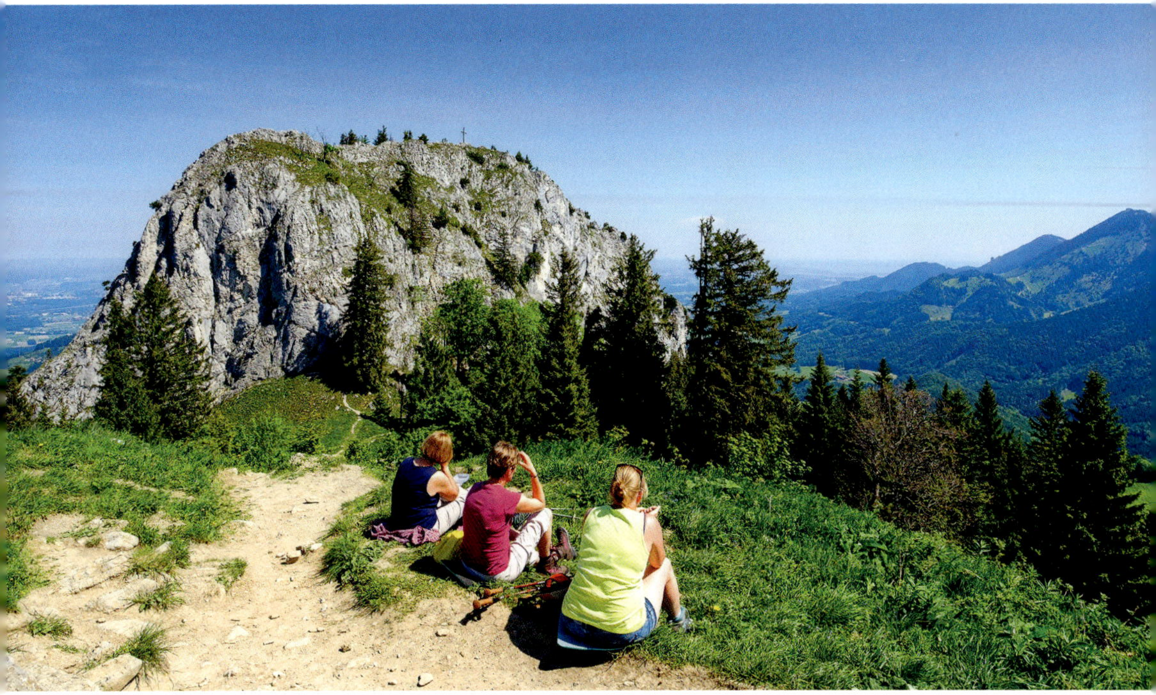

Vom Gipfel am Grasberg blicken wir auf die Wasserwand.

ren können. Dann verabschieden wir uns von den Almen und wandern zwischen der Lagler- und der Donelhütte quer über die Wiese in östlicher Richtung (Weg Nr. 12) weiter. Wir folgen, abwechselnd durch Wald und über kleine Lichtungen und Wiesen, der Beschilderung zum Gasthof Duftbräu. Bald geht es auf einem wildromantischen Weg am Fluderbach entlang.

Das letzte Wegstück folgt dann dem Bier-Themenweg und – wie könnte es anders sein – führt uns zum ❹ **Gasthof Duftbräu** an der Straße. Wer jetzt Durst auf den süffigen Gerstensaft hat, den bremst das Duftbräu aus. Ansonsten folgen wir der Straße, auf die wir dort stoßen, nach links. Bald geht es in der Kurve noch einmal links und das letzte Stück dann leicht ansteigend zurück zum Ⓔ **Wanderparkplatz Schweibern**.

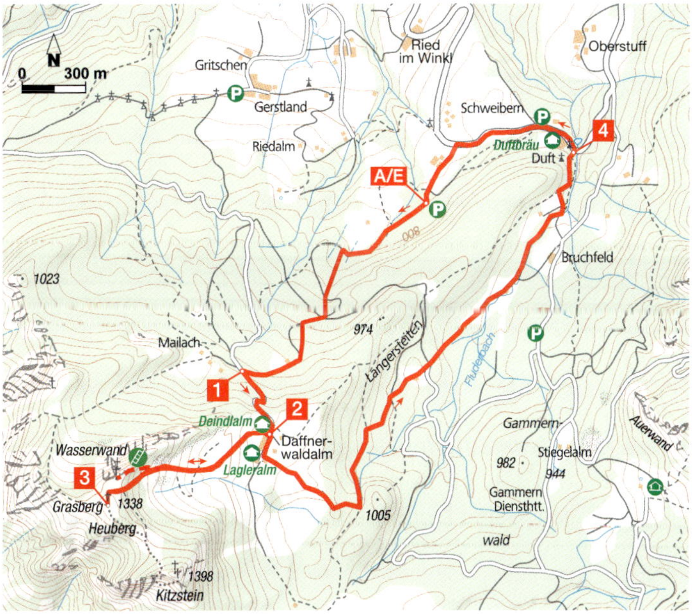

4

Aufs Kranzhorn

Zwei Kreuze am Gipfel

Mittel | 3.15 Std. | 500 Hm | 8 km

Besonderer Genuss: Aussicht

Tourencharakter
Leichte Wanderung; der Aufstieg zur Hütte erfolgt auf einer kleinen Almstraße, der Weg zum Gipfel und der Abstieg führen über schmale Bergpfade. Der Gipfel ist nur für Schwindelfreie.

Ausgangs-/Endpunkt
Parkplatz am Erler Berg
GPS: 47.6960 N, 12.2037 O

Anfahrt
Auto: A 8 Richtung Salzburg, vor Rosenheim auf die A 93 Richtung Kufstein bis Ausfahrt Nußdorf am Inn, rechts über den Inn nach Nußdorf, dort erneut rechts nach Österreich bis Erl, im Ort nach der Kirche links und der Straße über einige Serpentinen bergauf folgen, an der Weggabelung links, weiter bergauf, dann im Wald erneut links bis zum gebührenpflichtigen Parkplatz
Bus & Bahn: Keine Möglichkeit

Gehzeiten
Zur Kranzhornhütte 1.15 Std., zum Kranzhorngipfel 30 Min., Rückweg zum Parkplatz 1.30 Std.

Einkehr
Kranzhornhütte (geöffnet Anfang Mai bis Anfang November)

Karte
Kompasskarte 1:50 000, Nr. 10 Chiemsee

Information
www.kufstein.com; www.kranzhorn.at

Mit einem Kranz hat dieser Berg überhaupt nichts zu tun. Sein Name kommt von der Grenze zwischen Tirol und Bayern, die über seinen Gipfel verläuft. Deshalb zieren den Berg auch zwei Kreuze – eines auf der Tiroler Seite und das andere auf bayerischem Boden.

Zur Kranzhornalm Wir folgen am oberen Ende des Ⓐ **Parkplatzes** der kleinen Almstraße und wandern an einem Bach entlang aufwärts über den lang gezogenen Almboden. Hier stehen viele ältere und neuere Almhütten, wie z. B. die Hintermairalm, die Ottenalm oder die Polzalm, die wir nun der Reihe nach passieren. An der Spadaualm wendet sich unsere Almstraße dann nach links und führt über einige Serpentinen zur Schindlau-Alm hinauf. Schon von hier haben wir einen ersten traumhaften Ausblick über den Almboden auf die Berge des Chiemgaus.

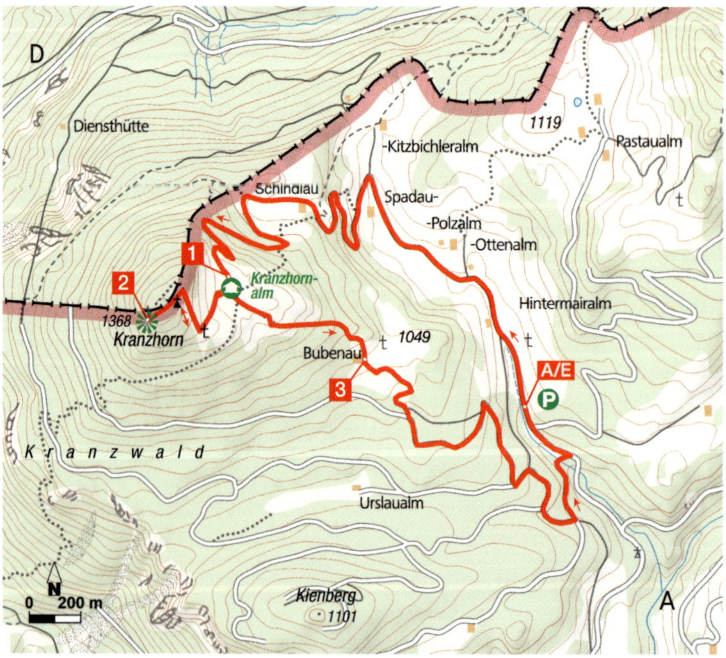

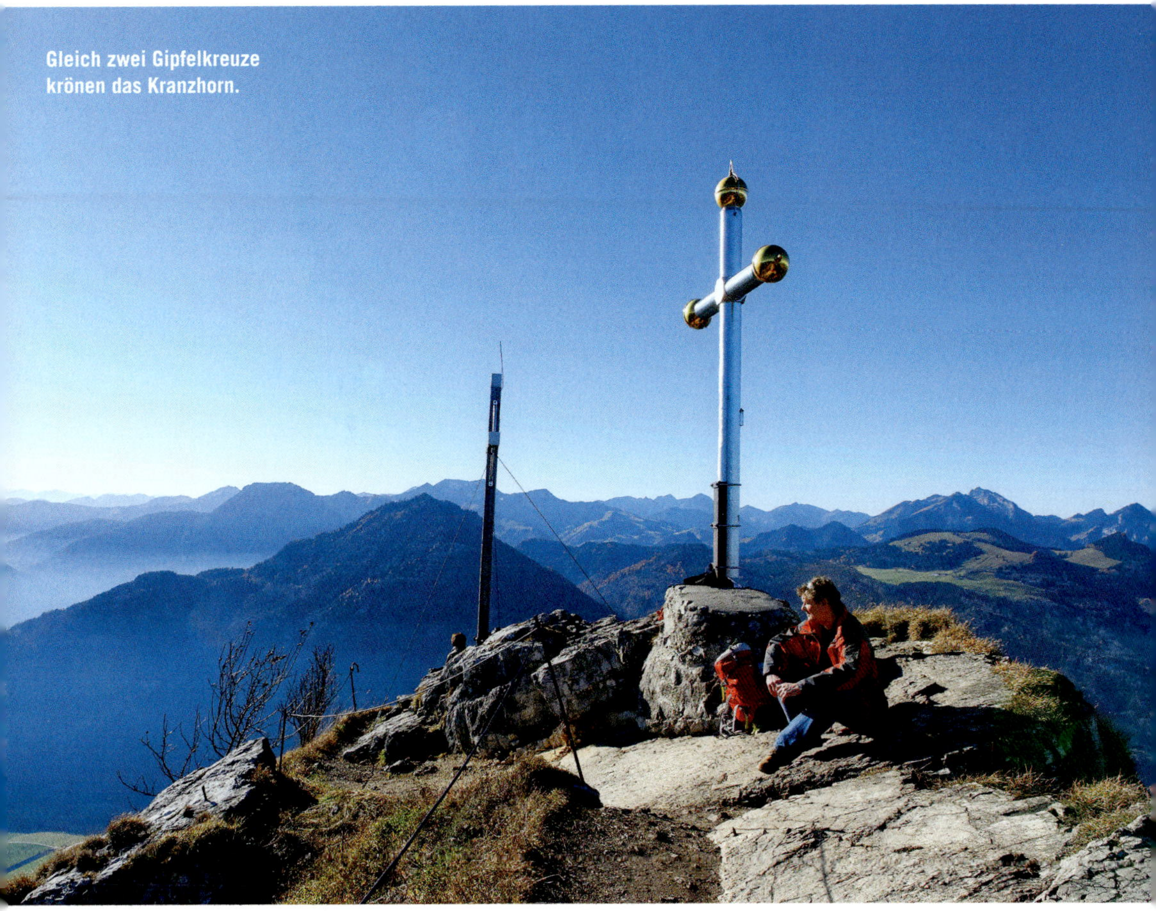
Gleich zwei Gipfelkreuze krönen das Kranzhorn.

Unser nächstes Ziel erreichen wir nach ein paar weiteren Serpentinen: die 1 **Kranzhornalm**. Von einer bescheidenen Almhütte kann hier keine Rede mehr sein, inzwischen hat sie sich zu einem Berggasthof und zu einem beliebten Treffpunkt für Mountainbiker gemausert. Trotzdem fügen sich die Gebäude harmonisch in den Almkessel ein, und gegen eine leckere Brotzeit haben wir sicherlich auch nichts einzuwenden.

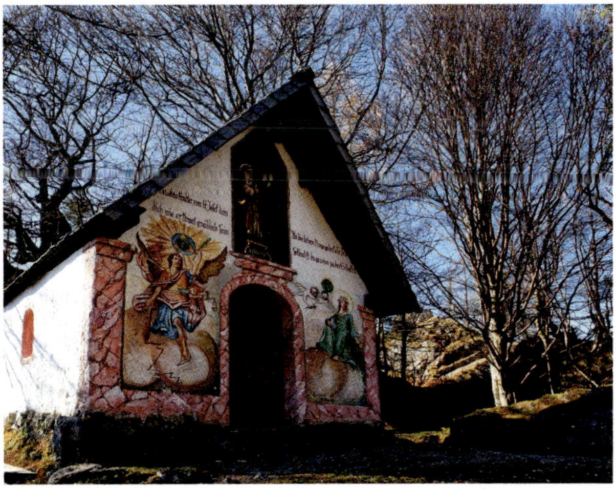
Die kleine Kapelle unter dem Gipfel

Auf den Kranzhorngipfel Alsdann nehmen wir vor der Kranzhornalm den Pfad nach rechts und steigen nun steil aufwärts. Nach wenigen Minuten passieren wir das kleine Almkreuz, das etwas oberhalb der Alm auf der Wiese errichtet wurde.

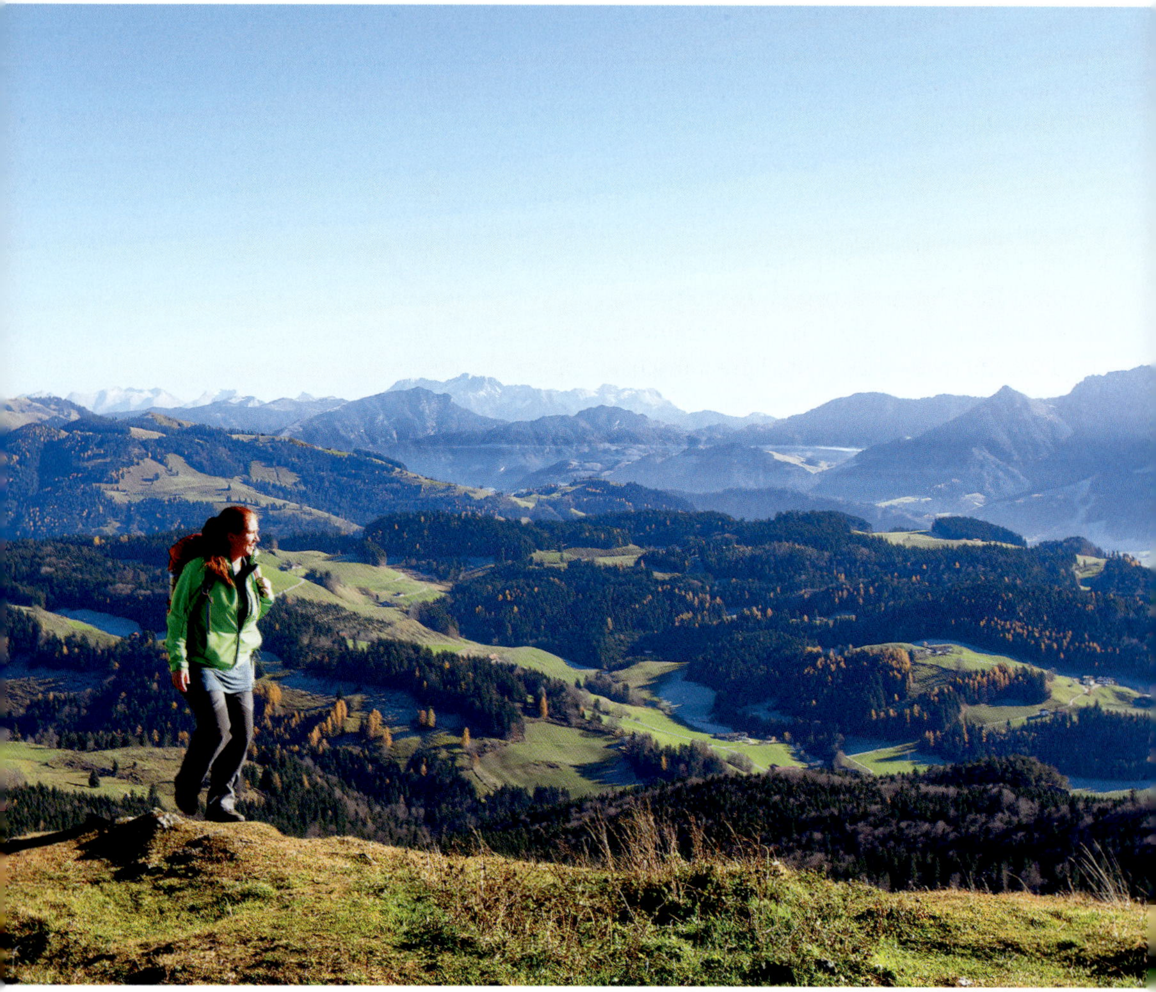

Hügel über Hügel und Berge bis zum Horizont. Das Kranzhorn ist ein traumhafter Aussichtsberg.

Überwältigt von dem schönen Ausblick müssen wir uns wirklich losreißen und aufraffen, um noch das letzte Stück zum Gipfel hinaufzusteigen – aber die große, weite Almwiese merken wir uns für die spätere Rast schon vor.

Zunächst aber folgen wir für weitere 20 Minuten dem Pfad aufwärts bis zum ❷ **Kranzhorngipfel**, einem kleinen, ebenen Felsplateau mit den beiden Gipfelkreuzen. Nach drei Seiten hin fallen die Felsen daneben allerdings senkrecht mehrere Hundert Meter ab. Ein Drahtseilgeländer erleichtert den Übergang zum vorderen Kreuz. Trotzdem, es kostet etwas Überwindung. Ganz vorne gibt es sogar eine kleine Aussichtsbank!

Übersehen dürfen wir auch nicht die kleine Kapelle unterhalb des Gipfels, die von den Besitzern der Kranzhornalm hoch in Ehren gehalten wird. Sie wurde bereits im 17. Jahrhundert erbaut. In der Nazizeit haben Vandalen die Figur des hl. Josef aus der Kapelle über die Felswand geworfen; als sie nach dem Zweiten Weltkrieg von der Sennerin dort unversehrt wiedergefunden wurde, entwickelte sich die Kapelle zu einer kleinen Wallfahrtskirche.

Abstieg über die Bubenaualm Nun geht's auf dem bekannten Weg zur ❶ **Kranzhornalm** zurück, wo wir nun entweder einkehren oder noch vor der Alm nach rechts den schmalen Weg nehmen. Er führt an einem kleinen Fischweiher vorbei und ist mit »Fußweg/Zum Parkplatz« beschildert. Der Pfad ist etwas ausgewaschen, doch wir verlieren rasch an Höhe. In einem Waldstück queren wir eine Forststraße und erreichen die ❸ **Bubenaualm**, bei der fleißige Hände eine lange Klaubsteinmauer aufgerichtet haben.

Ein schmaler, kaum sichtbarer Wiesenpfad führt in geringem Abstand zur Mauer bergab und wendet sich dann nach links auf einen breiteren Forstweg. Diesem folgen wir nur ein Stück und biegen dann wieder rechts ab, um den langweiligen Forstweg abzukürzen. Kurz darauf treffen wir wieder auf die Forststraße, auf der es nun weiter bergab geht. Einmal müssen wir uns noch links halten, dann passieren wir eine Schranke und stehen am Bach unterhalb des Ⓔ **Parkplatzes**, unserem Ausgangspunkt.

Weite Umschau

Vom Kranzhorn bietet sich eine großartige Aussicht. Beginnen wir im Norden mit dem Heuberg, die Hochries rechts daneben wird durchs Feichteck verdeckt, dann folgt, unverkennbar durch seinen pyramidenförmigen Aufbau, der Spitzstein. Der Reigen des Hochgebirges beginnt mit den Loferer Steinbergen, ihnen folgen Wilder und Zahmer Kaiser. Über seinen Westflanken schauen die vielen Tauerngipfel zu uns herüber. Deutlich ist der ebenmäßig und immer mit Eis und Schnee bedeckte Großvenediger zu sehen, die Dreiherrenspitze leitet zu den Zillertaler Bergen über. Davor steht, wieder wie eine Pyramide, die Hohe Salve, ein beliebter Skiberg (mit dem Fernglas sieht man gut die vielen Liftanlagen). Dann folgt das tief eingeschnittene Inntal – der Fluss schlängelt sich wie ein silbernes Band auf die alte Festungsstadt Kufstein zu, dahinter steht die scharfe Bergkante des Pendling. Oberaudorf und das kleine Karmelitenkloster Reisach, das wertvolle Kunstschätze birgt, sehen wir fast direkt unter uns. Im Westen schauen wir auf den felsigen Brünnstein. Den Gipfeln im Norden stiehlt der Wendelstein die Schau. Unter ihm liegen die Astenhöfe, und vorne über dem Inntal steht der Petersberg mit seiner romanischen Kirche. Das Land um Rosenheim im Norden verliert sich langsam im Dunst.

5

Auf die Karspitze

Grandioser Kufstein-Blick

Mittel | 3.30 Std. | 550 Hm | 11 km

Besonderer Genuss: Aussicht

Tourencharakter
Leichte Bergtour auf Wanderwegen und Bergpfaden. Nur der Anfang bis zur Wildbichler Alm ist steil (Trittsicherheit erforderlich!), und an einer Stelle im Wald muss man schwindelfrei sein. Der lange Abstieg lässt sich auf dem Hinweg abkürzen.

Ausgangs-/Endpunkt
Sachrang, Tourist-Info
GPS: 47.6903 N, 12.2613 O

Anfahrt
Auto: A 8 bis Ausfahrt Frasdorf und weiter über Aschau nach Sachrang. Bereits vor dem Ort gibt es einen großen Geigelstein-Parkplatz, auf dem man ebenfalls parken kann – dann einfach Richtung Ortsmitte gehen. Im Ort selbst gibt's einige Parkplätze am Ende der Dorfstraße, in der sich auch die Tourist-Info befindet.
Bus & Bahn: Mit dem Zug bis Prien und mit der Chiemgaubahn weiter bis Aschau, dann mit dem Bus in die Ortsmitte

Gehzeiten
Aufstieg zur Almstraße 45 Min., zum Gipfel 40 Min., Abstieg zur Wildbichler Alm 35 Min., Abstieg über Südflanke 1.30 Std.

Einkehr
Wildbichler Alm

Karte
Kompasskarte 1:50 000, Nr. 10 Chiemsee

Information
www.sachrang.de

Grenzüberschreitend nach Tirol führt uns diese Wanderung auf die Karspitze. Der Gipfel ist einer der zahlreichen kleineren Berge, die südlich des Geigelsteins liegen. Dabei überrascht die Karspitze mit einer wunderbaren Aussicht bis nach Kufstein im Inntal.

Steiler und schneller Aufstieg Mit der Tourist-Info in A **Sachrang** im Rücken schlendern wir nach links gemütlich durch das Dorf. Dann biegen wir rechts in den kleinen Kohlstattweg ein, auf dem mit kleinen Wanderwegschildern die Karspitze schon ausgezeichnet ist. Wir queren die große 1 **Bundesstraße** geradeaus und laufen leicht ansteigend in den Wald. Dort teilt der Weg sich – von rechts werden wir später zurückkommen. Wir folgen dem Weg nach links, wenden uns aber schon nach ca. 300 Metern auf einen kleineren Bergpfad, der zur Wildbichler Alm ausgeschildert ist.

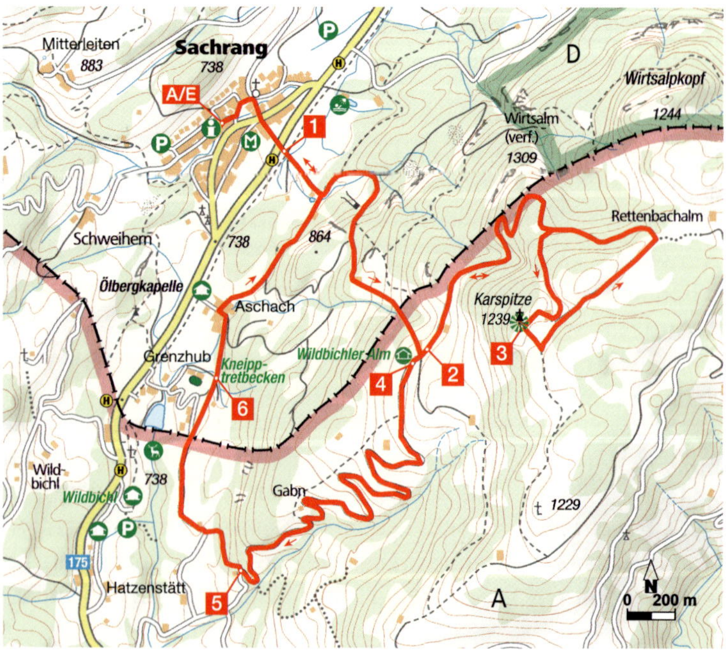

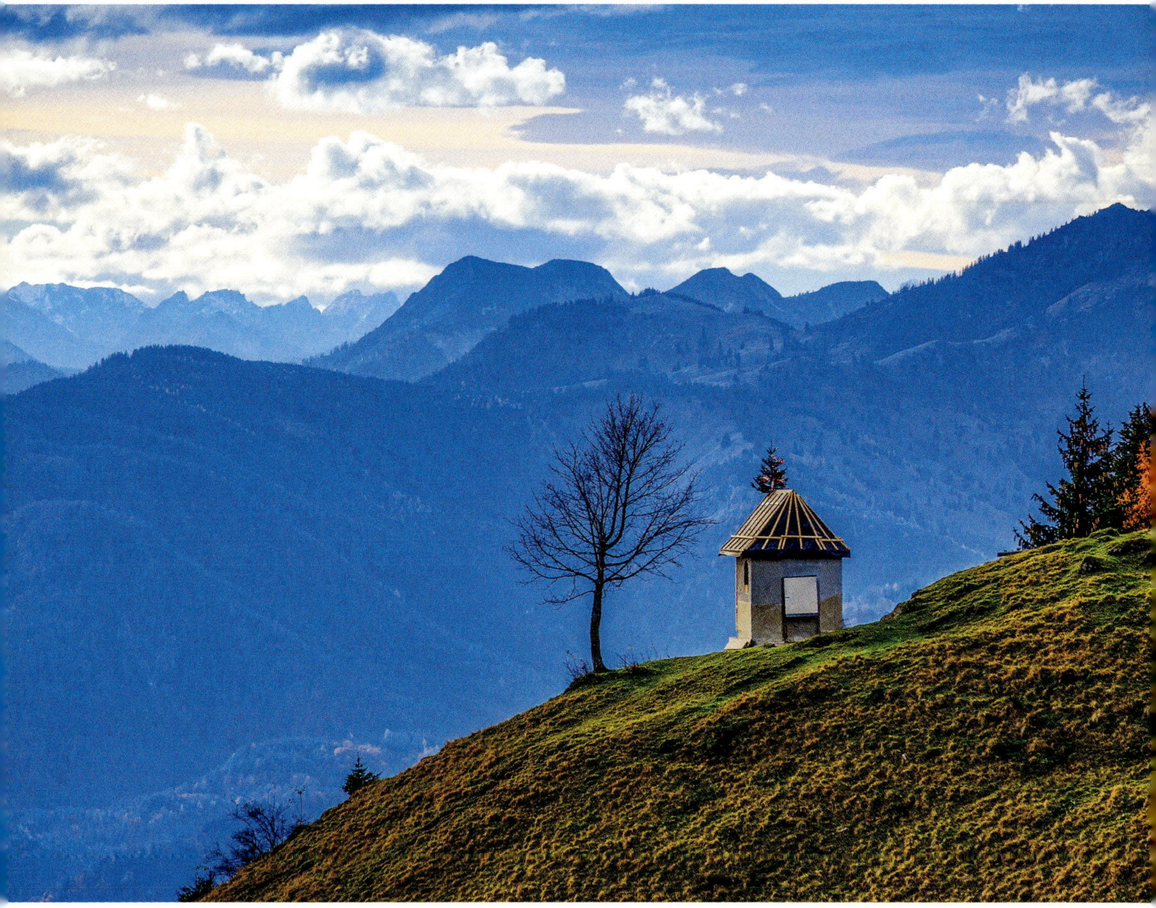

Und schon wird es ganz schön zackig. In richtiger Bergsteigermanier zieht sich der Pfad steil am Berghang hinauf. Aber zum Glück ist es angenehm schattig, und das ist wirklich der anstrengendste Teil der Wanderung. Wir erreichen an einer Almwiese den Waldrand, und schon hier dürfen wir eine erste Aussicht nach Süden hin genießen. Der Weg wendet sich dann aber gleich noch einmal nach links, wieder in den Wald hinein. Jetzt dauert es nicht mehr lange, dann stehen auch wir in der Sonne und sehen rechts über uns die Wildbichler Alm. Ein letzter Ruck bergauf über die Almwiese, und wir

Die kleine Kapelle auf der Karspitze ist ganz neu erbaut.

Tipp

Im Wildtierpark Wildbichl leben viele einheimische Tiere wie Rothirsche, Luchse, Steinböcke, Gämsen, Rehe, Wildschweine, Mufflons, Eulen, aber auch Hasen, Enten und Gänse oder Nutrias. Naturnah und sehr informativ erfährt man bei einem Rundgang viel Neues über diese Tiere. Und natürlich lassen sie sich aus nächster Nähe beobachten. Gerne kann man sich diesen Ausflug auch fürs Frühjahr vormerken, denn dann gibt es viele Jungtiere (www.wildpark-wildbichl.com).

erreichen eine kleinere ❷ **Almstraße**, wo wir uns entscheiden müssen: gleich eine Einkehr oder zuerst der Gipfel?

Gemütlicher Gipfelbummel Wir entscheiden uns zuerst für die Gipfelbesteigung, um nicht mit vollem Bauch bergauf steigen zu müssen, auch wenn der weitere Wegverlauf ein fast schon gemütlicher Bummel ist. So gehen wir auf der kleinen Straße nach links, wieder in den Wald hinein. Dort folgen wir einer langen Rechtskurve und können dann rechts auf einem kleineren Pfad eine der Serpentinen abkürzen. Dafür steigt der Weg noch einmal an, und weiter oben stoßen wir dann, über eine Almwiese gehend, wieder auf die Straße. Jetzt wandern wir nur noch in einem kleinen Bogen nach rechts und stehen dann schon am Gipfelkreuz der ❸ **Karspitze** und vor der daneben errichteten kleinen nigelnagelneuen Kapelle. Für eine glückliche Rast lassen wir uns ins weiche Gras fallen oder wählen für die mitgebrachte Brotzeit eine der Aussichtsbänke.

Zur Wildbichler Alm Für den Rückweg steigen wir steil über die Gipfelwiese ab, queren auf dem Brücklein die kleine Feuchtwiese und stehen dann, mit ein paar Metern aufwärts, an der Karalm wieder auf der Zufahrtsstraße, der wir nun stur bis zur ❹ **Wildbichler Alm** folgen. Jetzt ist es Zeit einzukehren und sich genüsslich verwöhnen zu lassen!
Danach treffen wir eine Entscheidung: Der kürzeste Weg führt über den Aufstiegsweg zurück; deutlich länger, aber sehr genussvoll ist der Abstieg nach Süden, für den wir einen großen, weiten Bogen schlagen müssen. Aber es lohnt sich sehr, denn

Galablicke am Abstieg

Nicht nur der Gipfel der Karspitze ist aussichtsreich, auch die Wanderung selbst, vor allem beim Abstieg über die Südflanke, bietet Galablicke, von denen wir uns fast nicht losreißen können, so eindrucksvoll ist die Fülle an Aussichtshügeln, imposanten Bergspitzen und den Blicken aufs Inntal. Nach Süden verstellt uns links der Zahme Kaiser mit der Naumspitze etwas den Blick, daran reihen sich die Ausläufer der Kitzbühler Alpen, und mit dem Kellerjoch sehen wir sogar den ersten Berg des Zillertals. Der markant abfallende Berg auf der rechten Seite von Kufstein ist der Pendling, dem sich in westlicher Richtung dann schon die Bayerischen Hausberge mit dem Thraiten und dem Brünnstein anschließen. Gut, dass der Weg beim Abstieg breit genug ist, denn diese Berglandschaft bietet reichlich Abwechslung und grandiosen Augenschmaus.

vor unseren Augen haben wir dann stets die fantastische Aussicht, die über den Niederndorferberg bis weit ins Inntal und bis zum Wilden Kaiser reicht. Ein echtes Ausblicks-Schmankerl!

Erfrischung am Wegrand Deshalb folgen wir einfach weiter der Almstraße in einigen Kehren bergab. Die Sonne tanzt uns auf der Nase, und Schatten gibt es keinen. Kurz vor der Gabnalm können wir über kleine Wiesenpfade etwas abkürzen, aber nur minimal. Schließlich geht es am Waldrand entlang, dann zweigt in einer Serpentine bei einem Haus ein 5 kleinerer Wanderweg nach rechts ab (Sachrang ist ausgeschildert).

Immer noch abwärts erreichen wir die Häuser von Ritzgraben, zwischen denen der Wanderweg hindurch verläuft. Jetzt wird es langsam ebener, und wir wandern oberhalb des Wildparks Wildbichl nun endlich in nördliche Richtung weiter. Über die Grenze kommen wir wieder nach Bayern und wandern geradeaus durch eine Ferienhaussiedlung. Stets in Wanderrichtung bleibend, treffen wir als Nächstes auf ein wunderbar erfrischendes 6 Kneipp-Tretbecken, das wir natürlich gleich nützen wollen.

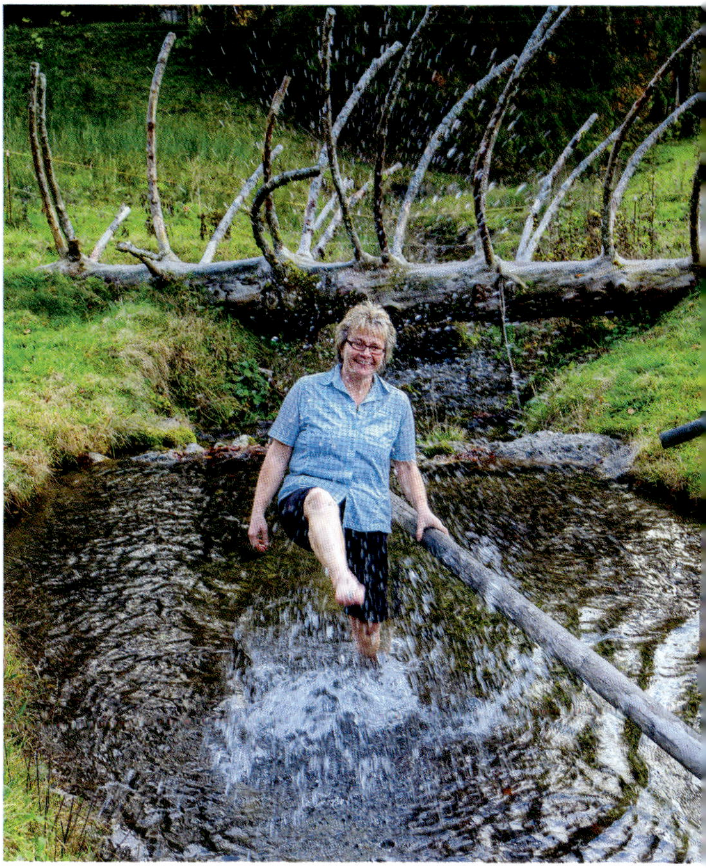

Am Ende der Tour wartet ein erfrischendes Kneipp-Tretbecken auf unsere müden Füße.

Aussichtsreicher Abstieg Die nächsten Häuser gehören schon zu Aschach, einem Ortsteil von Sachrang. Dort treffen wir auf eine Straße, die wir aber nur kurz touchieren, denn wir bleiben in Wanderrichtung. Unser Weg führt leicht rechts über ein Brücklein. Wieder im Wald geht es noch einmal leicht im Auf und Ab dahin, dann treffen wir wieder auf unseren Hinweg. Nun ist es nicht mehr weit bis zur Dorfmitte von E Sachrang, wo wir unbedingt noch einen Blick in die hübsche Dorfkirche St. Michael werfen sollten – sie zählt aufgrund ihrer einheitlichen Ausstattung und künstlerischen Gestaltung zu einer der schönsten Dorfkirchen im Chiemgau.

6

Von Prien nach Gstadt

Auf dem klassischen Chiemsee-Uferweg

Leicht | 4 Std. | 20 Hm | 14,5 km

Besonderer Genuss: Kultur am Wegrand

Tourencharakter
Einfache, aber längere Ganztageswanderung, größtenteils auf Wanderwegen, die auch von Radfahrern benutzt werden. Wenig Schatten; auch im Winter begehbar. Bademöglichkeiten. Rückfahrt mit den Chiemsee-Schiffen, Zwischenstopps möglich

Ausgangs-/Endpunkt
Prien/Stock, Uferpromenade
GPS: 47.5607 N, 12.3643 O

Anfahrt
Auto: A 8 bis Ausfahrt Bernau/Prien, nach Prien und im Ortszentrum auf der Seestraße nach Stock; große Parkplätze der Chiemsee-Schifffahrt
Bus & Bahn: Bahn nach Prien und von Mai–Sept. mit der historischen Schmalspurbahn nach Stock, sonst mit dem Bus

Gehzeiten
Bis Schafwaschen 1 Std., Strandpavillon Breitbrunn 1 Std., Gstadt 1.30 Std., Fraueninsel 30 Min.

Einkehr
Gasthaus Seehof in Schafwaschen; Restaurant Oberleitner; Haus am See; in Urfahrn, Gasthäuser in Gstadt und auf der Fraueninsel

Karte
Kompasskarte 1:50 000, Nr. 10 Chiemsee

Information
www.prien.de; www.chiemsee-schifffahrt.de

Das ist die klassische Chiemsee-Wanderung – nirgendwo sonst erlebt man das »bayerische Meer« so unmittelbar und so vielfältig. Der Weg führt immer wieder dicht am schönen Ufer entlang und schenkt uns traumhafte Ausblicke auf die beiden Chiemsee-Inseln.

Königliche Einblicke Wir beginnen unsere Wanderung an der Schiffsanlegestelle im Priener Ortsteil **A Stock** und gehen auf der Uferpromenade zum See. Dort beginnt der Chiemsee-Uferweg, der uns bis Gstadt führen wird. Beim Hallenbad Primavera nehmen wir den Erlenweg, der rasch in einen Fußweg übergeht. Wenn wir auf die Herreninsel schauen, so sehen wir in einer großen künstlichen Schneise das Königsschloss. Das war von König Ludwig II. durchaus so gewollt, man sollte sein Schloss schon von weitem bewundern können. Näher durfte man allerdings nicht kommen, die Herreninsel war zu seiner Zeit für jeden Besuch gesperrt.

Jetzt führt unser Weg durch den breiten Schilfgürtel des Sees, der durchwegs als Landschaftsschutzgebiet ausgewiesen ist. Wir passieren die Fischräucherei Winklfischer und kommen zur »Fischhütt'n«. Beides sind einfache Fischgaststätten mit Selbstbedienung, die aber unglaublich guten und absolut fangfrischen Fisch aus dem See bieten.

Zur Bucht von Schafwaschen Bei der »Fischhütt'n« knickt der Weg links vom See ab, und wir treffen auf die Kläranlage, die wir nach rechts umgehen. Dann wandern wir wieder parallel zum Seeufer auf einer Birkenallee über den verlandeten Seegrund. Auf einer hohen Brücke überqueren wir einen Seitenarm der Prien, dann geht es nach links zur nächsten Brücke, die uns über den Hauptarm der Prien bringt.

Die Prien hat hier eine große Landzunge angeschwemmt. Diese schiebt sich so weit in den Chiemsee, dass nördlich davon die Schafwaschener Bucht entstanden ist. Vorbei an dem beliebten Badestrand mit seinem Kiosk führt unser Weg durch den Schilfgürtel zunächst nach Norden, dann wendet er sich im großen

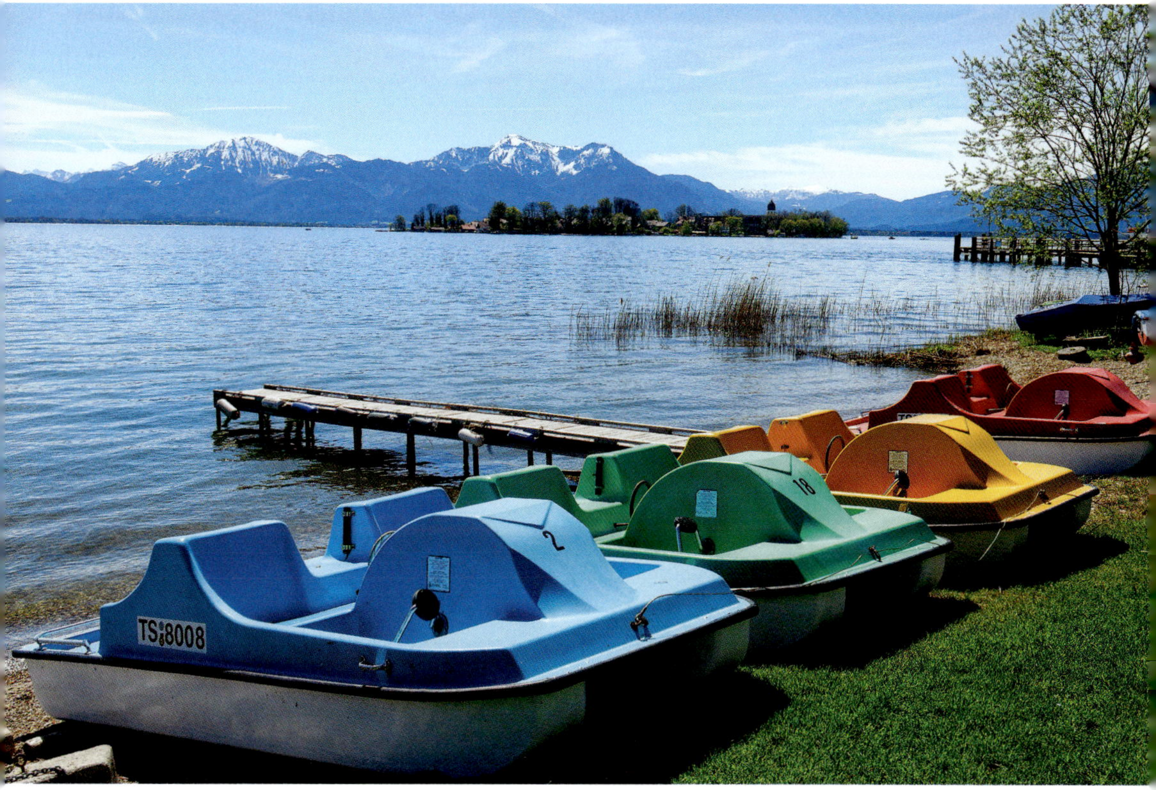

Von Gstadt setzen viele Schiffe zur Fraueninsel über. Es gibt aber auch einen Tretbootverleih für das Freizeitvergnügen.

Bogen nach links und trifft auf einen breiteren Weg, der uns rechts nach ❶ **Schafwaschen** führt.
Am Gasthof Seehof vorbei erreichen wir die Hauptstraße Rimsting–Seebruck, in die wir ebenfalls rechts einbiegen. Nach gut 300 Metern hat der Autoverkehr ein Ende. Rechts (beschildert »Chiemsee-Uferweg«) beginnt ein Fußweg durch das Schilf, der zur Halbinsel Sassau führt.
Diese Seebucht, die wir jetzt umwandert haben, ist die Schafwaschener Bucht. Hier ist das Wasser ganz flach und damit schon im Frühsommer angenehm warm und ideal für eine Badepause.

Tipp

Vergessen Sie in der warmen Jahreszeit auf keinen Fall ein Mückenschutzmittel mitzunehmen, und überprüfen Sie vorher die Abfahrtszeiten der Schiffe in Gstadt, auf der Fraueninsel und auf der Herreninsel!

Breitbrunn und Urfahrn Bei einem kleinen Wanderparkplatz überqueren wir die ❷ **Zufahrt nach Sassau** und wandern auf dem Feldweg schräg links, um nach ca. 200 Metern rechts ins Landschaftsschutzgebiet abzubiegen. Wieder am Seeufer passieren wir in Kailbach ein paar Fischerhäuser, die sich zu respektablen Pensionen gemausert haben, und steigen ein paar Meter aufwärts zum Strandbadpavillon von ❸ **Breitbrunn**.

Von dort wandern wir weiter vor bis zur Spitze der ❹ **Halbinsel Urfahrn**. Wir sind jetzt genau gegenüber der Herreninsel, und durch die Bäume schaut der alte Dom des säkularisierten Klosters zu uns herüber. Ein Gedenkstein erinnert daran, dass von dieser Stelle aus der bayerische König Ludwig II. zum ersten Mal auf die Insel übergesetzt ist.

Wir wenden uns kurz nach links, dann führt der Weg zwischen Häusern hindurch erneut ans Ufer. Vorbei an einigen Jachthäfen erreichen wir wieder das Nordende der Bucht, in diesem Fall die Mühlner Bucht.

Nach Gstadt Vor dem ❺ **Restaurant Oberleitner** geht es dann wieder nach rechts und nun immer mehr oder weniger dicht am Seeufer entlang. Auf der Höhe über dem Ufer stehen prächtige Villen, die noch aus einer Zeit stammen, in der man die Grundstücke nicht nach Quadratmetern, sondern nach Tagwerk kaufte. Fast alle diese Häuser waren früher Sommerwoh-

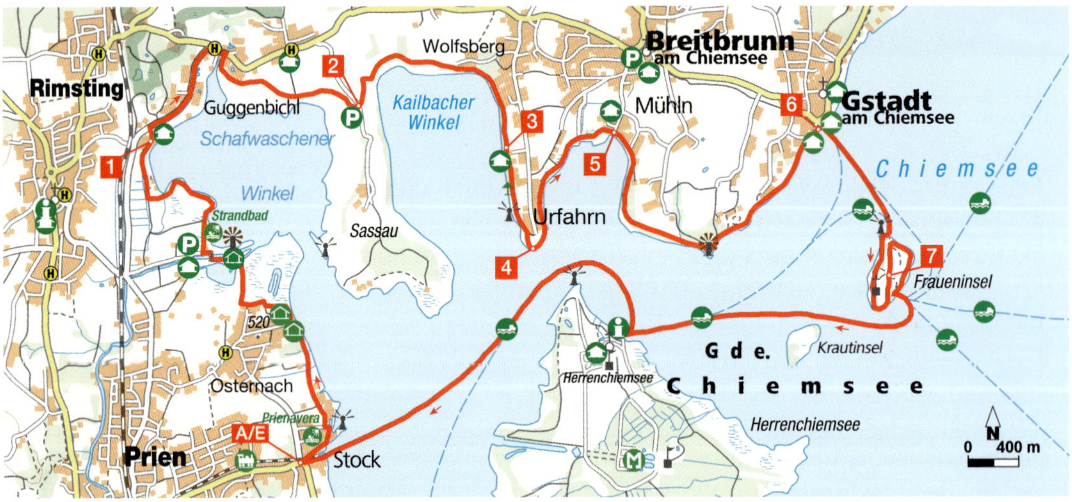

nungen, inzwischen sind sie ganzjährig bewohnt. Der »Ganszipfel«, ein markant in den See hineinragendes Uferstück mit Aussichtsturm, lässt uns dann weit über das glitzernde Wasser auf die Fraueninsel mit ihrem Kloster schauen. Dann erreichen wir ❻ **Gstadt**, wo unser Fußmarsch zunächst endet.

Zur Fraueninsel Dort schauen wir als Erstes, wann das nächste Schiff zur Fraueninsel hinüber ablegt. Wenn noch Zeit ist, können wir in einem der Strandpavillons ganz bequem darauf warten. Dann setzen wir von Gstadt aus mit dem Schiff auf die 7 **Fraueninsel** über.

Egal, ob wir nun rechts oder links um die Insel gehen – alle Wege führen zur altehrwürdigen Abtei der Benediktinerinnen, die ihren historischen Ursprung im ausgehenden 1. Jahrtausend hat. Aber auch die malerischen Fischerhäuser mit ihren blumengeschmückten Gärten und die netten Einkehrmöglichkeiten schenken der Insel ein bezauberndes Flair. Wir sollten auch nicht vergessen, den höchsten Punkt der Insel mit den uralten Linden zu besuchen – man erreicht ihn am einfachsten vom Inselfriedhof aus durch den Durchgang der Torhalle.

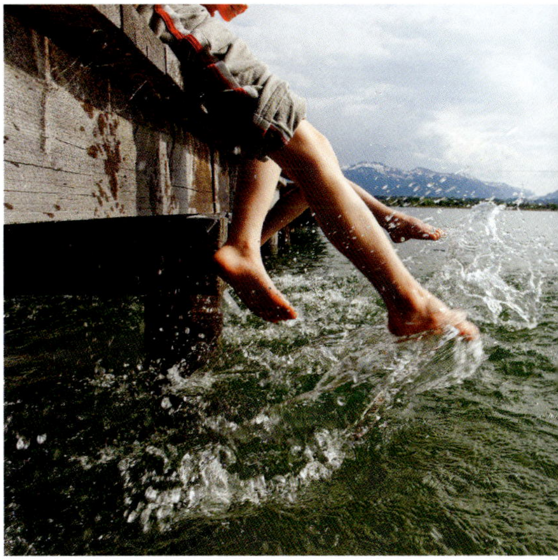

Bade- und Erfrischungspausen kommen auf dieser Wanderung sicherlich nicht zu kurz.

Nach der Besichtigung geht es von der Fraueninsel wiederum mit dem Schiff zurück bis nach E **Stock** bei Prien.

Die Fraueninsel im Chiemsee

Im Chiemsee liegen drei Inseln: die Herreninsel mit ihrem Ludwigsschloss, die Fraueninsel mit dem Kloster und schließlich noch die kleine unbewohnte Krautinsel, auf der sich nur ein paar Äcker der Fischer finden. Funde haben Besiedelungen der beiden größeren Inseln belegt, die bis weit in vorchristliche Zeiten zurückreichen. Ins mehr oder weniger gut dokumentierte Licht der Geschichte rücken die Inseln aber erst in den letzten Jahrhunderten des 1. Jahrtausends unserer Zeitrechnung. Der Bayernherzog Tassilo III. habe 782 auf der Fraueninsel ein erstes Nonnenkloster errichten lassen, berichtet eine uralte Legende, und dies scheint durchaus glaubhaft, obwohl schriftliche Urkunden aus jener Zeit fehlen. Grabungen zu Beginn der 1960er-Jahre haben gezeigt, dass einzelne Mauerreste aus dieser Zeit stammen könnten. Ins direkte Licht der Geschichte rückte das damals noch sehr kleine Kloster Mitte des 10. Jh., als Irmengard, die Tochter König Ludwigs des Deutschen, Äbtissin wurde. Es ist verständlich, warum ihr Vater das Kloster dem Rang seines Hauses entsprechend ausbauen ließ. Irmengard hat, und das ist wieder glaubhafte Ortstradition, sehr viel für die Bewohner der Insel getan – sie wird heute als Selige verehrt. Das Torhaus gegenüber der Kirche stammt noch aus dieser Zeit und ist damit der älteste erhalten gebliebene Steinbau Altbayerns. Das Kloster hat, obwohl es nie großen Reichtum besaß, alle Stürme der Zeit und selbst die Säkularisation überstanden, es ist heute noch eine lebendige Abtei der Benediktinerinnen (www.frauenwoerth.de).

7

Rundwanderung bei Aschau

Geheimnisvoller Bärnsee

Leicht | 2.15 Std. | 80 Hm | 7,5 km

Besonderer Genuss: Ruhe und Natur

Tourencharakter
Leichte Wanderung, die fast eben auf herrlichen Wegen verläuft. Nur der Holzbohlenweg kann bei Nässe etwas rutschig sein, ebenso der Wiesenweg im Moor. In Aschau etwas Straßenverkehr. Bademöglichkeiten

Ausgangs-/Endpunkt
Bahnhof Aschau
GPS: 47.7791 N, 12.3251 O

Anfahrt
Auto: Auf der A 8 bis Ausfahrt Frasdorf oder Bernau, von dort weiter nach Aschau; einige Parkplätze im Ort
Bus & Bahn: Mit der Bahn bis Prien, von dort weiter mit dem Zug oder dem Linienbus bis Aschau

Gehzeiten
Bis zum ersten Holzbohlenweg 1 Std., Umrundung Bärnsee 40 Min., Rückweg ab Höhenberg 35 Min.

Einkehr
Das Café Pauli liegt direkt am Weg – mit Streichelzoo und Spielplatz ein wahres Kinderparadies, und die riesige Kuchenauswahl begeistert auch Erwachsene (geöffnet Ende März bis Anfang Nov.; Di Ruhetag).

Karte
Kompasskarte 1:50 000, Nr. 10 Chiemsee

Information
www.aschau.de

Sagenumwoben und geheimnisvoll liegt der Bärnsee inmitten einer wunderbaren Moorlandschaft bei Aschau. Viele Legenden ranken sich um seine Entstehung – so soll hier einst ein Frauenkloster mit allen Bewohnern versunken sein, weil die Nonnen nicht gottesfürchtig genug gelebt hatten. Heute weiß man, dass der kleine See nach der letzten Eiszeit entstand.

Zum Bärnsee Die Wanderung beginnt am (A) **Bahnhof Aschau**. Gleich am Ende der Gleise queren wir auf die östliche Seite des Endbahnhofs und folgen dem Weg nach rechts, bis er in die Aufhamer Straße mündet. In sie biegen wir links ein und verlassen sie vor dem großen Autohaus nach links. Der Weg teilt sich nach wenigen Metern; wir halten uns rechts und wandern über die Felder am Naturfreischwimmbad vorbei. Kurz darauf, an einem einsamen Hof, wendet der Weg sich nach links, und wir queren am (1) **Campingplatz** die Hauptstraße. Nun folgen wir geradeaus dem Wanderweg mitten hinein in die

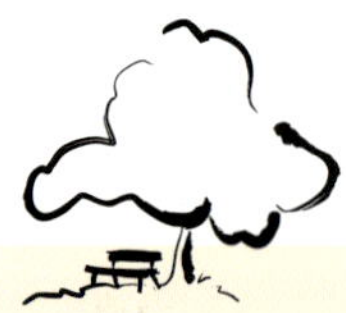

Der Bärnsee und sein Moor

Wer sich auf die einsame Wanderung rund um den Bärnsee und durch das Moor begibt, spürt sicherlich den ganz besonderen Flair dieser Umgebung: Der See und seine Moorlandschaft stehen unter Naturschutz, und die Flora und Fauna darf sich hier völlig frei und ohne menschliches Zutun entfalten und entwickeln. Ein Naturidyll und Schatz zugleich! Wir kommen zwar dem Ufer nie sehr nahe, aber die abwechslungsreiche Runde führt durch lichte Wälder und mit Hilfe von Holzbohlen über feuchte Moorwiesen, in denen Wollgras und Knabenkraut üppig blühen.

wertvolle Hochmoorlandschaft am Bärnsee. Zunächst geht es noch durch lichten Wald; Infotafeln erklären die Besonderheiten dieser Landschaft. Über eine kleine Birkenallee kommen wir dem Bärnsee immer näher. Direkt an sein Ufer dürfen wir jedoch nicht, der Schwingrasen umgrenzt ihn fast völlig und darf nicht betreten werden.

Über Bohlenwege Aber bald darauf erreichen wir den ❷ **Bohlensteg** und kommen so trotzdem dem Moor ganz nahe, ohne es zu zerstören. An dessen Ende wendet sich der Weg nach links, steigt durch ein Waldstück etwas an, und dann genießen wir die herrliche Sicht über das Priental auf die Kampenwand. Selbst den Bärnsee sehen wir jetzt.

Links führt ein kleiner Wiesenpfad hinunter zu einem weiteren Bohlenweg. Er quert einen Entwässerungskanal, in dem manchmal Graureiher stehen. Am Ende des Holzstegs geht es noch einmal durch ein Waldstück bergauf, und wir erreichen den Weiler ❸ **Höhenberg** mit seiner wunderbaren alten Kirche Hl. Kreuz. In ihrem Inneren finden wir wertvolle Plastiken aus der Schule des Meisters von Rabenden.

Kaffee- und Kuchenparadies Wir verlassen Höhenberg in südlicher Richtung und wandern mit bester Aussicht, vorbei an der hübschen Feldkapelle, zum ❹ **Café Pauli**, das zu einer Einkehr lockt.

Ein Wiesenweg bringt uns zur Straße – links können wir noch das nette Moorschwimmbad mit der Kneippanlage und dem Barfußweg besuchen. Dann geht es über den Ortsteil Haindorf zurück nach Aschau. Durch die Gedererstraße erreichen wir wieder unseren Ausgangspunkt am Ⓔ **Bahnhof Aschau**.

Unterhalb vom Café Pauli gibt es einen Naturlehrpfad an einem Bach und ein Naturschwimmbad.

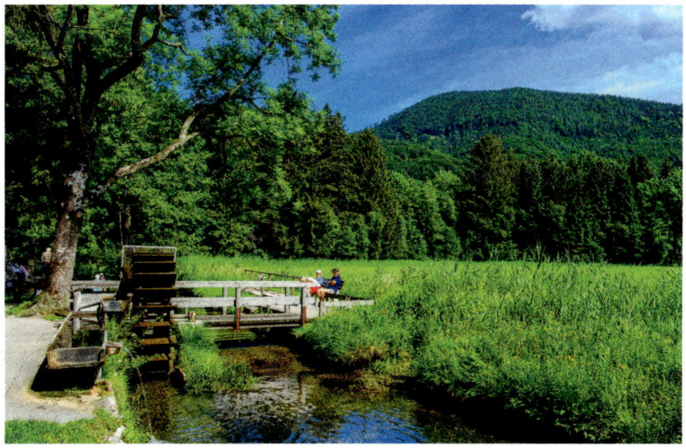

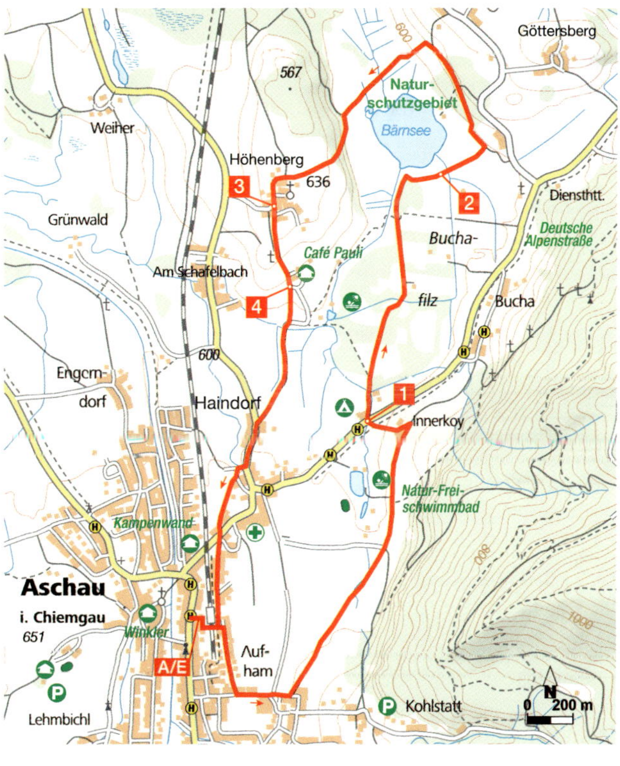

8

Auf die Kampenwand

»Wann i mit meiner Wampn kannt …«

Schwer 2.30 Std. 300 Hm 8 km

Besonderer Genuss: Aussicht

Tourencharakter
Zunächst leichte Wanderung mit Unterstützung durch die Seilbahn zur Steinlingalm, dann schwierige Bergtour auf steilen Pfaden und mit leichter Kletterei zum Gipfel – Trittsicherheit und Schwindelfreiheit erforderlich

Ausgangs-/Endpunkt
Kampenwandbahn Hohenaschau
GPS: 47.7653 N, 12.3251 O

Anfahrt
Auto: A 8 bis Ausfahrt Frasdorf, über Niederaschau nach Hohenaschau und dort den Schildern zur Seilbahn folgen; großer Parkplatz an der Talstation
Bus & Bahn: Bahn nach Prien, von dort mit der Chiemgaubahn nach Aschau, dann Bus zur Talstation. Oder Bus von Rosenheim, Sachrang oder Bernau zum Ausgangspunkt

Gehzeiten
Bis zu Steinlingalm (mit Bergbahn) 35 Min., zum Kampenwand-Gipfel 1.20 Std. hin und zurück, zur Seilbahn 35 Min.

Einkehr
Sonnenalm; Steinlingalm (Sommer und Winter geöffnet, in der Übergangszeit vorher abklären, Tel. 08052/29 62); Gaststätten in Aschau

Karte
Kompasskarte 1:50 000, Nr. 10 Chiemsee

Information
www.aschau.de

»Wann i mit meiner Wampn kannt, dann gangert i auf d'Kampnwand!«, so lautet ein Schüttelreim, der in ganz Oberbayern bekannt ist. Er zeigt, wie beliebt dieser Berg ist, dessen markantes Felsenriff ihn unverwechselbar macht. Dabei ist seine Besteigung inzwischen kein Kunststück mehr, führt doch seit fast 50 Jahren eine Seilbahn auf die Almwiesen unterhalb des Gipfels.

Zur Steinlingalm Die hübschen nostalgischen Gondeln der Kampenwandbahn befördern uns vom Parkplatz der Ⓐ **Talstation** aus in einer guten Viertelstunde zur 1463 Meter hoch gelegenen ❶ **Bergstation**, ab der wir nun unsere Füße bemühen müssen. Gleich in der Nähe passieren wir die Sonnenalm, die mittlerweile ein ausgewachsener Berggasthof ist.
Auf dem Panoramaweg wandern wir im leichten Auf und Ab zur Nordseite der Kampenwand und haben bereits nach

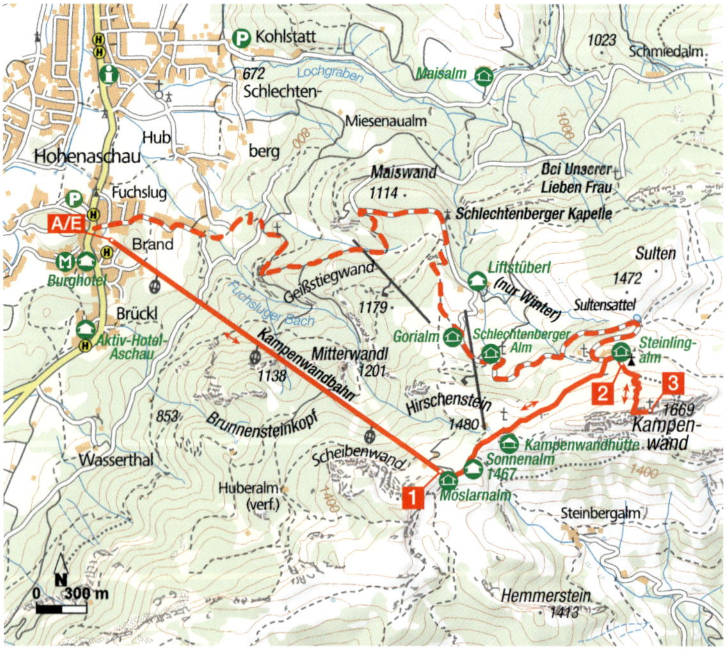

knapp 30 Minuten die ❷ **Steinlingalm** erreicht. Vor 50 Jahren war das eine romantische Alm unter den Felszacken der Kampenwand; inzwischen wird sie von vielen Wanderern besucht, denn der Weg hierher ist bequem und breit und gleicht eher einem Spaziergang als einer Bergtour. Die alte Alm hat sich zu einem Berggasthof gemausert, der sich redlich müht, die vielen Tagesgäste zufriedenzustellen.

Der Staffelstein an der Kampenwand ist ein Kletterfelsen.

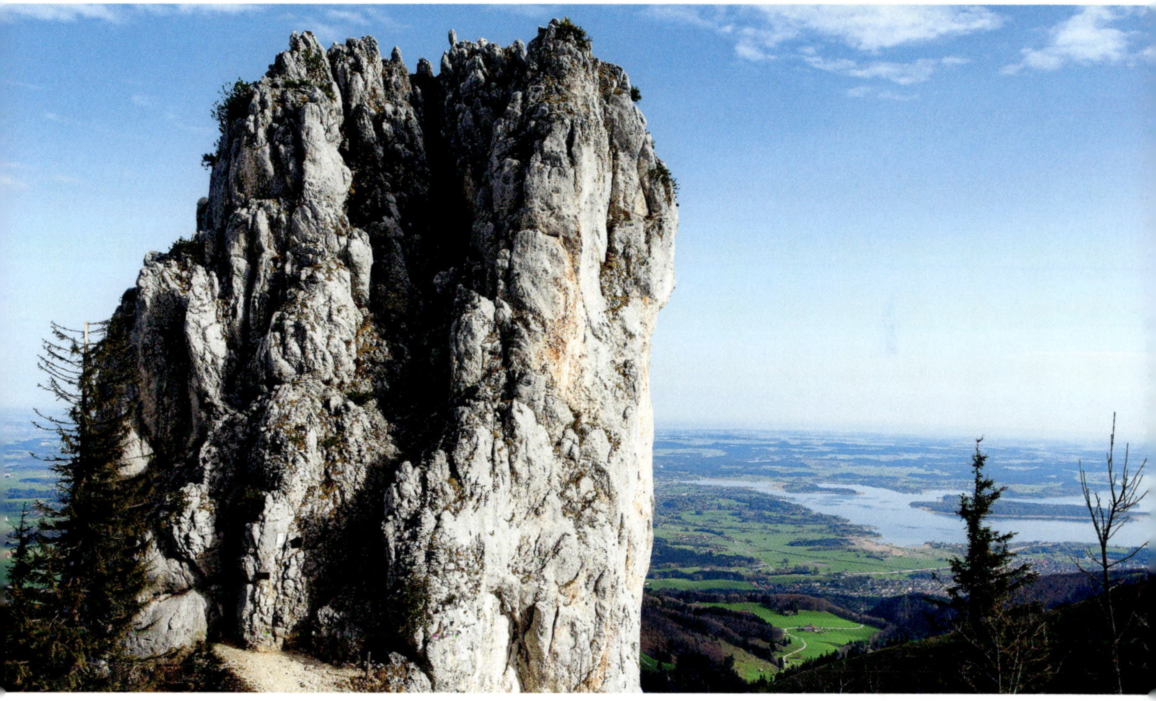

Nach einem kurzen Besuch in der Kriegergedächtniskapelle wandern wir weiter Richtung Gipfel. Dieser Weg hat es in sich, wenn es auch viele nicht glauben wollen. Trittsicher sollte man unbedingt sein und schwindelfrei überdies, denn es wird in den Felszacken überraschend steil!

Eine mitgebrachte Brotzeit schmeckt immer.

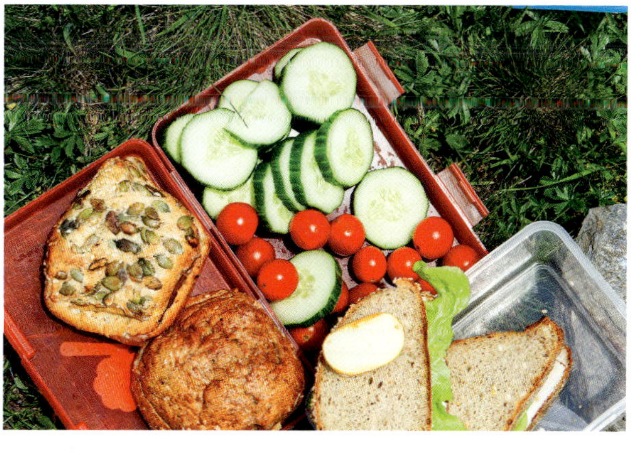

Gipfel mit Klettereinlage Wir steigen also auf der breiten, in die Wiese und durch die Latschen getretenen Schuttrinne aufwärts und halten uns im oberen Teil leicht links, sodass wir zu dem gut sichtbaren Einschnitt in den Felszacken kommen. Markierungen

helfen dabei, die richtige Stelle zu finden. Über ein Felsband steigen wir aufwärts und entdecken ganz überrascht, dass der Kamm der Kampenwand nicht aus einem, sondern aus zwei Felsrippen besteht, die parallel von Ost nach West verlaufen.
Wir wenden uns nach links und steigen zwischen diesen beiden Felswänden durch die sogenannten Kaisersäle nach oben. Wir erreichen einen kleinen Sattel und stehen jetzt unmittelbar unter dem Gipfel der Kampenwand. Mithilfe eines Drahtseils steigen wir im Uhrzeigersinn um den Felsblock herum, dann klettern wir über den Felskamm zum Gipfel der 3 **Kampenwand**. Dieser besteht eigentlich aus zwei großen Felsblöcken, eine Stahlbrücke erleichtert den Übergang zum eisernen Gipfelkreuz.
Übrigens, wir machen immer unten in dem kleinen Sattel »Gipfelrast« und Brotzeit – weil alle hinaufwollen, ist diese Stelle zwar Durchgangsstation, aber sehr viel weniger belagert als der Gipfel selbst.

Gipfel mit Klettereinlage Auf demselben Weg wandern wir zurück zur 2 **Steinlingalm** und können dort nochmals Brotzeit machen oder auch nur auf einer der Almwiesen die Sonne genießen. Wer zu Fuß weiter ins Tal gehen möchte, schafft das ab der Steinlingalm in gut 1.30 Stunden (Weg über die Almstraße und die Schlechtenberger Alm). Genussvoller geht es aber auf dem bekannten Weg zurück zur Bergstation, wo uns die Gondeln rasch wieder zur E **Talstation** zurückbringen.

Begeisternder Rundumblick

Die Kampenwand ist durch ihre exponierte Lage und durch ihre ungewöhnliche Form von allen Seiten gut zu erkennen. Von ihrem Gipfel aus schaut man weit ins Alpenvorland hinein: Startend beim unübersehbaren Chiemsee, drehen wir uns weiter nach rechts und blicken nun als Erstes auf den Hochfelln und als Nächstes, näher bei uns, auf den Hochgern. Im Hintergrund stehen Untersberg, Sonntagshorn und gleich daneben der Hohe Göll. Dann folgen Watzmann, Steinernes Meer und die Loferer Steinberge mit dem Ochsenhorn. Vor dem Unterberghorn ziehen sich am Horizont die Hohen Tauern nach Westen, und der Wilde Kaiser geht in die Almberge um den Geigelstein über. Das Inntal wird durch den Pendling markiert, vor dem unverkennbaren Spitzstein leuchten die Kalkfelsen des Karwendels am Horizont auf. Es folgt die Wendelsteingruppe mit der Rotwand und dem Breitenstein, und zu guter Letzt schließt die benachbarte Hochries den wunderbaren Berg-Reigen und den sensationellen Rundumblick ab.

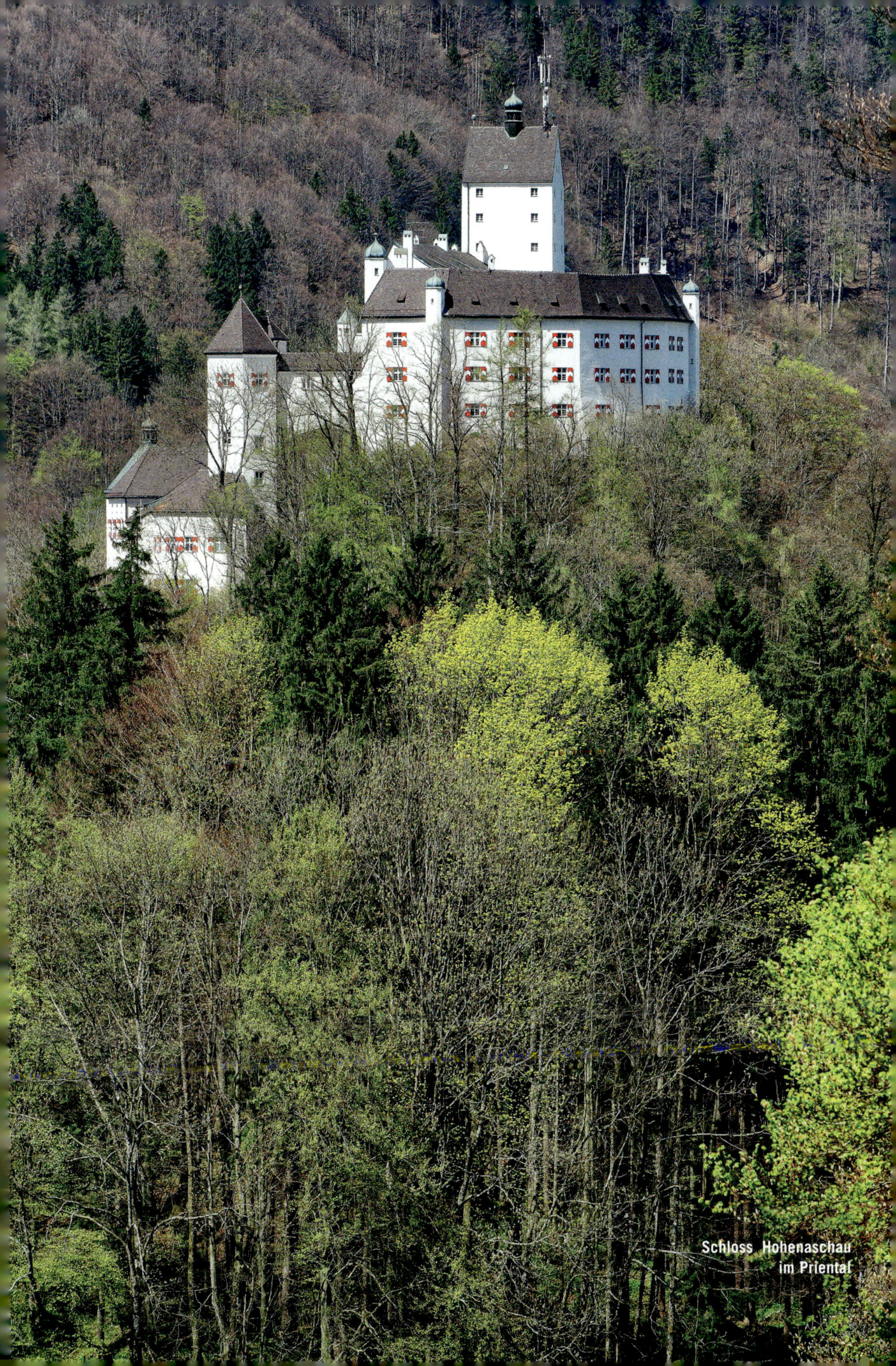

Schloss Hohenaschau
im Priental

9 Schmugglerweg entlang der Tiroler Achen

Kulturelle Kleinode im Grenzland

Mittel | 4 Std. | 500 Hm | 13 km

Besonderer Genuss: Kultur am Wegrand

Tourencharakter
Längere Wanderung, im zweiten Teil mit einer Steigung. Der Weg verläuft meist auf Wander- und Bergpfaden, etwas trittsicher muss man sein. Zwei kurze Wegabschnitte sind mit einem Seil gesichert, aber der Weg ist breit genug. Zwei kurze Streckenabschnitte verlaufen neben der Straße.

Ausgangs-/Endpunkt
Ettenhausen, Parkplatz an der ehemaligen Geigelsteinbahn
GPS: 47.7039 N, 12.3789 O

Anfahrt
Auto: Über die A 8 bis Ausfahrt Prien/Bernau, weiter über Bernau, Grassau und Marquartstein ins Achental nach Schleching, dort in den Ortsteil Ettenhausen und bis zum Parkplatz an der ehemaligen Geigelsteinbahn
Bus & Bahn: Mit der Bahn bis Prien, Bernau oder Übersee und weiter mit dem Bus

Gehzeiten
Bis Klobenstein 1.30 Std., Aufstieg Streichen 1.15 Std., Abstieg 30 Min., Rückweg 45 Min.

Einkehr
Gasthaus Klobenstein; Berggasthof Streichen; Bäckeralm

Karte
Kompasskarte 1:50 000, Nr. 10 Chiemsee

Information
www.schleching.de

Auf alten Schmugglerwegen und Säumerpfaden wandern wir im Grenzgebiet zwischen Tirol und Bayern. Zwei für die Region bedeutende Kunstschätze liegen direkt am Weg: die Wallfahrtskirche Maria Klobenstein an der Tiroler Achen und die gotische Bergkirche Streichen. Für den Kontrast sorgen Einkehrmöglichkeiten, tolle Aussichten, die Entenlochklamm und eine spannende Hängebrücke.

Auf Schmugglerwegen Vom Parkplatz der ehemaligen Geigelsteinbahn in **A Ettenhausen** folgen wir der Beschilderung auf den Schmugglerweg, der am Ende des ersten Parkplatzes beginnt. Mit viel Trubel müssen wir zum Glück nicht rechnen, denn die Bahn ist schon seit fast 20 Jahren nicht mehr in Betrieb; so herrscht hier rund um den Geigelstein beschauliche Wanderruhe. Im Wald wendet sich der Weg gleich nach links und kurz darauf nach rechts. Mit schönster Aussicht auf die Südseiten von Hochplatte und Kampenwand geht es am Waldrand entlang und dann über eine Wiese zu einem **1 quer verlaufenden Weg**.

In diesen biegen wir rechts ein und können uns nun eigentlich nicht mehr verlaufen. Der breite Weg führt uns in den Wald hinein, der uns gerade im Herbst ein farbenprächtiges Spektakel bietet. Im leichten Auf und Ab passieren wir den tief unter uns liegenden Rudersburger See. Bald queren wir zwei Brücken und freuen uns über die abwechslungsreiche Strecke. Mal geht es über kleinere Wiesen, dann zieht sich der Weg an Felswänden entlang und folgt dabei beständig allen Einschnitten und Kurven der Bergflanke. Immer wieder hören wir vor allem die Tiroler Achen in ihrem Flussbett unter uns grummeln; eine gute Sicht bleibt uns aber meist durch die Bäume und die steil abfallenden Flanken verwehrt.

Schließlich endet der bequeme breite Forstweg. Nach rechts beginnt nun ein steil ansteigender Bergpfad, der sogar an einer Stelle mit einem Seil gesichert ist – nun wird der Weg schon deutlich mehr seinem Namen als Schmugglerpfad gerecht!

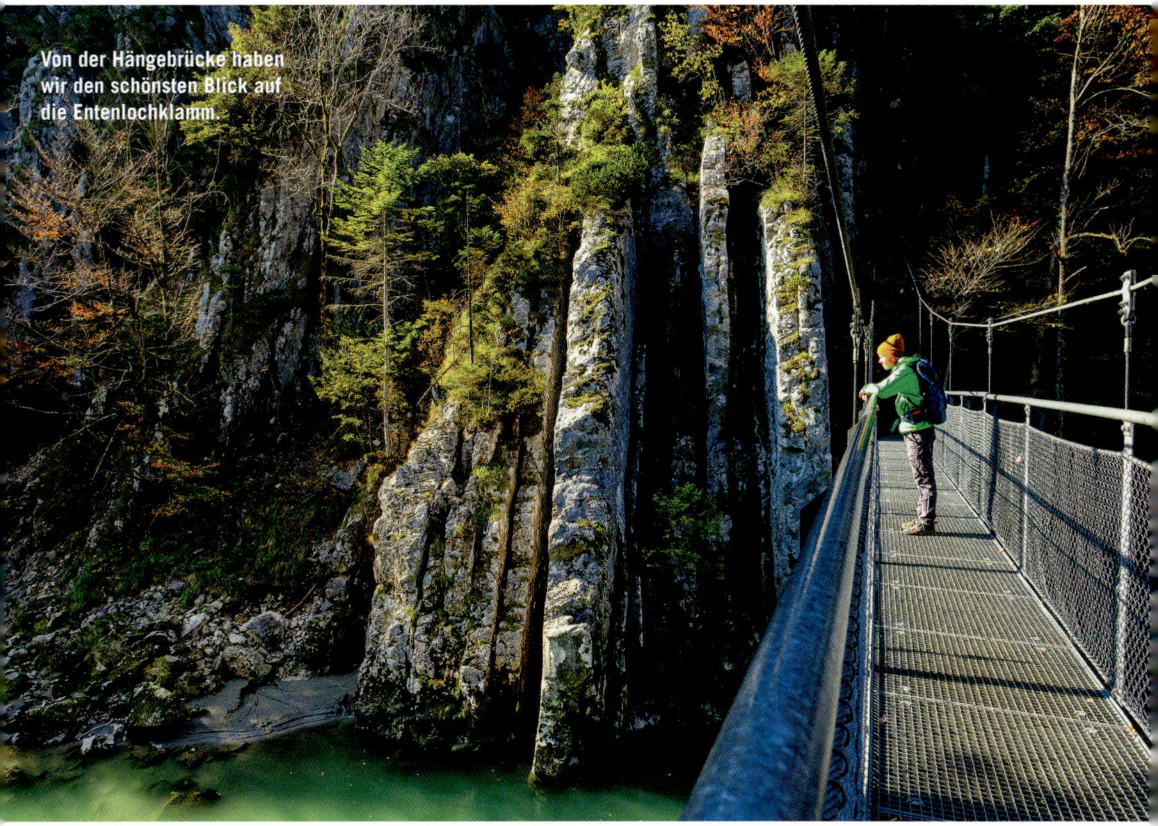

Von der Hängebrücke haben wir den schönsten Blick auf die Entenlochklamm.

Zur Brücke über die Entenlochklamm Bald darauf haben wir die ② **Grenze nach Tirol** erreicht. Gut, dass hier nicht mehr patrouilliert wird und wir tagsüber unterwegs sind, denn laut Grenzschild ist der Grenzübertritt nur zwischen 6 und 21 Uhr erlaubt. Netterweise steht hier auch eine Rastbank, wo wir uns eine Pause gönnen dürfen. Immerhin sehen wir nun zum ersten Mal die kleine Wallfahrtskirche Klobenstein und mit etwas Suchen auch die Streichenkapelle.

Der Bär markiert den Wanderparkplatz zur Bäckeralm und steht zur Erinnerung an den letzten Bären im Schlechinger Tal.

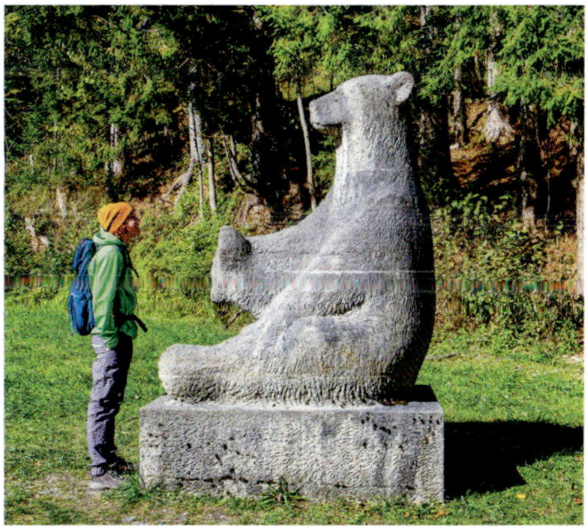

Direkt nach dem Grenzschild machen wir uns an den Abstieg. Steil geht es nun bergab, etwas Konzentration ist gefragt. Dann verzweigt sich der Weg: Nach rechts könnten wir bis Kössen weiterwandern, nach links folgt der finale Abstieg hinunter zur Tiroler Achen, zur Hängebrücke und damit zur Flussüberquerung hinüber nach Klobenstein. Die ③ **Hängebrücke** ist ganz eindeutig ein Höhepunkt auf dieser Tour; sie erlaubt Blicke in die Entenlochklamm der Tiroler Achen. Auf seinem Weg zwischen Kössen und Ettenhausen zwängt sich der Fluss hier durch ein schmales Felsenkorsett – ein beliebtes Revier für Kajakfahrer und Wild-Water-Rafter. Von der Kiesbank aus kann man sie gut beobachten.

Wallfahrtskirche und Einkehr Zum Rasten können wir aber auch ein paar Höhenmeter weiter aufsteigen. Direkt unterhalb der Wallfahrtskirche Klobenstein liegt der gleichnamige Gasthof mit seinem gemütlichen Gastgarten. An großen Mühlsteintischen werden diverse Schmankerl serviert (leider kein Cappuccino).

Wer seinen Hunger etwas verschieben kann, auf den warten später noch mehrere Einkehrmöglichkeiten. Jetzt gehört natürlich noch die kleine Wallfahrtskirche besichtigt. Durch den »geklobenen«, also den gespaltenen Stein können wir hindurchsteigen. Die dazugehörige Sage lesen wir auf einer Informationstafel in der Kirche.

Zum Streichenkirchlein Nach dem Besuch der Kapelle steigen wir weiter hinauf zur ❹ **Autostraße**, die Schleching und Kössen verbindet. Dieser Straße müssen wir nun für ca. 800 Meter nach links folgen, teils auf einem Gehsteig, teils auf dem Pfad daneben. Erst unmittelbar vor dem zweiten Tunnel beginnt dann nach links wieder ein Wanderweg, der zur Bäckeralm und nach Streichen ausgeschildert ist. Der anfangs breitere Weg steigt gemütlich an, verlässt bald den Wald, und dann erleben wir schönste Ausblicke auf das Achental und seine umgebenden Berge.

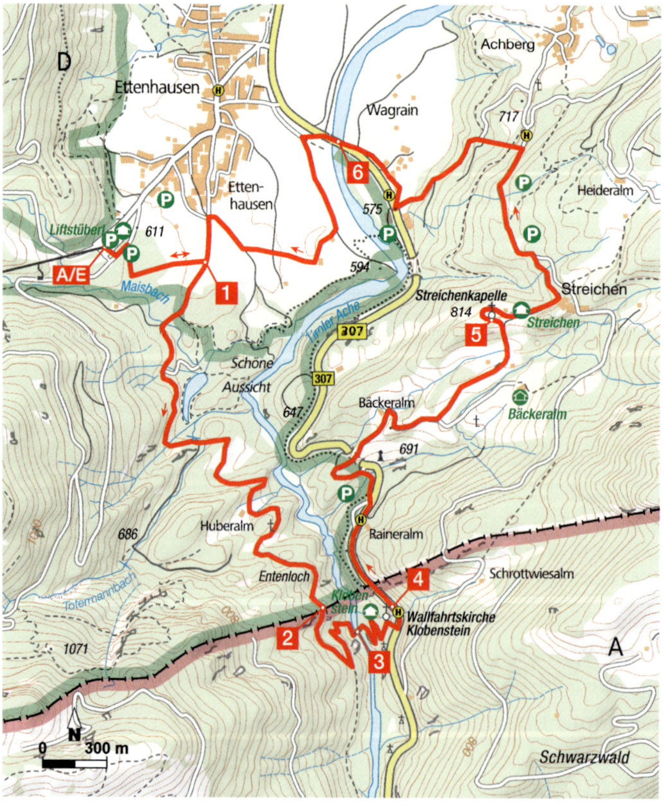

Der Weg teilt sich: Nach rechts könnten wir über die Bäckeralm zur Streichenkapelle aufsteigen, doch der direkte und schnellere Weg führt nach links über eine lang gestreckte Almwiese. Weiter ansteigend wird er zu einem Pfad, der wieder in den Wald hinein und schließlich ganz zum Schluss über eine kleine Felsstufe führt. Dann stehen wir direkt an der ❺ **Streichenkapelle**, die auf einem kleinen Plateau hoch über dem Tal errichtet wurde. Nicht nur die Aussicht auf Schleching ist wunderschön – die wahren Schätze verstecken sich im Innern des Gotteshauses (s. Tippkasten). Und da man von Kunst alleine nicht satt wird, liegt idealweiser direkt am Fuß der Kirche der Berggasthof Streichen mit seiner bayerischen Küche.

Abstieg ins Tal Um zurück ins Tal zu gelangen, folgen wir der kleinen ungeteerten Auffahrtsstraße abwärts. Die tolle Aussicht vom Berggasthof hat sich natürlich herumgesprochen, und so müssen wir mit etwas Verkehr rechnen, denn nicht alle Besucher steigen zu Fuß herauf. Kurz nach dem zweiten Wanderparkplatz (den direkt am Gasthaus nicht mitgerechnet) kürzen wir über einen kleinen Pfad nach links ab; er führt uns deutlich schneller und steiler abwärts. Dann treffen wir wieder auf die Zufahrtsstraße, die ab jetzt geteert ist, und kommen links nach unten ins Tal.

Dort stoßen wir auf die große B 307, die Deutsche Alpenstraße. Dieser folgen wir (leider ohne Gehweg) nach rechts bis über die 6 **Achental-Brücke**, die zum Glück schon in Sichtweite liegt. Auf der anderen Uferseite wählen wir dann den zweiten Weg nach links. Der Geigelstein-Parkplatz ist zwar schon an der ersten Abzweigung ausgeschildert, aber das würde einen kleinen Umweg bedeuten (auch wenn dieser Weg dabei über den schönen Achendamm führt). An den zwei Scheunen halten wir uns rechts und folgen nun der Radweg-Beschilderung leicht aufwärts zurück Richtung Ettenhausen. An der Weggabelung eines aufgelassenen kleinen Parkplatzes biegen wir links ein und treffen wieder auf den Wiesenweg, den wir vom Hinweg bereits kennen. So erreichen wir ohne Umwege unseren Ausgangspunkt in E **Ettenhausen**.

Streichenkirchlein

Ein prächtiger gotischer Hochaltar und zwei kleinere Seitenaltäre, ebenfalls aus gotischer Zeit, sowie wunderschöne Wandfresken geben uns eine Vorstellung, wie alle unsere Kirchen vor einem halben Jahrtausend aussahen. Heute erscheint uns das Kirchlein sehr abgelegen, doch als es erbaut wurde, war das durchaus nicht so: Es lag direkt am stark frequentierten Saumpfad, der vom Schlechinger Tal nach Kössen/Tirol führte.

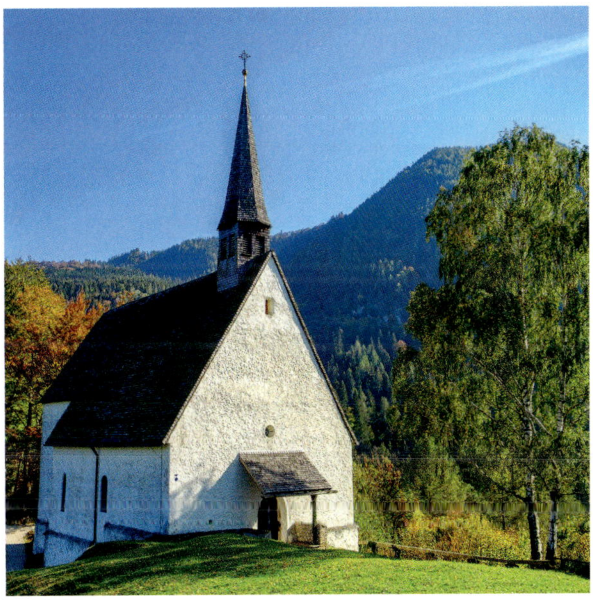

Das Streichenkirchlein

10

Mittel | 4.40 Std. | 800 Hm | 11 km

Besonderer Genuss: Einkehr

Tourencharakter
Unschwierige, aber längere Bergtour auf Almsträßchen und Bergpfaden, viel Sonne. Den ersten Teil kann man mit der Hochplattenbahn abkürzen, ebenso den Abstieg. Die angegebene Weglänge gilt ohne Lifthilfe.

Ausgangs-/Endpunkt
Talstation der Hochplattenbahn
GPS: 47.7613 N, 12.4350 O

Anfahrt
Auto: A 8 bis Ausfahrt Bernau, Weiterfahrt auf der B 305 über Grassau nach Marquartstein, dort am Rathaus scharf rechts abbiegen; die Hochplattenbahn im Ortsteil Niedernfels ist ausgeschildert.
Bus & Bahn: Mit der Bahn nach Prien, dort mit dem Bus bis Marquartstein (zusätzlich 30 Min. Fußweg)

Gehzeiten
Zur Staffn-Alm 1.15 Std., Bergwalderlebnisweg 1.30 Std., Abstieg zur Hefteralm 50 Min., Übergang Rachlalm 20 Min., Abstieg ins Tal 45 Min.

Einkehr
Staffn-Alm; Moier-Alm; Hefteralm; Rachlalm

Karte
Kompasskarte 1:50 000, Nr. 10 Chiemsee

Information
www.marquartstein.de; www.hochfelln-seilbahnen.de

Über die Staffn-Alm zur Hefteralm

Vier auf einen Streich

Wenn die Sehnsucht nach Berg und Almen und gutem Essen groß ist, dann machen wir uns auf den Weg zum Hochstaffn bei Marquartstein. Sowohl die Staffn-Alm als auch die Hefteralm sind perfekte Genusswanderziele. Je nach Kondition ist die Tour mit Hilfe der Hochplattenbahn ein Ausflug für jedermann.

Zur Staffn-Alm Wir beginnen unsere Wanderung an der Ⓐ **Talstation der Hochplattenbahn**. Die erste Entscheidung gilt es nun zu treffen: Kaufen wir uns ein Lift-Ticket und vereinfachen so die Tour, indem wir uns 400 Höhenmeter bergauf sparen? Oder gehen wir zu Fuß auf der Bergstraße aufwärts, die – in Richtung Berg gesehen – links von der Lifttrasse entlangführt? Auf dieser wandern wir in etwas mehr als einer Stunde ebenfalls hinauf zur ❶ **Staffn-Alm**, wo wir dann die Liftbenutzer wieder treffen können.

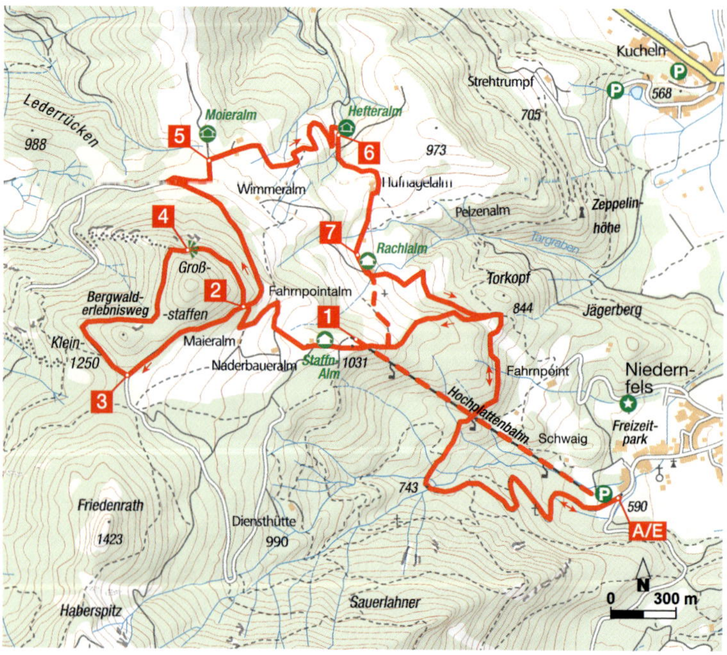

Vielleicht genügt einigen schon dieser Aufstieg, und die Wanderung endet an der Staffn-Alm. Das ist angesichts der schönen Aussicht und des leckeren Essens nicht verkehrt. Eine zusätzliche Rundtour über den Bergwalderlebnisweg, der auf dem ehe-

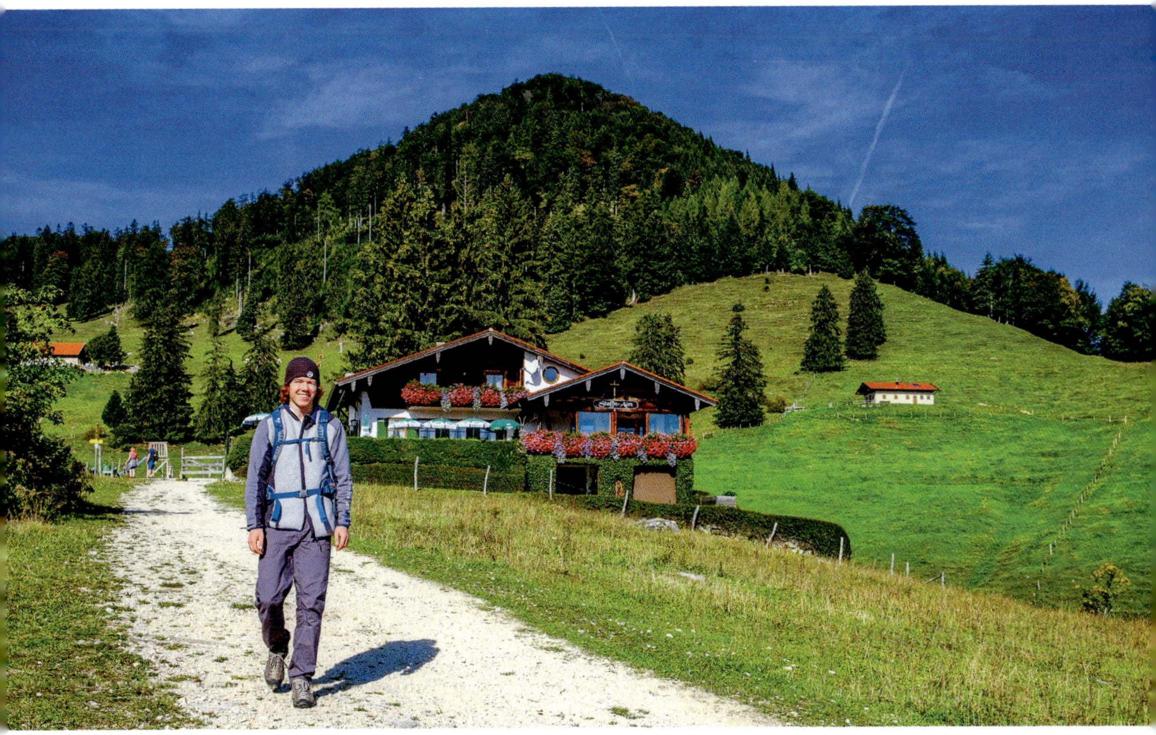

Die Staffn-Alm unter dem Großstaffn

maligen Staffn-Rundweg verläuft, lohnt sich aber sehr. Er bietet neue Aussichten und einige nette Mit-Mach-Lernstationen.

Über den Bergwalderlebnisweg Und so folgen wir dem Wiesenweglein, das auf der linken Seite der Staffn-Alm beginnt und uns bergauf zu einem breiteren Weg bringt. Diesem folgen wir nach rechts, passieren eine Alm und stoßen auf eine 2 **kleine Bergstraße**; hierher werden wir nach der Umrundung des Staffns wieder zurückkommen. Zunächst geht es links weiter, und wir genießen die ersten schönen Aussichten über das Tal von Unterwössen.

Der Weg senkt sich leicht, dann verlassen wir ihn nach rechts auf den 3 **Bergwalderlebnisweg**. Bald kommen die ersten Stationen, die auch für Erwachsene unterhaltsam sind. Neben vielen Informationen ist für Kinder natürlich auch etwas zum Spielen dabei. Jetzt schauen wir nach Westen und freuen uns über die markante Kampenwand. Im leichten Auf und Ab um-

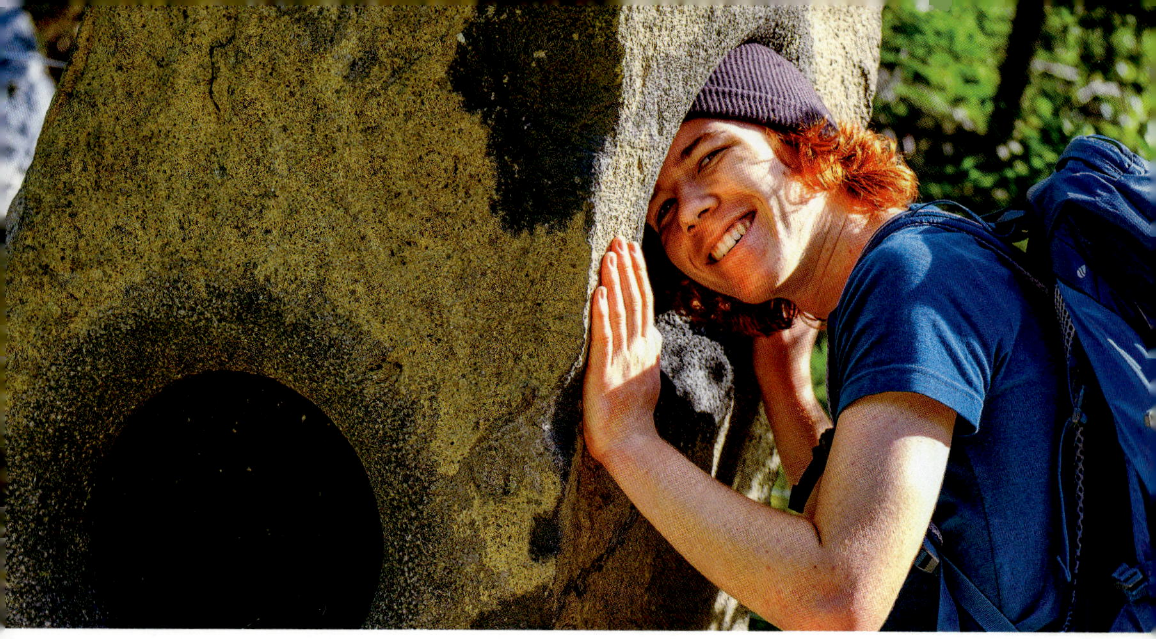

Schon einmal einen Summstein getestet?

runden wir den Staffen. Auf halber Strecke gibt es nach rechts noch einmal einen kleinen Abstecher zu einer kleinen Aussicht. Den schönsten 4 **Panoramapunkt** erreichen wir allerdings auf der Nordseite, von wo wir weit auf den Chiemgau, den Chiemsee und die vielen kleinen und großen umliegenden Dörfer blicken – ein Plätzchen, für das wir etwas Zeit brauchen.

Nächste Alm gefällig? Danach ist die Runde schnell vollendet, und wir stehen wieder auf der 2 **kleinen Bergstraße**. Wer genug hat, läuft zur Staffn-Alm zurück. Wer weiterwandern

Glück auf der Alm

Gleich vier Almen liegen auf unserem Weg, in denen wir im Sommer einkehren können. Während die Staffn-Alm ein großer Berggasthof ist (der einzige, der auch im Winter geöffnet hat), sind Rachl- und Moier-Alm nur in den Sommermonaten (meist bis Ende Okt.) geöffnet.

Die Hefteralm liegt etwas niedriger und ist bereits ab Anfang Mai bis Mitte Oktober geöffnet. Sie gehört zu unseren Lieblingsalmen und bietet leckere Brotzeiten – nichts Übertriebenes, aber trotzdem einiges Besonderes. Vieles, was auf den Tisch kommt, ist selbst gemacht: angefangen beim hausgebackenen Holzofenbrot über den Knoblauchkäse bis zu den tollen selbst gemachten Limonaden. Auch der Apfelkuchen und der Kaiserschmarrn waren ein Gedicht. Rund um die Alm gibt es viele Tiere zu bestaunen und zu beobachten – das ist besonders für Kinder spannend und ein Anreiz für diese Tour (www.hefteralm.de).

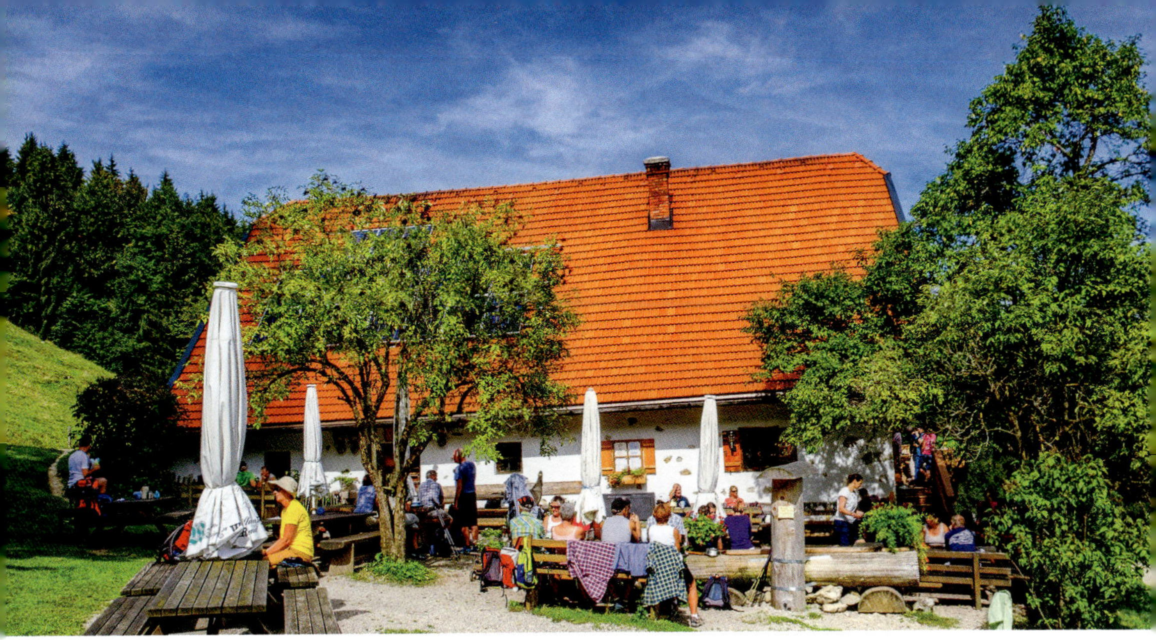

Die Hefteralm ist wunderbar für eine Einkehr geeignet.

will, biegt hier nach links zur Hefteralm ab. Der Weg führt entspannt bergab. In einer Spitzkehre geht es dann nach rechts, und wir passieren mit einigem Abstand die 5 **Moier-Alm**. Sanft absteigend geht es nun über die Almwiesen, die vor allem im Frühsommer ein einziges Kräuter- und Blumenmeer sind. Etwas steiler bergab erreichen wir dann die 6 **Hefteralm**, wo wir uns eine Einkehr nun wirklich verdient haben.

Zurück ins Tal oder zur Bergstation? Nachdem wir uns den kulinarischen Almgenüssen hingegeben haben, machen wir uns auf den Rückweg und steigen den Weg, der vor der Hefteralm verläuft, bergauf. Am Waldrand wendet sich dieser nach links – wir bleiben hier geradeaus und wandern auf einem wurzeldurchsetzten Bergpfad in den Wald hinein. Das Waldstück ist nur kurz, gleich darauf geht es schon wieder in die Sonne und über eine Wiese. Wir passieren die Hufnagelalm und erreichen an der 7 **Rachlalm** wieder einen breiteren Weg. Jetzt entscheiden wir uns das letzte Mal: Folgen wir der breiten Almstraße hinunter zur Talstation, oder steigen wir am Brunnen rechts noch einmal etwas auf und gehen zur Bergstation hinüber? Die knieschonende Aufwärts-Variante führt noch einmal über eine Almwiese, bei der wir schöne Aussichten auf das Achental genießen. Etwas unterhalb der Gleitschirmfliegerrampe mündet der Weg in einen Bergpfad, der uns nach rechts die letzten Meter zur Bergstation bringt.
Egal, für welche Abstiegsmöglichkeit wir uns entscheiden: Irgendwann kommen wir alle wieder im Tal an unserem Ausgangspunkt bei der E **Talstation der Hochplattenbahn** an.

11

Von Grassau zum Torfbahnhof

Weites Moor und historische Technik

Mittel | 3 Std. | 60 Hm | 11 km

Besonderer Genuss: Ruhe und Natur

Tourencharakter
Gute Wege über Wiesen und Felder und durchs Moor

Ausgangs-/Endpunkt
Grassau, Wanderparkplatz Moosbacher Straße
GPS: 47.77911 N, 12.45071 O

Anfahrt
Auto: A 8 bis Ausfahrt Grabenstätt, weiter nach Grassau-Ortsmitte, gegenüber der Kirche rechts in die Niederfeldstraße, nach ca. 100 m links in die Moosbacher Straße, die nach 50 m rechts abbiegt – ihr folgen und ganz am Ende bei der Straßengabel links, über den Hindinger Bach und gut 250 m nach der Brücke links zum Wanderparkplatz
Bus & Bahn: Bus Nr. 9509 von Traunstein (Bahnanschluss) nach Grassau und den Weg in der Dorfmitte beginnen. Zurück vom Hacklweg zur Bundesstraße und neben ihr ins Dorf

Gehzeiten
Zum Aussichtsturm 15 Min., zum Torfbahnhof 1.10 Std., Naturlehrpfad Rottau 1 Std., zum Parkplatz 35 Min.

Einkehr
Mehrere Gaststätten in Grassau (Tipp: Gasthaus Zur Post)

Karte
Kompasskarte 1:50 000, Nr. 14 Berchtesgadener Land/ Chiemgauer Alpen

Information
www.grassau.de

Denkt man ans Chiemgau, hat man meist den Chiemsee und die Chiemgauer Alpen vor Augen. Aber es bietet noch so viel mehr, z. B. die zahlreichen Moore, auch Filzen genannt. Auf wunderbar stillen Wegen lässt sich in der Kendlmühlfilzen bei Grassau dieser Naturschatz entdecken.

Das gerettete Moor Unsere Tour beginnt am A **Wanderparkplatz Moosbacher Straße** bei Grassau, am Rand der Kendlmühlfilzen. Wir folgen schnurgerade dem Weg, der auch Ewigkeitsweg heißt, in nördliche Richtung, passieren die Abzweigung des Moorrundwegs und kommen nach knapp 15 Minuten zu einem 1 **Aussichtsturm**, von dem sich ein herrlicher Blick über das Moor bietet.
Wir erkennen deutlich die breiten Bahnen, die von der Torffräse in den Boden gerissen wurden. Dabei wird der Unterschied

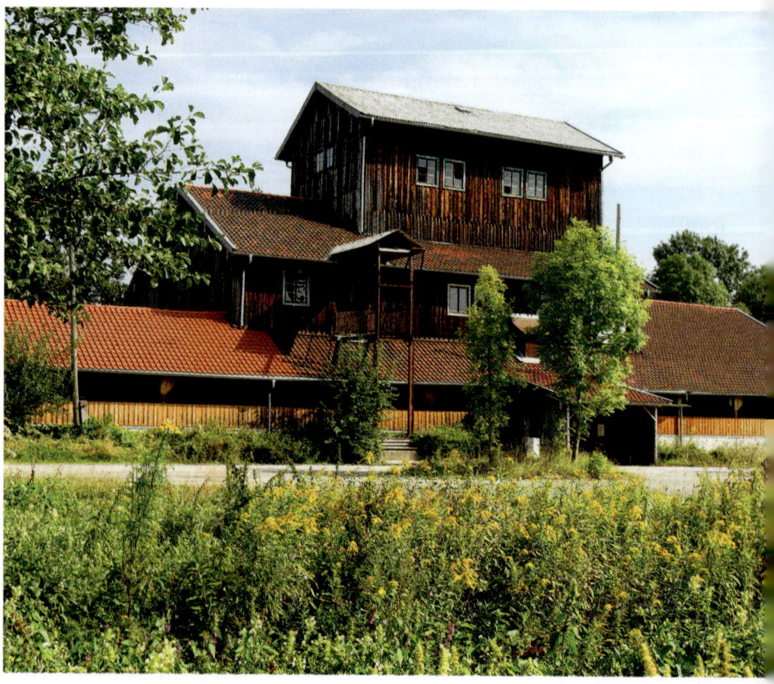

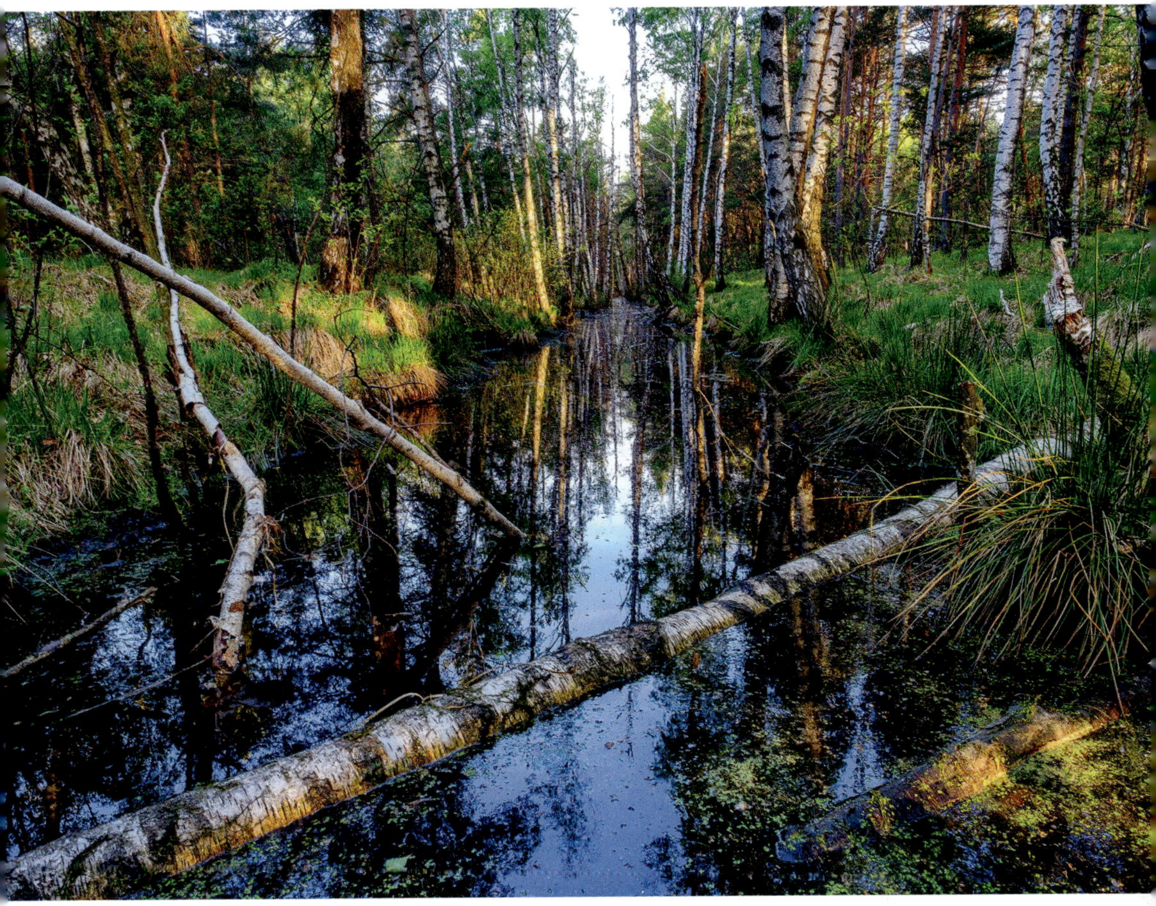

zwischen den einzelnen Abbaustadien gut sichtbar. Wir müssen uns nur das Wasser wegdenken, denn das leitete man damals mittels Entwässerungsgräben ab. Dort, wo heute Wasser steht, wütete die Fräse zum letzten Mal. Aus dem Wasser wachsen ganz langsam kleine Inseln hervor – die Verlandung beginnt. Dann geht die Wasserfläche in einer geraden Linie in festes Land über. Diese gerade Linie zeigt, dass die Landschaftsform vom Menschen gemacht ist. Wobei festes Land völlig übertrieben ist, das Wasser ist nur nicht sichtbar. Aber das ist wohl die interessanteste Stelle, denn hier wächst das Moor wieder. Zwar nur langsam mit gerade einmal einem Millimeter pro Jahr, aber das zeigt Wirkung; vor etwa 20 Jahren waren die Wasserflächen noch sehr viel größer.

Vor allem östlich unseres Wegs sehen wir noch andere Uferformen – hier ragt das feste Land einen guten Meter über die Wasseroberfläche, der Boden ist ziemlich trocken. Hier hätte die Torffräse bei ihrer nächsten Fahrt den Torf abgebaut. Der Weg, auf dem wir gehen, ist ein kleiner Teil des weit verzweigten

Die Kendlmühlfilzen ist von vielen Wassergräben durchzogen – Natur pur!

Linke Seite: Der ehemalige Torfbahnhof ist heute ein Museum.

Schmalspurbahnnetzes, mit der der abgebaute Torf zum Torfbahnhof, unserem nächsten Ziel, gebracht wurde.

Mitten hindurch Nachdem wir genug gesehen und entdeckt haben, wandern wir weiter – jeder Schritt ein pures Vergnügen: Weich federt der Torfboden unter unseren Füßen, und die Luft riecht überraschend würzig und erdig zugleich. Schnell erhitzt

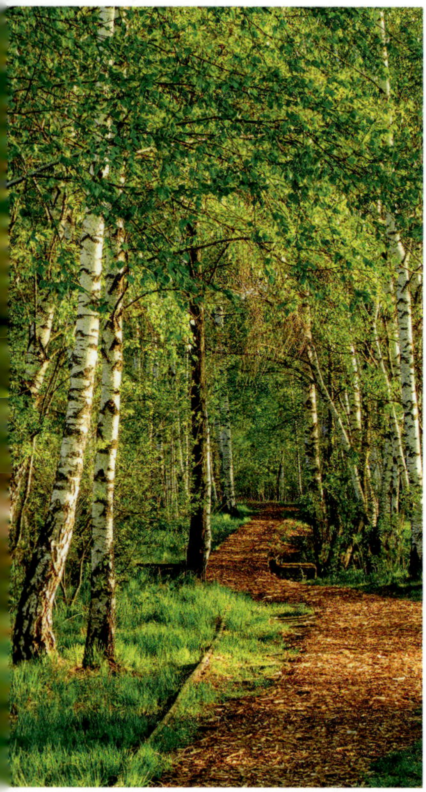

Die Birkenallee windet sich ins Moor zum Aussichtsturm. Ferngläser und Mückenschutz nicht vergessen!

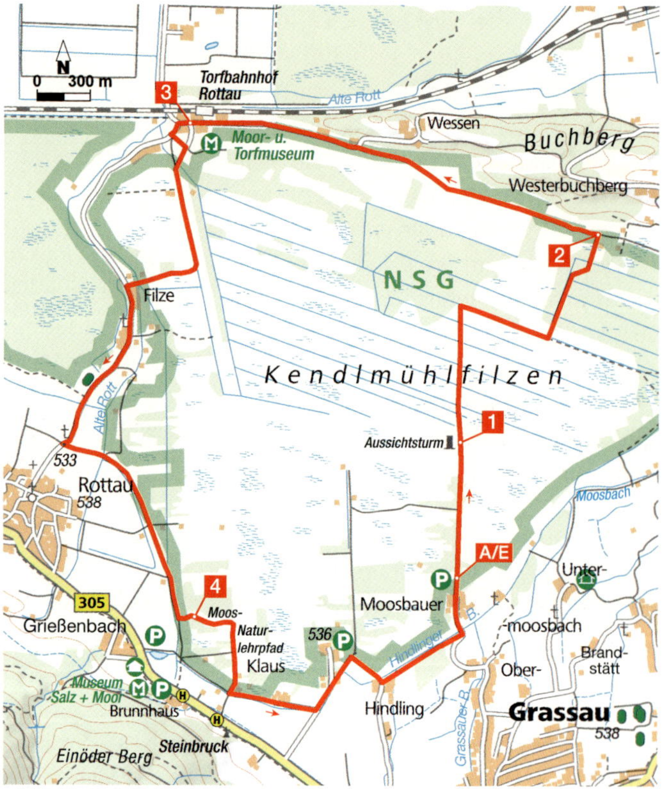

die Sonne den dunklen Boden, der eine angenehme Wärme verströmt. Der Pfad führt uns immer tiefer in die Wildnis, wo wir Wildenten aufschrecken, die sich lautstark über die Ruhestörung beschweren, um dann das Weite zu suchen. Immer wieder queren wir Wassergräben, der Dschungel wird immer dichter. Dann, nach einer Bachbrücke, wendet sich unser Weg nach rechts. Wir folgen ihm noch für ca. 400 Meter und biegen dann links auf einen kleineren Pfad ein (wieder in unsere ursprüngliche Wanderrichtung). Erneut geht es über Bächlein; erst am Waldrand treffen wir auf einen ❷ **quer verlaufenden Weg**, dem wir nach links folgen. Der Weg ist zuerst nur ein schmaler Pfad, wird dann aber immer breiter, bis er zu einer Straße wird, die direkt zum ❸ **Torfbahnhof** leitet, dessen Gelände frei zugänglich ist. Eine Führung ist jedoch sehr zu empfehlen. Mit ihr kann man auch die alten Abfüllanlagen anschauen und erfährt viel über die Ökologie des Moores. Überdies dreht man eine ansehnliche Runde mit der historischen Torfbahn (www.Torfbahnhof-rottau.de).

Zurück über Rottau Am Bahnhof machen wir uns dann auf den Rückweg und nehmen für 100 Meter die geteerte Hackenstraße, die links nach Süden führt. Dann biegen wir links ins Moor hinein ab und halten uns nach weiteren 100 Metern rechts. Jetzt folgen wir der ehemaligen Bahntrasse; die zahlreichen Abzweigungen nach links sind zwar überwachsen, aber immer noch deutlich erkennbar.

Nach gut 500 Metern führt die Trasse zwar geradeaus weiter, unser Weg biegt aber rechts zur Straße hin ab. Dieser folgen wir nach links; Verkehr gibt es hier kaum. In Sichtweite vom Dorf Rottau stoßen wir auf eine Kreuzung; wir biegen hier links in den Punktweg ein und wandern in einer weiten Rechtskurve zum Wald und an ihm entlang. Er endet am Hacklweg, auf dem wir kurz nach links laufen und dann nach rechts zum Waldspielplatz am ❹ **Moor-Naturlehrpfad** kommen, den wir uns zum Finale natürlich nicht entgehen lassen wollen.

Deshalb biegen wir links ein und freuen uns bald, dass der Wald sich lichtet. Am Rand der Kendlmühlfilzen geht es nun mit Blick auf den Hochfelln weiter. Holzbohlenwege führen mit Abstechern sogar noch tiefer ins Moor hinein. Dann wendet sich der Weg nach rechts und führt in südlicher Richtung aus dem Moor hinaus. Der Weg wird zum Brunnhausweg; auf ihm treffen wir wieder auf den Hacklweg, dem wir nach links folgen. Er wird zum Steinbrückweg; bei der Straßengabel geht es nach links zu einem Parkplatz. Hier nehmen wir rechts den Moorrundweg, dem wir am Waldrand entlang bis zum Hindinger Bach folgen, den wir schon von unserer Anfahrt her kennen. Bei der Bachbrücke geht es nach links durch die Moosbacher Straße zurück zum Ⓔ **Wanderparkplatz**.

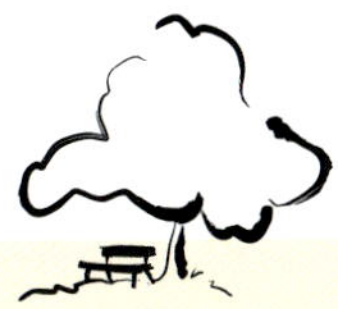

Die Kendlmühlfilzen

In diesem riesigen Moorgebiet zwischen Chiemsee und Alpenrand baute man über Jahrhunderte hinweg Torf ab, der dort eine Stärke von 7–8 m erreichte und entweder als Brennmaterial oder als Einstreu in den Ställen genutzt wurde. Solange dieser Abbau von Hand ohne große Maschinen vorgenommen wurde, spielte das für die Existenz des Moores keine Rolle. Der jährliche Zuwachs betrug ca. 7500 m^3. Als man jedoch vor etwa 150 Jahren begann, Maschinen für den Abbau einzusetzen, war das Verschwinden des Moores absehbar. Die Rettung des wertvollen Gebiets kam 1988, als man den maschinellen Abbau einstellte. Seit 1992 ist die Filzen Naturschutzgebiet, und das Moor kann langsam wieder wachsen.

12

Von Übersee an den Chiemsee

Beach-Bars am »bayerischen Meer«

Leicht | 3.15 Std. | 50 Hm | 11,5 km

Besonderer Genuss: Ruhe und Natur

Tourencharakter
Einfache Halbtageswanderung mit wenig Schatten, größtenteils auf Wanderwegen und kleinen Nebenstraßen. Im Sommer Badesachen nicht vergessen. Unbedingt Fernglas zur Vogelbeobachtung mitnehmen!

Ausgangs-/Endpunkt
Bahnhof Übersee
GPS: 47.8218 N, 12.4873 O

Anfahrt
Auto: A 8 bis Ausfahrt Übersee und nach Übersee in die Ortsmitte fahren; Parkplätze am Bahnhof oder hinter der Tourist-Info bzw. bei der Pfarrkirche St. Nikolaus
Bus & Bahn: Mit der Bahn bis Übersee

Gehzeiten
Bis zum Chiemsee 1 Std., zum Vogelbeobachtungsturm 1 Std., Rückweg 1.15 Std.

Einkehr
Am Chiemsee-Strand von Übersee, z. B. im Seewirtshaus Strandhaus oder im Chiemgauhof; mit einem Abstecher: Wirtshaus »d'Feldwies«

Karte
Kompasskarte 1:50 000, Nr. 10 Chiemsee

Information
www.uebersee.de

Eine Landschaft, durchzogen von Wiesen, Feldern, Äckern und uralten Bäume, verschönert durch den Chiemsee, das »bayerische Meer«: Von Übersee geht es, vorbei an einigen der schönsten Chiemsee-Strände, zur Verlandungszunge der Tiroler Achen, einem einzigartigen Naturschutzgebiet.

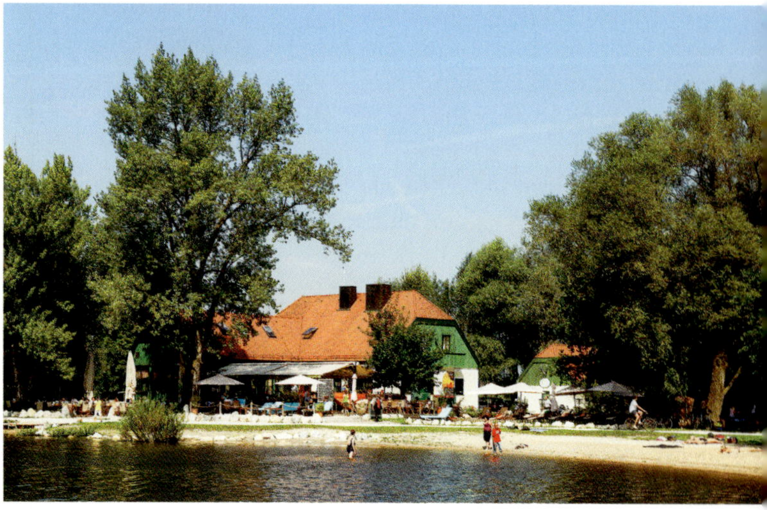

Zum längsten Chiemsee-Strand Wir beginnen unsere Wanderung am Ⓐ **Bahnhof Übersee** und wandern über den lang gestreckten Parkplatz zur Unterführung. Dort wenden wir uns nach rechts, gehen unter der Bahn hindurch und folgen der Feldwieser Straße auf dem Gehsteig auf der linken Straßenseite. Wir passieren die Tourist-Info Übersee und biegen bei der Bushaltestelle Feldwies/Abzw. Reiterstraße links in die Straße Dornau ein. Nach wenigen Schritten erreichen wir den ❶ **Überseer Bach** mit einem Bildstock für den Hochwasser-Schutzpatron, der im Himmel für Wasserangelegenheiten zuständig ist. Unmittelbar vor dem Bach beginnt rechts der kleine Wanderweg Nr. 1, der uns nun wieder in nördliche Richtung führt.
Auf diesem Seeweg geht es bald über eine Wiese und dann durch die Häuser von Feldwies bis kurz vor die Autobahn.

Wer möchte, kann hier nach rechts auf der Greimelstraße einen Abstecher zum Julius-Exter-Haus oder zum Wirtshaus »d'Feldwies« machen – Ersteres befriedigt unsere kulturellen Bedürfnisse und das zweite – viel profaner – unsere kulinarischen. Ansonsten bringt uns wenige Minuten später eine Unterführung auf die andere Seite der Autobahn. An der Bachmündung haben wir am kleinen Hafen mit dem Dampfersteg den ❷ **Chiemsee** erreicht.

Flanier- und Bademeile Jetzt können wir das Tempo verringern, sind wir doch schließlich am längsten Badestrand dess Chiemsees angekommen.

Linke Seite: Gasthaus Seewirtschaft am Chiemsee in Feldwies

Unten: Uferweg am Mündungsdelta der Tiroler Achen in den Chiemsee

Tipp

In Übersee gibt es noch einen netten Barfußpfad, etwas südwestlich des Bahnhofs bei der Sudetenstraße.

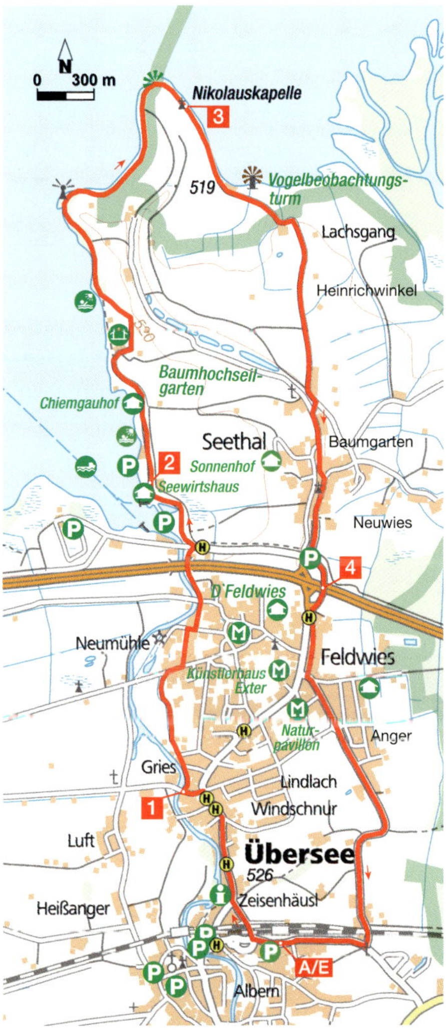

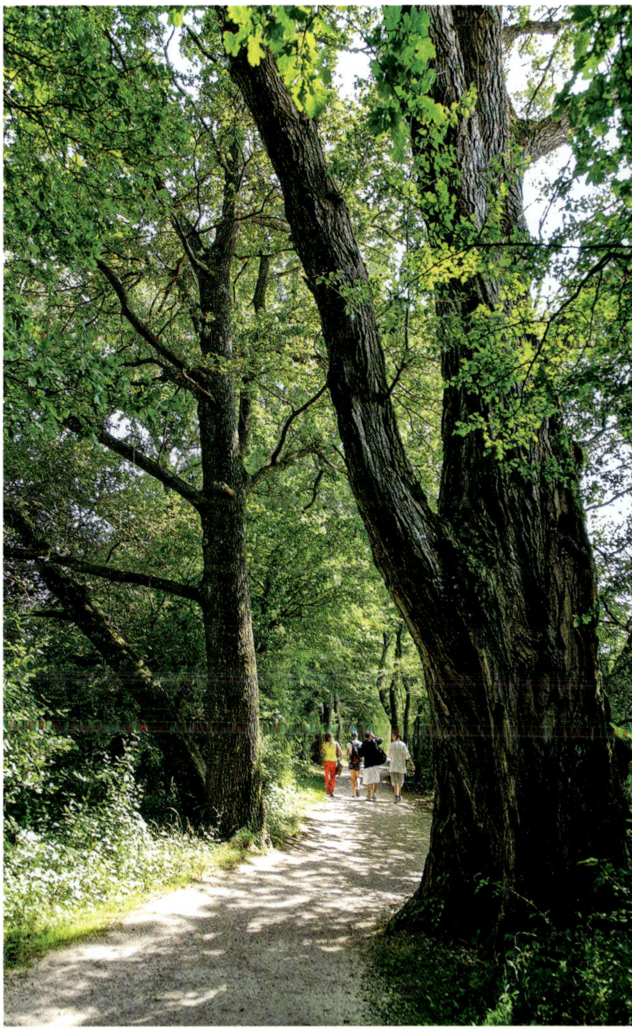

Die Julius-Exter-Promenade leitet uns am Ufer entlang; wer möchte, kann jetzt auch direkt am herrlichen Ufersaum marschieren. Die Beach-Bar am Seewirtshaus Strandhaus verlockt zu einem ersten Stopp. Im sich anschließenden Erholungsgelände gibt es aber auch noch einen Kiosk, und kurz darauf folgt der Chiemgauhof mit seiner Sundowner-Bar. Irgendwo auf diesem Abschnitt findet sich immer ein Platz, um im Sommer in den Chiemsee zu hüpfen. Das geht natürlich auch noch im Strandbad nach dem Chiemgauhof. Dort wird unser Wanderweg kurz vom See weggeleitet.

Dahinter sind wir wieder in Ufernähe und wandern nun an kleinen, von Schilf umgebenen Buchten vorbei. Schließlich erreichen wir die 3 **Nikolauskapelle**, die für die Fischer errichtet

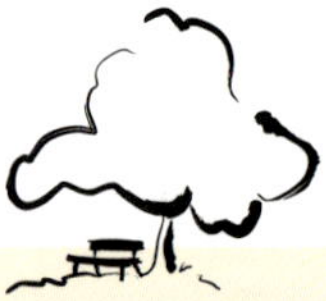

Die Tiroler Achen

Sie ist der größte Zufluss des Chiemsees, in den sie, auf ihrem Weg aus Tirol kommend, zwischen Grabenstätt und Feldwies mündet. Der Wildfluss selbst gleicht dabei einem Schwerlasttransporter, befördert er doch Unmengen an Schwebeteilchen und feinen Sedimenten in den Chiemsee. So entstand das große Delta an seiner Flussmündung, das bis heute um fast einen Hektar pro Jahr wächst. Das bedeutet, dass in wahrscheinlich knapp 8000 Jahren – also in einem Wimpernschlag in der geologischen Zeitgeschichte – vom Chiemsee nichts mehr übrig sein wird. Schon heute ist dort das Wasser extrem seicht und damit ein Paradies für Wasservögel aller Art. Aber auch Wiesenbrüter fühlen sich in dem seit 1954 unter Naturschutz stehenden Gebiet sehr wohl.

Wer es noch genauer erkunden möchte, kann von Mai–Okt. jeden Freitag und Samstag eine eindrucksvolle Erlebnisbootsfahrt dorthin unternehmen – die einzige Möglichkeit, dem streng geschützten Delta der Tiroler Achen und ihrer Vogelwelt ganz nahe zu kommen (zeitige Voranmeldung dringend angeraten, www.chiemsee-alpenland.de).

wurde, gilt doch der hl. Nikolaus als Patron der Seefahrer. Kurz danach führt uns ein Abstecher nach links zur Vogelaussichtswarte Lachsgang. Wer kein eigenes Fernglas dabeihat, freut sich über das kostenlose Fernrohr, mit dem wir im Mündungsdelta der Tiroler Achen die Vogelwelt beobachten können.

Zurück nach Übersee Für den Rückweg folgen wir einfach weiter dem Wanderweg, der uns jetzt in südliche Richtung führt. Die Wiesen, über die wir wandern, sind sehr feucht: Sie sind Schwemmland der Tiroler Achen. Vorbei am Gut Heinrichswinkel erreichen wir dann halb rechts über die Seethalstraße den Ortsteil Baumgarten. An zahlreichen Bauernhöfen vorbei kommen wir wieder zur Autobahn, die wir auf dem ❹ **Autobahnzubringer** queren. Jetzt sind wir wieder auf der Feldwieser Straße, die uns geradeaus direkt zurückbringen würde. Verkehrsberuhigter und schöner ist es, wenn wir gleich nach der Autobahn links in die Stegenhäuser Straße (Wanderweg Nr. 24) einbiegen und auf ihr zur Moosener Straße gehen. Dieser folgen wir nach links und laufen dann immer weiter, an einigen Häusern vorbei und über Wiesen, bis wir auf die Bahngleise stoßen. Diese queren wir, wenden uns dann nach rechts in die Bahnhofstraße und haben bald wieder den Ⓔ **Bahnhof Übersee** erreicht.

Sonnenuntergang bei Feldwies unter Hochplatte und Kampenwand

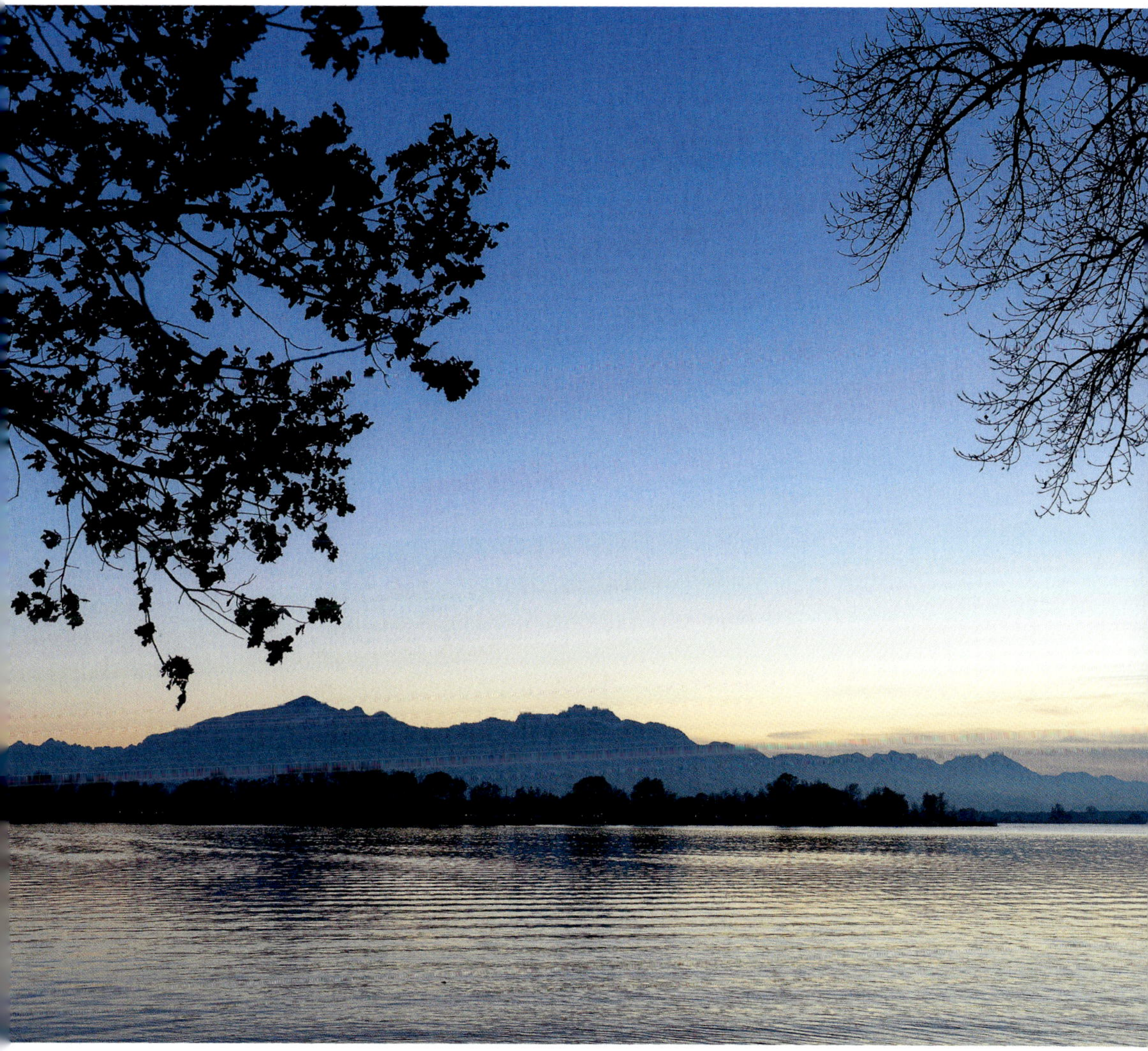

13

Zur Hirschauer Bucht

Zu Besuch bei Kranich & Co.

Leicht | 2.30 Std. | 100 Hm | 9,5 km

Besonderer Genuss: Ruhe und Natur

Tourencharakter
Einfache Halbtageswanderung mit wenig Schatten, größtenteils auf Wanderwegen und Waldpfaden. Unbedingt Fernglas zur Vogelbeobachtung mitnehmen sowie im Sommer Mückenschutz!

Ausgangs-/Endpunkt
Grabenstätt, Marktplatz
GPS: 47.5882 N, 12.989 O

Anfahrt
Auto: A 8 bis Ausfahrt Grabenstätt und nach der Ausfahrt am Kreisverkehr nicht die Umgehungsstraße benutzen, sondern über Winkl nach Grabenstätt fahren; Parkplatz in der Marktstraße bei der Sparkasse
Bus & Bahn: Busse von Grassau, Seebruck und Traunstein

Gehzeiten
Zur Hirschauer Bucht 45 Min., nach Winkl 1 Std., nach Grabenstätt 45 Min.

Einkehr
Gaststätte Hirschauer Bucht am Seeufer; Pizzeria Laguna in Winkl; mehrere Gaststätten in Grabenstätt

Karte
Kompasskarte 1:50 000, Nr. 10 Chiemsee

Information
www.grabenstaett.de

Noch vor 100 Jahren hätten wir diesen Weg nicht gehen können – wir hätten ein Boot gebraucht, denn damals reichte der Chiemsee noch fast bis nach Grabenstätt. Inzwischen gehört der verlandete Seegrund um die Tiroler Achen zu den wichtigsten Vogelschutzgebieten am Chiemsee.

Durchs Grabenstätter Moos Unsere Wanderung beginnt am Marktplatz von Ⓐ **Grabenstätt**. Wir wandern durch die Poststraße und kommen an der Johanneskirche vorbei, in der wir gut erhaltene gotische Fresken bewundern können. Danach macht die Poststraße eine Linkskurve, und an ihrem Ende geht es nach rechts in die Birkenhainstraße. Dort, wo sie links abbiegt, beginnt unser Weg durch das Grabenstätter Moos. Wir queren die ❶ **Umgehungsstraße** und wandern neben einem Entwässerungsgraben auf einem Wirtschaftsweg, den wir jedoch auf keinen Fall verlassen dürfen. Auch Hunde gehören hier an die Leine, denn links und rechts von uns brüten bis in den Sommer hinein zahlreiche Vögel, die hier ihr letztes Rückzugsgebiet gefunden haben. Auf alle Fälle sollten wir während der ganzen Wanderung unser Fernglas griffbereit haben – mit etwas Glück und Geduld sehen wir so selten gewordene Vögel wie Bekassinen, Wachtelkönige, Braunkehlchen, Brachvögel oder Zaunkönige.

Aber auch ein Blick nach links ist nicht zu verachten. Dort steht die lange Reihe der Chiemgauer Berge: Beginnen wir links mit dem Hochfelln (Tour 15), den wir an seiner Seilbahn Bergstation gut erkennen können. Dann folgen der Hochgern, das Tal der Tiroler Achen mit dem Wilden und dem Zahmen Kaiser und die Rudersburg, die von hier aus wie eine gleichförmige, oben etwas abgeflachte Pyramide aussieht. Weiter rechts liegen Hochplatte, Kampenwand (Tour 8) und Hochries (Tour 2).

Von Renken und Flamingos Nach gut 500 Metern biegt der Entwässerungsgraben – und damit auch unser Weg – nach rechts. An dieser Stelle gibt es eine Brücke, die allerdings recht baufällig geworden ist. Wir bleiben auf der rechten Seite des Grabens,

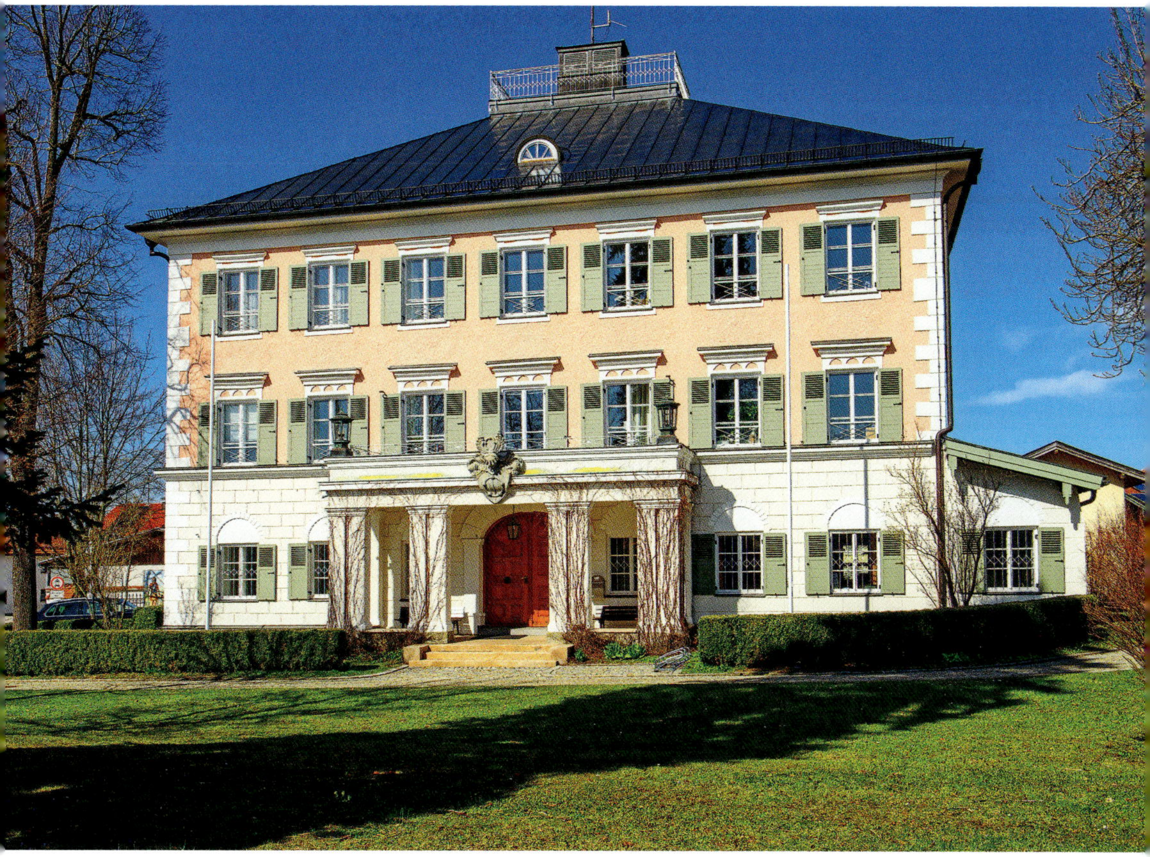

obwohl auf manchen Landkarten der Wanderweg auf der anderen Seite des Bachs eingezeichnet ist. Dieser Weg ist aufgelassen. An alten, manchmal sogar zusammengebrochenen Weiden vorbei erreichen wir schließlich eine ungeteerte Fahrstraße. Sie führt genau an der Grenze der Kernzone des Naturschutzgebiets entlang – nördlich von ihr herrscht absolutes Betretungsverbot!

Das heutige Rathaus von Grabenstätt ist im Hofmarkschloss untergebracht.

Wir folgen dieser Straße nach links, passieren eine Feuchtwiese und haben bei einem kleinen Parkplatz am Gasthaus Hirschauer Bucht schließlich die ❷ **Hirschauer Bucht** erreicht. Das Gasthaus sieht sehr einfach aus, ist aber wegen seiner fangfrischen Chiemsee-Renken in der weiten Umgebung berühmt. Wir gehen die paar Meter vor bis zum See, denn hier steht ein Holzturm zur Vogelbeobachtung. Diesmal geht es vor allem um Wasservögel, die, abhängig von der Jahreszeit, in Scharen das flache Wasser der Bucht bevölkern. Sogar ein Flamingo wurde hier schon gesichtet.

Tipp

In der Hirschauer Bucht kann man nicht baden. Wer sich noch mit einem Sprung ins Wasser erfrischen will, besucht dazu den Tütensee bei Grabenstätt.

Mit dem Rothgraben nach Süden Nach dieser ornithologischen Einlage führt unser Weg zum Gasthaus zurück und auf seiner rechten Seite weiter. Er schlängelt sich durch die nassen Wiesen bis zum Rothgraben, einem Entwässerungsgraben, der vor allem das Wasser aus den Moorgebieten um die Berge aufnimmt und damit die Tiroler Achen entlastet. An diesem Graben entlang wandern wir nach Süden bis zu einer ❸ **Brücke** und wenden uns hier nach links, in Richtung Grabenstätt. Dieses Stück Weg ist bei Radlern recht beliebt, daher müssen wir etwas achtgeben. Der Weg macht einen Schlenker nach rechts, und wir bewundern die uralten knorrigen Eichen auf den Feldern südlich des Wegs. Dann queren wir zwei kleine Kanäle und biegen unmittelbar nach dem zweiten rechts in den Feldweg ein. Wieder geht es Richtung Süden. Nach ca. 250 Metern würde der Weg auf die andere Seite des Grabens wechseln, wir biegen jedoch scharf rechts ab und wandern schnurgerade auf den kleinen Ort Winkl zu. Winkl war früher eine kleine Hofmark; das Schloss ist von unserem Weg aus gut zu sehen. Wir überqueren wieder die Umgehungsstraße und stoßen auf die alte Landstraße, die vom Achental am östlichen Chiemseeufer vorbei nach Norden führt.

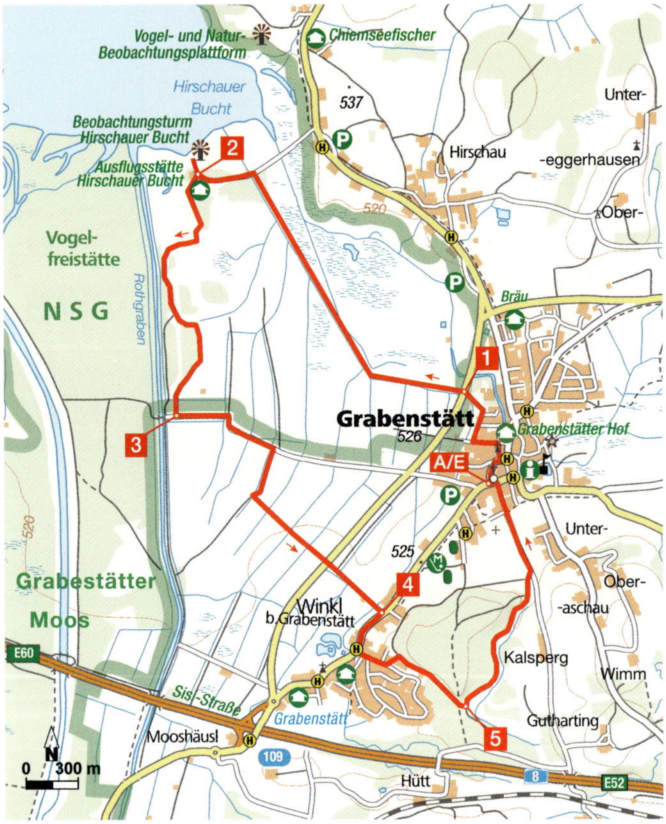

Zurück nach Grabenstätt In ❹ **Winkl** angekommen, gehen wir auf der Landstraße ein Stück nach rechts und biegen dann links in die Ringstraße ein. Auf ihr wandern wir zwischen neu gebauten Häusern den flachen Hügel aufwärts. Bei der Hausnummer 9 biegen wir links in eine Sackstraße ein; an ihrem Ende beginnt ein Trampelpfad in den Wald. Gleich hinter dem Waldrand treffen wir auf einen breiteren Pfad, auf dem wir nach rechts zu einer Forststraße weiterwandern. Hügelabwärts erreichen wir einen ❺ **ungeteerten Fahrweg**, dem wir nach links folgen. Er führt durch ein wunderbar stilles, von hohen Bäumen begrenztes Wiesental, durch das sich ein kleiner Bach schlängelt. Am Ende des Waldes, bei einem kleinen Bildstock mit dem verwaschenen Bild eines Bischofs, erreichen wir die Fahrstraße und gelangen auf ihr zurück nach E Grabenstätt.

Unten: Die feuchten Wiesen an der Hirschauer Bucht bei Grabenstätt sind Überschwemmungsgebiet.

Kraniche am Chiemsee

Vor einiger Zeit war es ein Aufreger in der Welt der Vogelfreunde: Ein Kranichpaar war am Chiemsee gelandet und stolzierte durch den Schlick der Hirschauer Bucht. Inzwischen fand man heraus, dass sich die Richtung des Vogelzugs der Kraniche geändert hat: Sie fliegen am Nordrand der Alpen in ihre Winterquartiere. Der Besuch von Kranichen am Chiemsee ist also nicht mehr ganz so ungewöhnlich, aber immer noch spektakulär. Rund um den See wurden zahlreiche Beobachtungstürme aufgebaut, von denen man zu jeder Jahreszeit Vögel beobachten kann. Beim Turm an der Hirschauer Bucht halten sich besonders viele Vögel auf, weil hier der See durch den Geschiebeeintrag der Tiroler Achen sehr seicht geworden ist – das erleichtert die Nahrungssuche erheblich. Über dreihundert verschiedene Vogelarten wurden schon gesichtet. Lehrtafeln helfen, sie zu identifizieren, denn als Laie kann man Tafel-, Kolben- und Schellenten kaum auseinanderhalten. Wie immer gilt aber natürlich bei Tierbeobachtungen: Es hängt alles vom Zufall ab, ob sich ein bestimmtes Tier zeigt oder nicht.

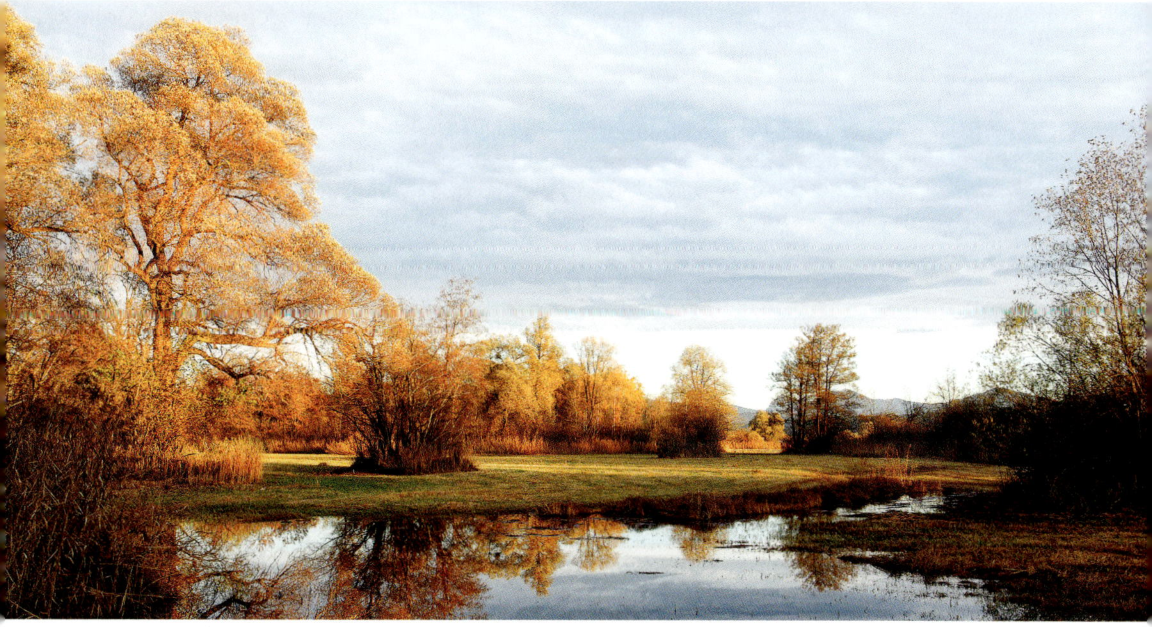

14

Im Bergener Moor

Blaue Iris und endlose Weite

Leicht | 2 Std. | 140 Hm | 7,4 km

Besonderer Genuss: Ruhe und Natur

Tourencharakter
Einfache Wanderung mit nur minimaler Steigung durchs Bergener Moor, vorwiegend auf Feldwegen und kleinen Nebenstraßen. Viel Sonne; im Sommer Mückenmittel nicht vergessen!

Ausgangs-/Endpunkt
Bergen, Dorfplatz
GPS: 47.8068 N, 12.5901 O

Anfahrt
Auto: A 8 bis Ausfahrt Bergen und durch den Ort; wenige Parkplätze in der Ortsmitte, am ehesten hinter dem Rathaus
Bus & Bahn: Mit der Bahn bis Traunstein und weiter mit Bussen (auch von Grassau und Siegsdorf aus)

Gehzeiten
Bis zur Brücke 50 Min., über den Panoramaweg zur Schellenbergalm 50 Min,, Rückweg nach Bergen 20 Min.

Einkehr
Manjas Schellenbergalm (Mo Ruhetag, Di/Mi nur bei gutem Wetter ab 17 Uhr, Do–So/Feiertage ab 11.30 Uhr, im Winter kürzer)

Karte
Kompasskarte 1:50 000, Nr. 14 Berchtesgadener Land/ Chiemgauer Alpen

Information
www.bergen-chiemgau.de

Es gibt diese Zeitlupentage, an denen wir nicht auf die Uhr schauen und uns einfach treiben lassen. Im Bergener Moos wird jede Wanderung zu einer zeitlosen Tour: Weit breiten sich die Moorflächen um die Weiße Achen aus, und im Frühsommer stehen unzählige Blaue Iris auf den Wiesen, die wenig später von einem lila getupften Meer aus Knabenkrautblüten abgelöst werden.

Entlang der Weißen Achen Vom Dorfplatz in Ⓐ **Bergen** starten wir auf der Weißachener Straße in Richtung Westen. Wir verlassen Bergen und erreichen den Ortsteil Weißachen. Gleich zu Beginn queren wir auch den gleichnamigen Fluss und biegen unmittelbar dahinter rechts in den Achenweg ein. Wir folgen nun der Beschilderung auf dem Weg Nr. 20. Der kleine Fluss gluckert friedlich neben uns und fällt immer wieder über ein paar Felsstufen abwärts.

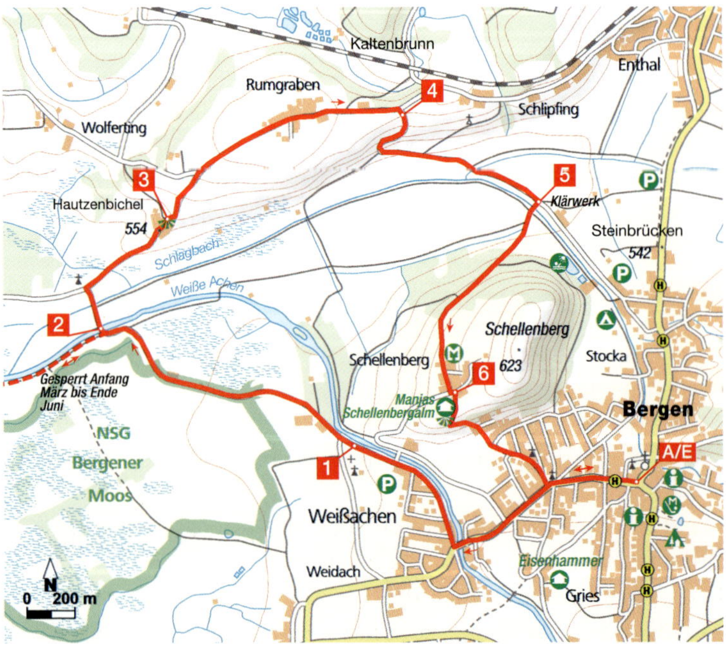

Wir passieren die Abzweigung nach Schellenberg und den neuen 1 **Friedhof**, dann, nach einem kleinen Waldstück, liegt das weite Moor, das man hier Moos nennt, vor uns. Alle paar

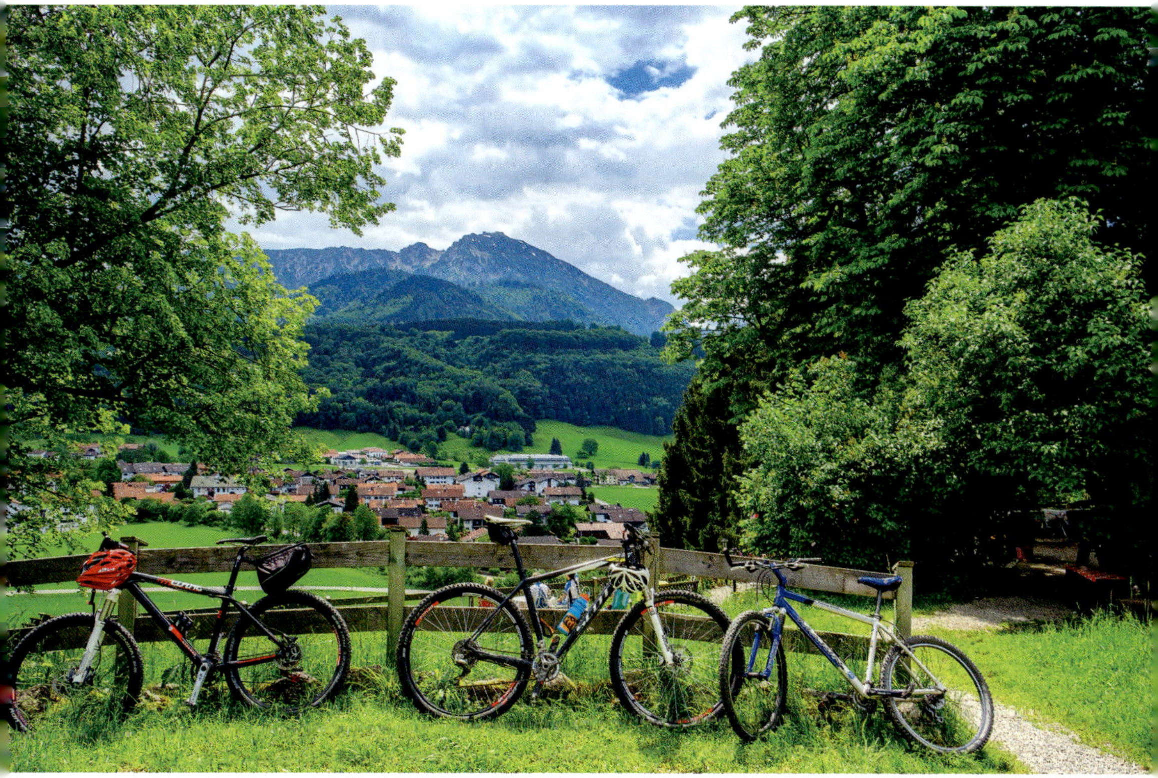

Minuten ändert sich das Landschaftsbild. Im Westen vor uns liegen Hochgern und Kampenwand, und von links grüßt der Hochfelln (Tour 15) herüber.

Schließlich erreichen wir die 2 **Brücke** über die Weiße Achen. Rechts über die Achen werden wir später weitergehen, aber für einen Abstecher empfehlen wir, die Wanderung noch ein Stück nach links entlang der Achen fortzusetzen. Das geht jedoch nur außerhalb der Brutzeiten der vielen Wiesenbrüter! Von Anfang März bis Ende Juni ist der Weg gesperrt; in der restlichen Zeit des Jahres können wir nach Lust und Laune weitergehen – so haben wir eine tolle Möglichkeit, noch tiefer in das Moor einzutauchen, um die Ruhe und Stille zu spüren.

Fahrradparkplatz mit Panoramablick vor Manjas Schellenbergalm

Am Panoramaweg Zurück an der Brücke geht es nun links über die Weiße Achen und gleich danach auch über den Schlagbach. Dann folgen wir rechts leicht aufwärts dem Weg bis nach 3 **Hauzenbichel** und weiter nach Rumgraben, beides Weiler, die uns nun in einer Panoramalage einen Überblick über das Moor schenken.

Nach Rumgraben wandern wir am Waldrand entlang, und die Straße senkt sich wieder. Ein Wegweiser Richtung Bergen lässt uns auf die ❹ **kleine Straße** nach rechts einbiegen. Sie bringt uns über eine Kurve tiefer und wieder an den Schlagbach, dem wir nun ein Stück Richtung Freibad Bergen in Wanderrichtung folgen.

Auf den Schellenberg Beim ❺ **Klärwerk**, auf das wir noch vor dem Freibad treffen, biegen wir rechts ein, und nun führt uns die Beschilderung zum Schellenberg aufwärts in den Wald. Dort teilt sich der Weg; wir halten uns links und wandern über Wiesen zu den Häusern von Schellenberg. Der erste Hof, auf den wir stoßen, ist die Zirmstiftung im Schusterhof. Das ist ein kleines Museum, das sich mit der Erhaltung des bayerischem Brauchtums beschäftigt. Es gibt aber auch Ausstellungen über Trachten und bayerische Krippen sowie viele Veranstaltungen im Lauf des Jahres – ein Besuch lohnt sich (geöffnet Do–So 11–15 Uhr; www.schusterhof.org).

Glück aus der Küche Danach geht es weiter, vorbei an den Bauernhöfen, und ehe die Straße nach rechts schwenkt und sich senkt, biegen wir links ab und erreichen die ❻ **Schellen-**

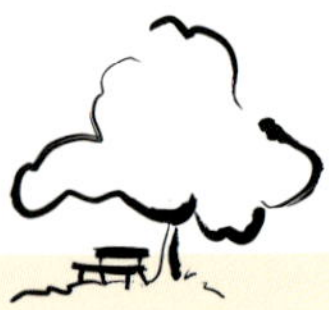

Relikte der Eiszeit

Die Chiemgauer Moore sind Relikte aus der Eiszeit. Als sich vor 15 000 Jahren das Eis zurückzog, entstanden große Seen. Der Chiemsee war damals um ein Vielfaches größer als heute. Im Lauf der Jahrtausende füllten sich die Seen mit Geröll und Sedimenten, die die Flüsse und Bäche aus den nahen Bergen antransportierten. Die Seen verlandeten, und abgestorbenes Pflanzenmaterial sammelte sich an. Das konnte nur teilweise verrotten, weil auf den durchnässten Flächen der dafür nötige Sauerstoff fehlte. Es entstand Torf, der nur sehr langsam wächst. Man kann sich gut vorstellen, wie lange es dauerte, bis so gewaltige Moorflächen entstanden. Vor allem wenn man bedenkt, dass das Land zwischen Bernau und Bergen einst eine einzige zusammenhängende Moorfläche bildete.

Diese Moorflächen sind, weil man sie ja schwer betreten kann, eine Rückzugsinsel für viele seltene Tiere und Pflanzen. Nicht nur Insekten wie Libellen und Schmetterlinge lieben die feuchten Wiesen, auch zahlreiche Vogelarten – darunter Wiesenbrüter wie der vom Aussterben bedrohte Große Brachvogel und der Wachtelkönig – finden in dem Moor einen perfekten Brutplatz.

bergalm. Sie ist keine klassische Alm, sondern ein Gasthaus, aber etwas ganz Besonderes. Das liegt nicht nur an der schönen Aussicht, die wir im Garten unter den Kastanienbäumen genießen dürfen – die rührige Wirtin Manja und ihr Team sorgen für einen ganz eigenen Flair. Und das zeigt sich vor allem an

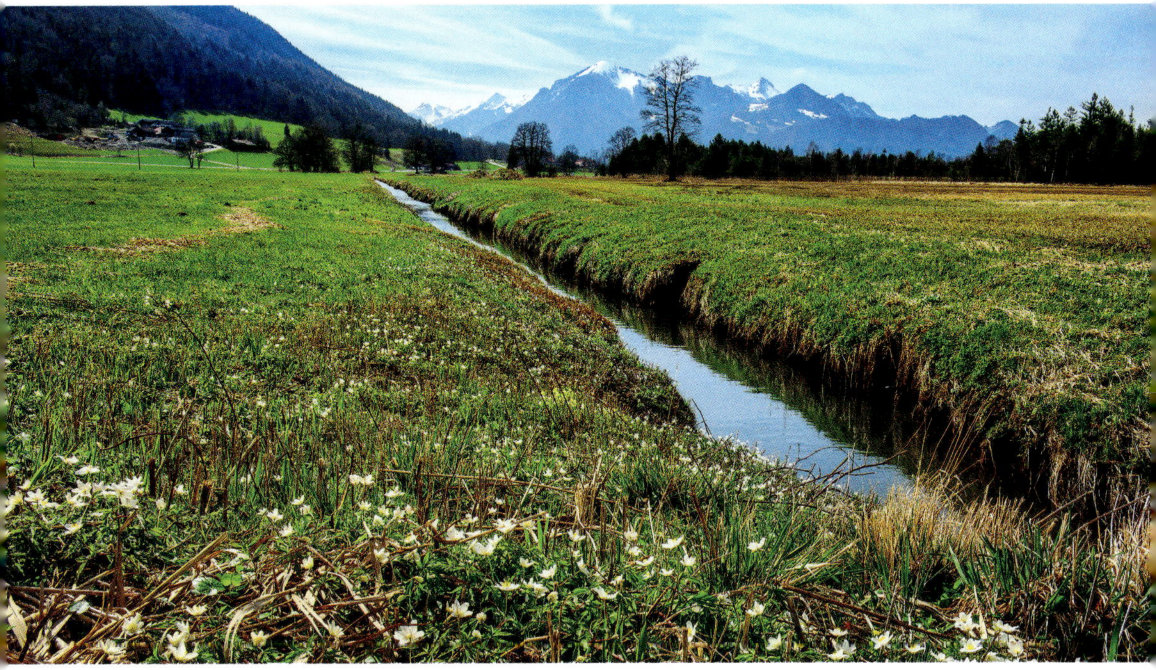

Buschwindröschen am Buchbach im Bergener Moos vor Kampenwand und Hochplatte

der Speisekarte, die viele äußerst schmackhafte vegetarische Gerichte bietet, z. B. Süßkartoffelgnocchi mit Rote-Beete-Relish, Ziegenkäse und karamellisierte Feigen oder Kichererbsen-Gulasch mit Apfel-Dattel-Humus, Granatapfel-Tabouleh und Kardamomjoghurt. Die Küche ist einfach anders, und wir müssen nur mutig sein, uns einmal auf etwas Neues einzulassen. Aber auch diejenigen, die nicht ganz so mutig sind und denen es nach Fleisch gelüstet, kommen nicht zu kurz – mit Manjas Küche werden alle glücklich!

Bergab bis Bergen Zum Glück geht es nun nach der Kalorienzufuhr erst einmal bergab. Am Parkplatz neben der Alm beginnen wir mit dem Abstieg und laufen durch ein Waldstück abwärts bis zu einem Neubaugebiet und dort in den Schellenbergweg. Diesem müssen wir schließlich nur noch bis zur Weißachener Straße folgen, die wir vom Hinweg bereits kennen. Nach links ist es nun nicht mehr weit bis zurück zum Dorfplatz in E **Bergen**.

15

Am Hochfelln

Gipfelkreuz, Kapelle und Wirtshaus

Leicht | 2.15 Std. | 150/600 Hm | 4 km

Besonderer Genuss: Aussicht

Tourencharakter
Leichte Wanderung durch Auffahrt mit der Seilbahn und Abfahrt ab der Mittelstation. Im Gipfelbereich kleine Bergpfade; Abstieg zur Mittelstation auf breitem Bergweg. Wenig Schatten

Ausgangs-/Endpunkt
Bergen, Talstation der Hochfelln-Seilbahn
GPS: 47.7978 N, 12.5915 O

Anfahrt
Auto: A 8 bis Ausfahrt Bergen und durch den Ort bis zum gebührenpflichtigen Parkplatz bei der Talstation der Hochfelln-Seilbahn
Bus & Bahn: Mit der Bahn bis Traunstein und weiter mit Bussen (auch von Grassau und Siegsdorf aus)

Gehzeiten
Gipfelrundweg 1 Std., Abstieg zum Spitzen Stein 1 Std., Weg zur Mittelstation 15 Min.

Einkehr
Hochfellnhaus und Bründlingalm bieten ein einfaches Mittagessen, aber auch Brotzeit, Kaffee und Kuchen an; beim Bachschmiedkaser gibt's nur Brotzeit, Kaffee und Kuchen.

Karte
Kompasskarte 1:50 000, Nr. 14 Berchtesgadener Land/ Chiemgauer Alpen

Information
www.bergen-chiemgau.de; www.hochfelln-seilbahnen.de

Vom gesamten Chiemgau aus sieht man den Hochfelln – das verspricht eine fantastische Aussicht vom Gipfel: Der 360°-Blick von dort oben reicht im Süden bis in die Zentralalpen, und nach Norden hin wird er erst von den Bergen des Bayerischen Walds begrenzt.

Am Gipfelrundweg Von der Ⓐ **Talstation der Hochfelln-Seilbahn** fahren wir bequem mit dem Lift hinauf zur Bergstation, wo der Gipfelrundweg beginnt, der hier »Geologischer Lehrpfad« heißt. Auf Schautafeln wird erklärt, dass das Land, auf dem wir heute wandern, eigentlich einmal Meeresgrund war. In diesem Meer lebten natürlich Fische und Schaltiere aller Art, wenn sie auch damals anders aussahen als heute. Nach ihrem Ableben sanken diese Tiere auf den Grund, ihre organischen

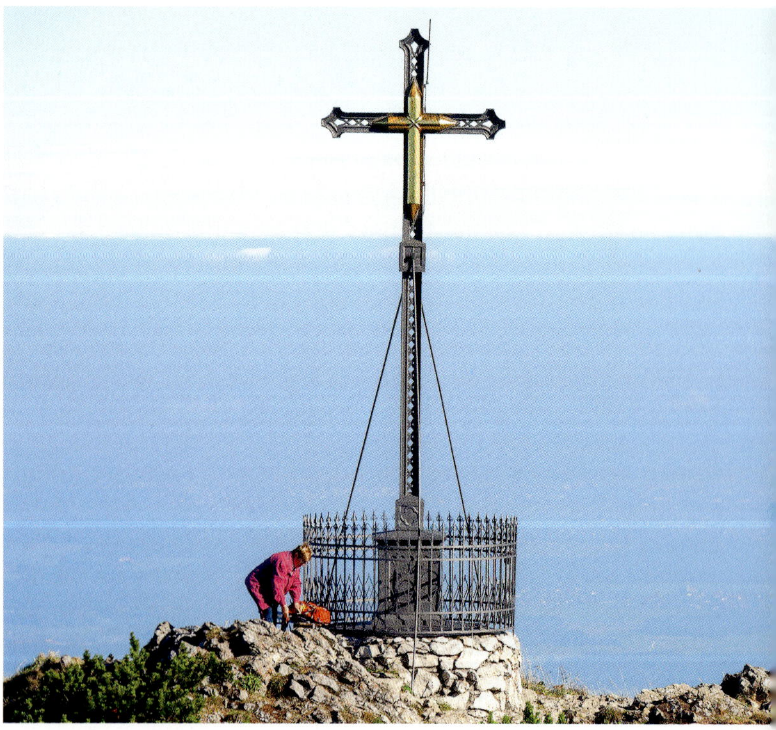

Teile verschwanden, aber alle kalkhaltigen Teile wie Schalen, Gräten oder Knochen blieben erhalten und wurden langsam zu Stein. Als nun die afrikanische Kontinentalplatte langsam noch Norden driftete, wurde der zu Stein gewordene Meeresboden aufgefaltet und langsam nach oben gepresst. So sind im Lauf von ca. 200 Millionen Jahren unsere Berge entstanden. Aber nicht nur Schautafeln gibt es auf diesem Weg, sondern er führt uns als Erstes zum Hochfellnhaus. Dessen Küche ist, wie es eben in einem Berggasthaus üblich ist, bodenständig, hat uns aber immer gut geschmeckt. Gleich hinter dem Haus steht das Gipfelkreuz des Hochfelln, das 1886 aufgestellt wurde. Das Kreuz ist aus Gusseisen und wurde unten in der Maximilianshütte ganz in der Nähe der Talstation der Seilbahn gegossen. Die Sicht vom Kreuz aus auf das Alpenvorland ist traumhaft schön.

Linke Seite: Das Hochfelln-Gipfelkreuz von 1886 über dem vernebelten Voralpenland

Unten: Trampelpfad zum Spitzen Stein an der Bründlingalm

Superstar der Chiemgauer

Was für eine Gipfelparade – der Hochfelln ist ein Superstar unter den Chiemgauer Aussichtsgipfeln. Unglaublich, an einem klaren Herbsttag kann man deutlich die Flugzeuge am Münchner Flugplatz starten und landen sehen! Rechts davon sehen wir eine auffällige dunkle Linie am Horizont: Das ist bereits der Bayerische Wald und das sich östlich anschließende Mühlviertel, wie uns der Wirt vom Hochfellnhaus erklärte. Also: Die Ferngläser nicht vergessen und einfach genießen und verweilen!

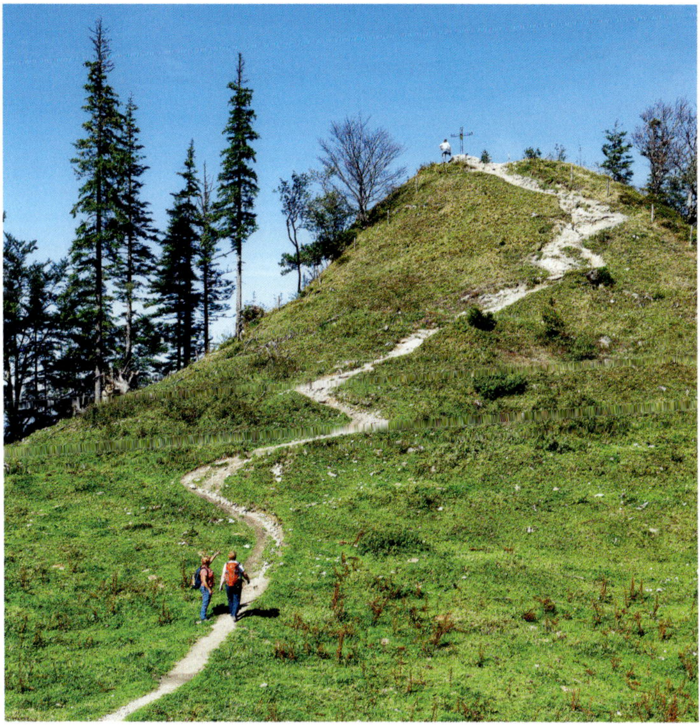

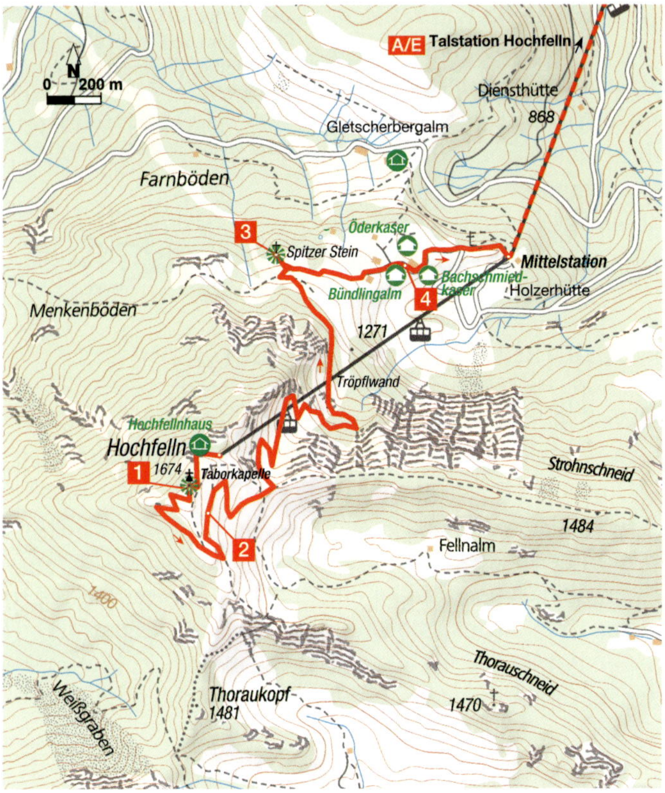

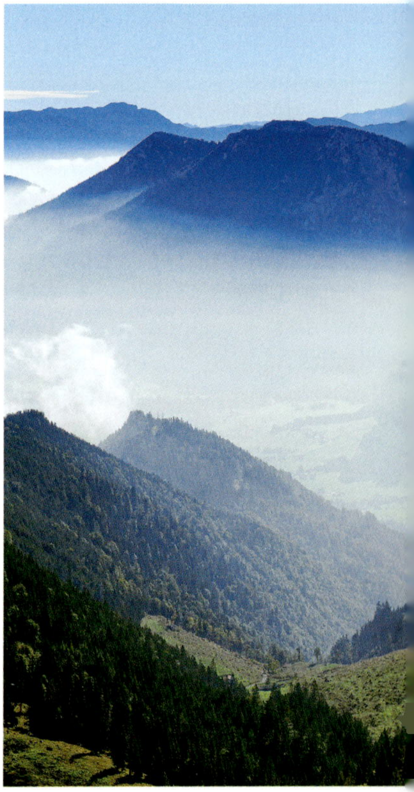

Tipp

Wer sich für Technik interessiert und mehr über die alte Eisenhütte erfahren möchte, besucht noch die Maxhütte im Tal. Im ganzen Chiemgau finden sich noch viele Produkte der Maxhütte wie Stützsäulen für einen Balkon, als Brunnen oder eben das Gipfelkreuz am Hochfelln (geöffnet 1.5.–3.10.; www.maxhuette-bergen.de).

Zum Spitzen Stein Ein Stück weiter gelangen wir zur Hochfellnkapelle, die auch ❶ **Taborkapelle** genannt wird. Sie wurde zwischen 1970 und 1971 gebaut, nachdem der Vorgängerbau von 1890 nach einem Blitzschlag abgebrannt war.

Jetzt führt unser Weg mit ein paar Serpentinen abwärts und dann am Waldrand entlang. Von links stößt ein Weg zu unserem, und wir wandern rechts weiter bergab. Erst an der nächsten Weggabelung halten wir uns dann links wieder Richtung Gipfel. Etwa auf der Höhe der Kapelle stoßen wir in einer Serpentine auf einen ❷ **weiteren Weg**, der vom Gipfel herkommt und der uns nach rechts in flachen Serpentinen abwärts an den Waldrand führt. Dort verzweigt er sich; wir gehen nach links, um dann sofort nochmals links Richtung Seilbahn zu laufen. Unser Weg führt in weiten Serpentinen immer wieder unter der Seilbahn hindurch. Dann tauchen wir in ein lichtes Waldstück

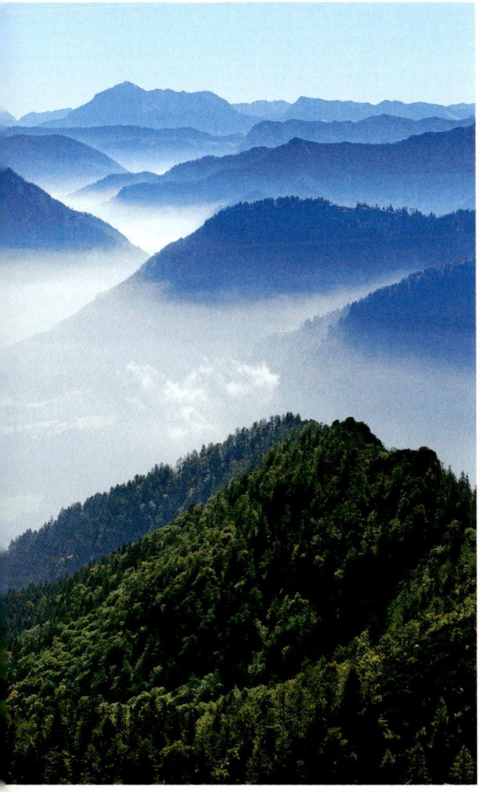

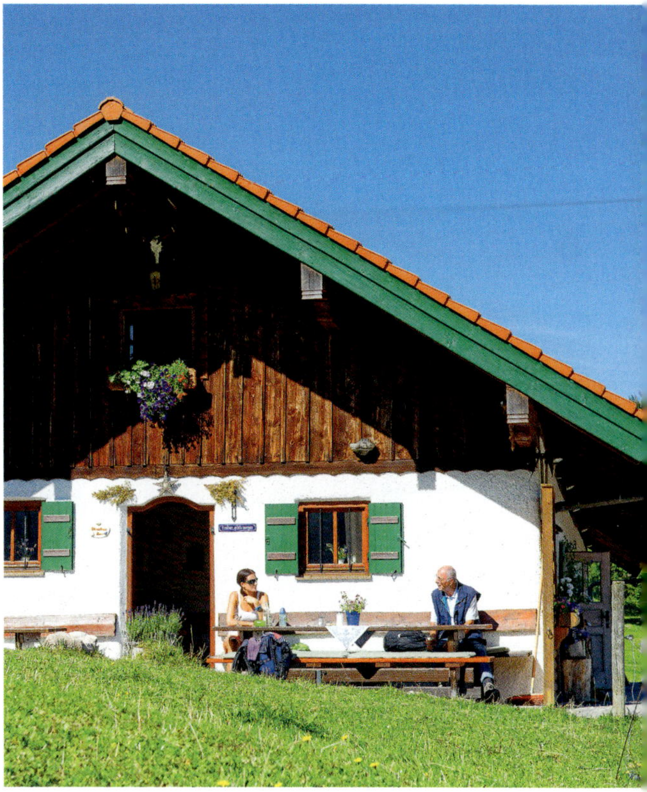

ein. An seinem Ende, bereits in Sichtweite der Almen, führt uns ein schmaler Trampelpfad nur ein paar Meter aufwärts zum 3 **Spitzen Stein**. Er ist mit einem Bergkreuz markiert, das vor etwa zehn Jahren plötzlich hier stand und von dem bis heute noch niemand weiß, wer es hingestellt hat. Egal wie, es ist eine wunderbare Stelle, um die mitgebrachte Brotzeit zu verzehren und um es sich gut gehen zu lassen.

Der Bachschmiedkaser liegt unweit der Mittelstation.

Links: An klaren Tagen genießen wir eine weite Fernsicht. Ferngläser nicht vergessen!

Zurück ins Tal Vom Kreuz aus kehren wir auf den Almweg zurück. Jetzt ist es eigentlich nicht mehr weit bis zur Mittelstation, aber die netten 4 **Bründlingalmen** und der Bachschmiedkaser, die direkt am Weg liegen, bremsen uns noch etwas aus. Die ersten beiden sind ausgewachsene Berggaststätten, während der Kaser eine richtige kleine Alm geblieben ist. Hier findet sich sicherlich ein nettes sonniges Plätzchen auf einer der Terrassen. Ein Stück nach dem Bachschmidkaser, direkt in der Kurve, wenn der Almweg einen Bogen zurückmacht, führen zwei Wege geradeaus weiter. Wir nehmen den zweiten und gehen auf ihm direkt zur 5 **Mittelstation** der Bergbahn, die uns nun rasch und knieschonend zurück zur E **Talstation der Hochfelln-Seilbahn** bringt.

16

Fellhorn und Straubinger Haus

Über die Hemmersuppenalm

Mittel | 4 Std. | 550 Hm | 10 km

Besonderer Genuss: Aussicht

Tourencharakter
Technisch einfache Bergtour auf Berg- und Almwegen. Die Tour ist eher lang als steil. Statt einem Lift erfolgt die Auffahrt zur Hindenburghütte durch Kleinbusse.

Ausgangs-/Endpunkt
Wanderparkplatz Blindau
GPS: 47.6410 N, 12.6408 O

Anfahrt
Auto: A 8 bis Ausfahrt Bernau, dann über Bernau und Grassau nach Reit im Winkl, im Ort der Beschilderung »Seegatterl/Ruhpolding« folgen, dann rechts in den Ortsteil Blindau abbiegen und dort den Wegweisern »Hindenburghaus/Fellhorn« zum 2. großen Wanderparkplatz folgen
Bus & Bahn: Von München mit dem Zug nach Prien, dann Anschlussbus nach Reit im Winkl; dort startet der Shuttlebus im Ortszentrum/Maibaum an der Tourist-Info und bringt die Wanderer zum Parkplatz.

Gehzeiten
Hindenburghütte bis Straubinger Haus 1.30 Std., zum Gipfel 45 Min., Abstieg zur Hindenburghütte 1.45 Std.

Einkehr
Hindenburghaus; Straubinger Haus (DAV)

Karte
Kompasskarte 1:50 000, Nr. 10 Chiemsee

Information
www.reitimwinkl.de

Die Wanderung führt vielseitig durch schattige Wälder und vorbei an Hütten über die wunderschöne Hemmersuppenalm bis hinauf zum Straubinger Haus, von wo wir bereits beste Aussichten genießen können. Wer noch etwas Ausdauer übrig hat, erfreut sich dann am Fellhorngipfel über einen weiteren gigantischen Aussichtsplatz.

Eine andere Bergfahrt Wir beginnen unsere Wanderung am **A Wanderparkplatz Blindau**, von dem aus die Sammeltaxis auf einer Bergstraße zum Hindenburghaus hinauffahren. Das ist sehr bequem und erspart uns die ersten Höhenmeter. (Wer lieber zu Fuß aufsteigen möchte, wendet sich gleich am Anfang

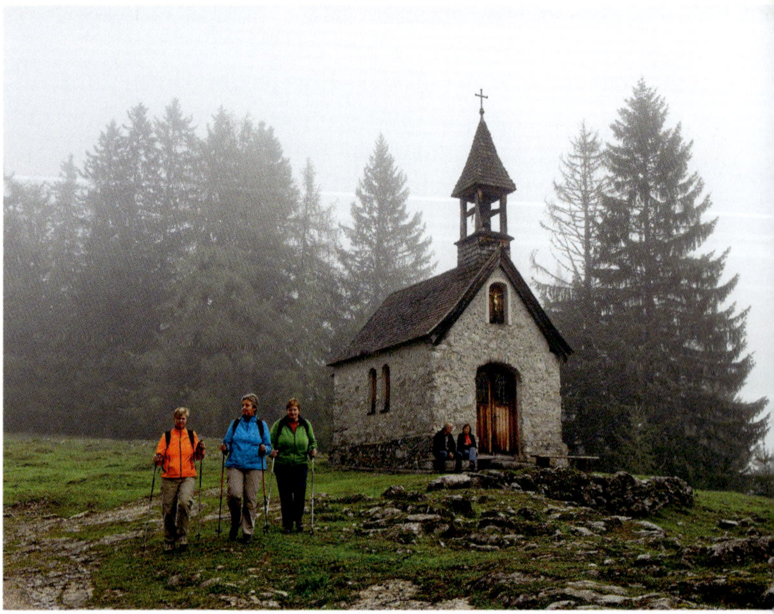

der Auffahrtsstraße hinter der Brücke nach links und folgt der Beschilderung zum Hindenburghaus. Zunächst fast eben durch den Wald, geht es vorbei an den Skisprungschanzen und dann aufwärts durch den Wald bis zum großen Hindenburghaus.)

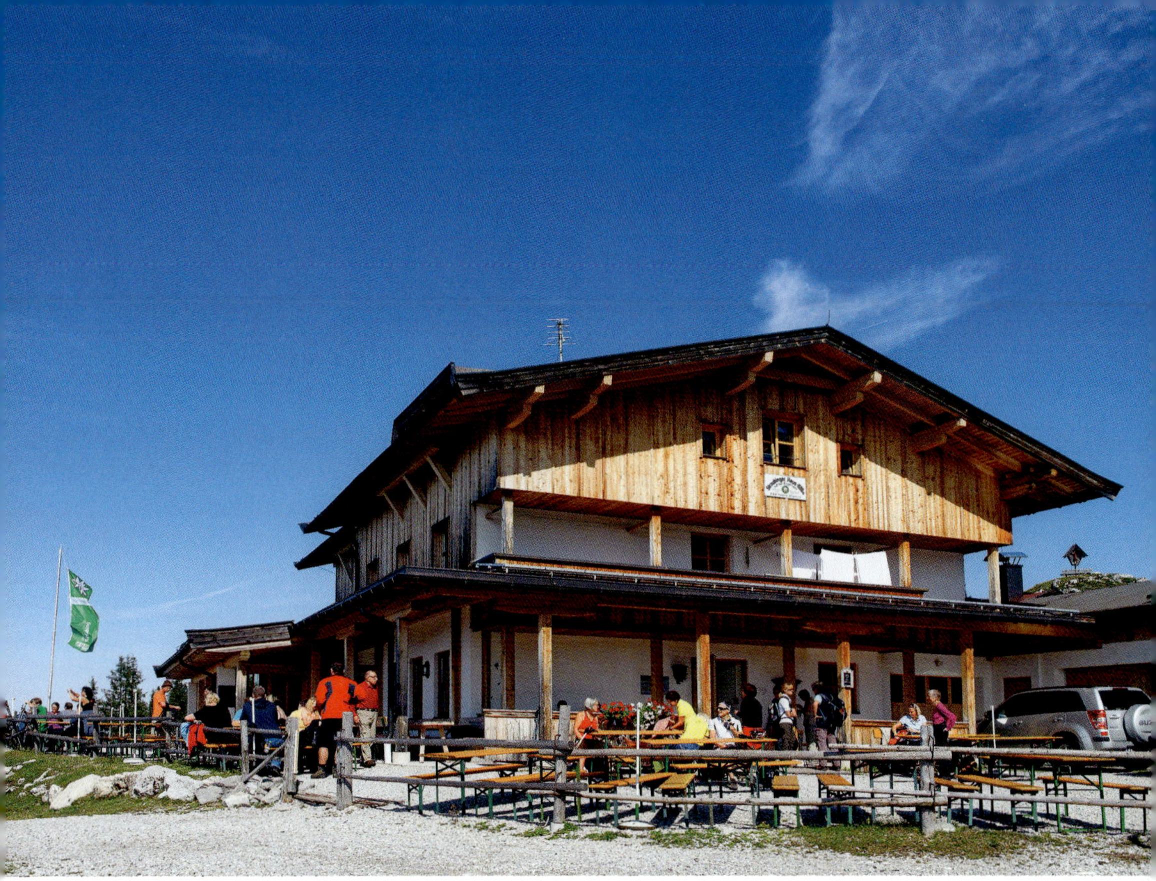

Das Straubinger Haus

Linke Seite: Wanderer an der Annakapelle

Über die Hemmersuppenalm Natürlich werden wir noch nicht gleich einkehren, auch wenn es aus dem ❶ **Hindenburghaus** schon verführerisch duftet, sondern beginnen erst mal mit der eigentlichen Wanderung. Dazu folgen wir einfach der Almstraße, die hinter der Hindenburghütte in einer Schleife erst noch ein wenig ansteigt und dann fast eben über die Wiesen der Hemmersuppenalm führt. Nach ca. 500 Metern biegt rechts der Weg über den Sulzner Kaser zum Straubinger Haus ab, den wir für den Rückweg wählen.

Wir gehen weiter geradeaus und erreichen die ❷ **Annakapelle**, die 1906 von den Bauern der Oberen Hemmersuppenalm errichtet wurde. Der seltsam klingende Name der Alm erklärt sich ganz einfach: »Hemmer« sagt man im Chiemgau zum Ampfer, dem Unkraut, das auf feuchten Almwiesen wächst und von den Rindern verschmäht wird. »Suppe« nennt man feuchte Böden, wenn sie weich wie eine dicke Suppe sind, sodass man bis weit über die Knöchel darin versinkt.

Info

Die Auffahrt zum Hindenburghaus ist nur mit dem privaten Shuttlebus möglich, der mehrmals täglich zwischen 9–16 Uhr gegen eine geringe Gebühr die Strecke befährt (Info-Tel. 0171/543 79 23; Tickets gibt's beim Busfahrer).

Gipfelreigen

Am Fellhorngipfel wartet die große Überraschung: Wer geglaubt hat, er sei auf einem harmlosen Grasbuckel unterwegs, hat sich gewaltig geirrt – vom Gipfel fällt eine atemberaubend steile Wand fast 1000 m ins Tal nach Waidring ab. Ein Marterl kurz vor dem Gipfel erinnert daran, dass diese Stelle nicht zu unterschätzen ist. Entsprechend schön ist auch die Sicht, die das Fellhorn bietet. Beginnen wir mit dem Rundblick bei der Steinplatte, die östlich von uns links über dem tief eingeschnittenen Tal von Waidring steht. Im Hintergrund schauen die Reiteralpe und die Berge um Berchtesgaden zu uns herüber, dann folgen die Felswände der Loferer Steinberge. Direkt rechts hinter ihnen leuchtet weit entfernt der Eispanzer des Großglockners auf. Über dem Almgebiet um den Kirchberg sehen wir den Wildseeloder und weiter rechts im Hintergrund das Kitzbüheler Horn mit seiner dicken Antenne am Gipfel. Es folgen Wilder und Zahmer Kaiser und direkt in der Nachbarschaft das Unterberger Horn mit seinen Skiabfahrten.

Gipfelsturm Wir wandern von der Kapelle auf der Almstraße noch ein kurzes Stück abwärts zu den bereits sichtbaren Oberen Hemmersuppenalmen. An der tiefsten Stelle bei der ersten Almhütte halten wir uns rechts auf dem Weg Richtung Straubinger Haus/Fellhorn. Der mit viel Gras überwachsene Pfad bringt uns zum Talschluss. Wir wandern an der Abzweigung zum Schuhmacher Kreuz vorbei und treffen kurz vor der Grenze zu Tirol auf den zweiten Wanderweg, der vom Hindenburghaus heraufführt. Dann geht es nochmals kurz aufwärts, und wir stehen auf der Eggenalm mit mehreren Almhütten nebst einer kleinen Kapelle und dem großen ❸ **Straubinger Haus**. Wer hier einkehren möchte, kann sich über echte Tiroler Küche mit leckeren Kaspressknödeln und einem sehr netten Wirtsteam freuen. Aber vielleicht wollen wir den Hunger noch ein wenig zü-

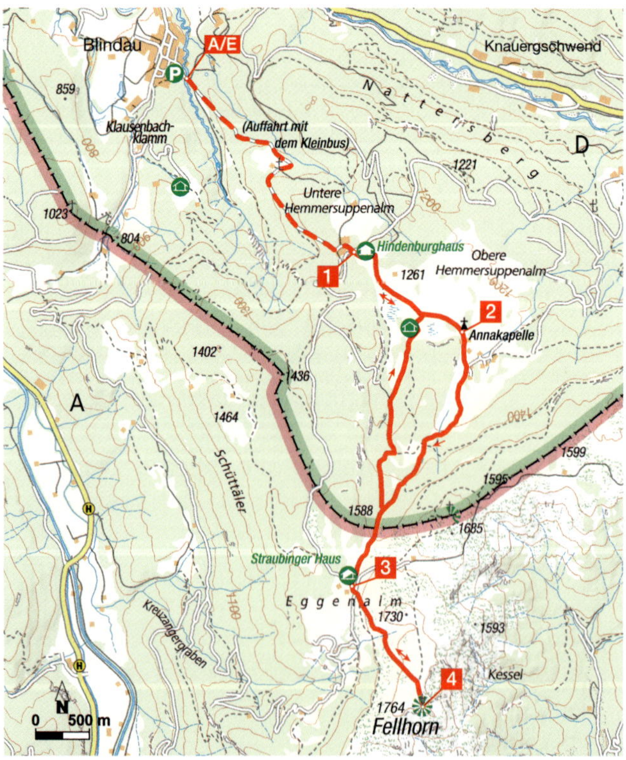

geln und zunächst auf den Gipfel steigen – dafür wenden wir uns an den Almen nach links und erreichen auf einem mäßig ansteigenden Bergpfad den sensationellen Chiemgauer Aussichtsgipfel ❹ **Fellhorn**.

Am Rundweg Nach der Gipfelschau wandern wir auf demselben Weg zum ❸ **Straubinger Haus** zurück. Nach der dann wirklich verdienten Einkehr geht es das erste Stück noch auf dem bekannten Hinweg zurück. Dann, kurz nach der Grenze, halten wir uns diesmal links und folgen nun dem Premiumwanderweg Almgenuss zurück zum Hindenburghaus. Den steilen Abstieg ins Tal schenken wir uns ebenfalls und lassen uns mit den praktischen Shuttlebussen ins Tal bis zum Ⓔ **Wanderparkplatz Blindau** kutschieren. Ein Blick durch die Frontscheibe während der Abfahrt genügt, und wir wissen, was wir unseren müden Gelenken erspart haben.

Unten: Im Tal wabert der Nebel, während wir am Gipfel des Fellhorns in der Sonne liegen.

Vor dem Abstieg gönnen wir uns einen feinen Apfelstrudel im Straubinger Haus.

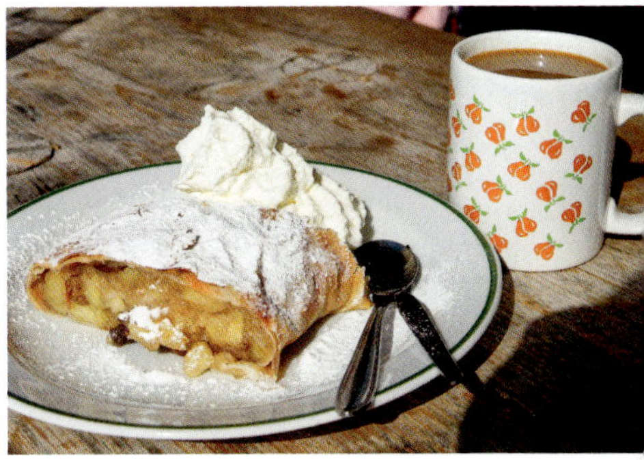

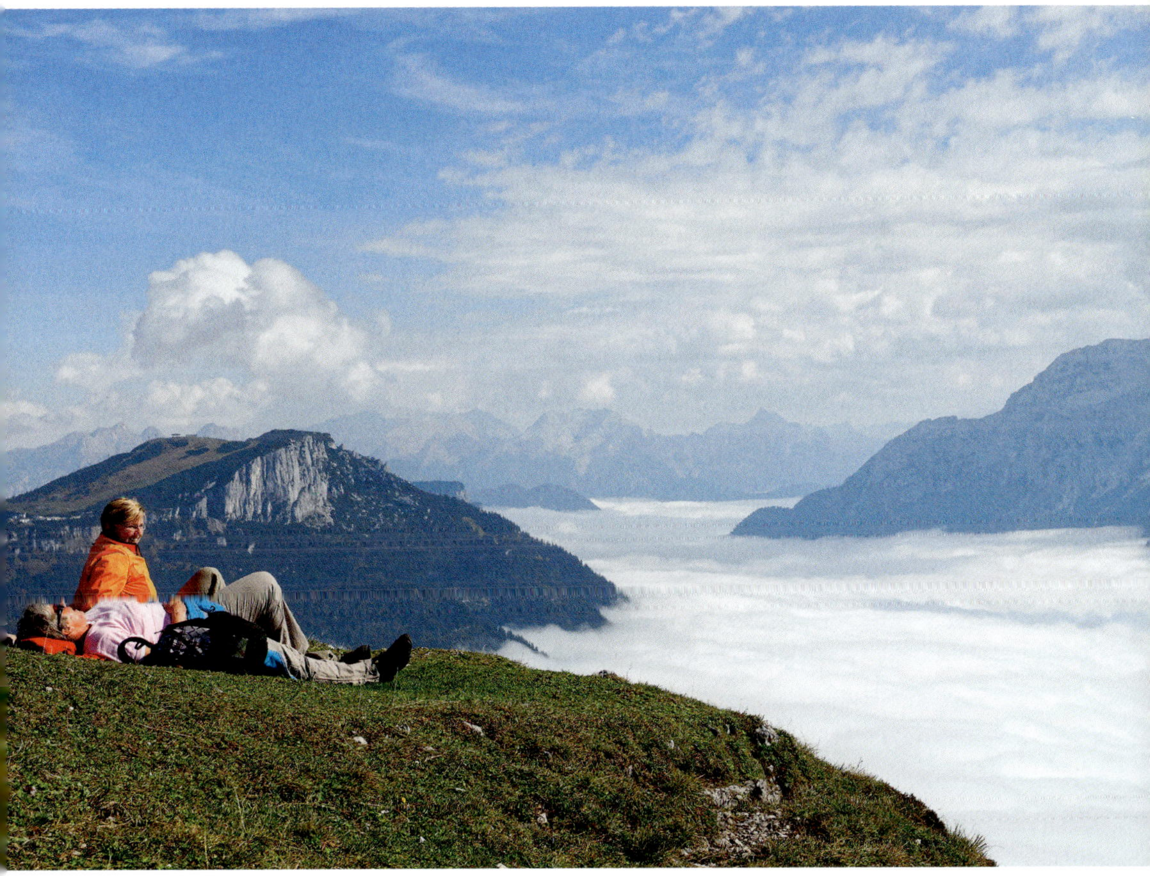

17

Aufs Dürrnbachhorn

Entdeckung der Langsamkeit

Schwer 3.30 Std. 200/600 Hm 6,2 km

Besonderer Genuss: Aussicht

Tourencharakter
Konditionell wenig anstrengende Bergtour; der Anstieg ist mit Hilfe des Sessellifts kurz, aber steil. Entlang des Kamms muss man schwindelfrei sein.

Ausgangs-/Endpunkt
Talstation Dürrnbachhornlift
GPS: 47.6595 N, 12.5838 O

Anfahrt
Auto: A 8 bis Ausfahrt Übersee, über Marquartstein nach Reit im Winkl, weiter Richtung Ruhpolding, bei Seegatterl rechts auf die gebührenpflichtige Mautstraße zu den Winklmoosalmen und zum Parkplatz am Dürrnbachhornlift
Bus & Bahn: Mit dem Zug von München nach Prien, dann mit dem Anschlussbus nach Reit im Winkl, von dort Busse zur Winklmoosalm

Gehzeiten
Bergstation – Gipfel 30 Min., Gratwanderung 30 Min., Abstieg Gimplingsattel 20 Min., bis Wildalm 40 Min., Rückweg 1.30 Std.

Einkehr
Ein Paradeberg für ein selbst mitgebrachtes Picknick. Unterwegs Panorama Wirtshaus, Wildalm und Gaststätten auf dem Gebiet der Winklmoosalm

Karte
Kompasskarte 1:50 000, Nr. 14 Berchtesgadener Land/Chiemgauer Alpen

Information
www.reitimwinkel.de

Diese Wanderung aufs Dürrnbachhorn und durch Latschenfeldern über den Grat und über blühende Almwiesen entschleunigt völlig. Dazu trägt gleich zu Beginn die Auffahrt im nostalgischen Sessellift bei. Den Rest des Tages verbringen wir dann einfach im Zeitlupentempo, denn so viel Aussicht will einfach ausgiebig genossen werden!

Nostalgie-Fahrt Den Großteil des Aufstiegs ersparen wir uns und genießen die langsame, fast 20-minütige Auffahrt mit dem nostalgischen Dürrnbachhornlift von der Ⓐ **Talstation** bis hinauf auf 1610 Meter Höhe. Oben angekommen, lockt das Pano-

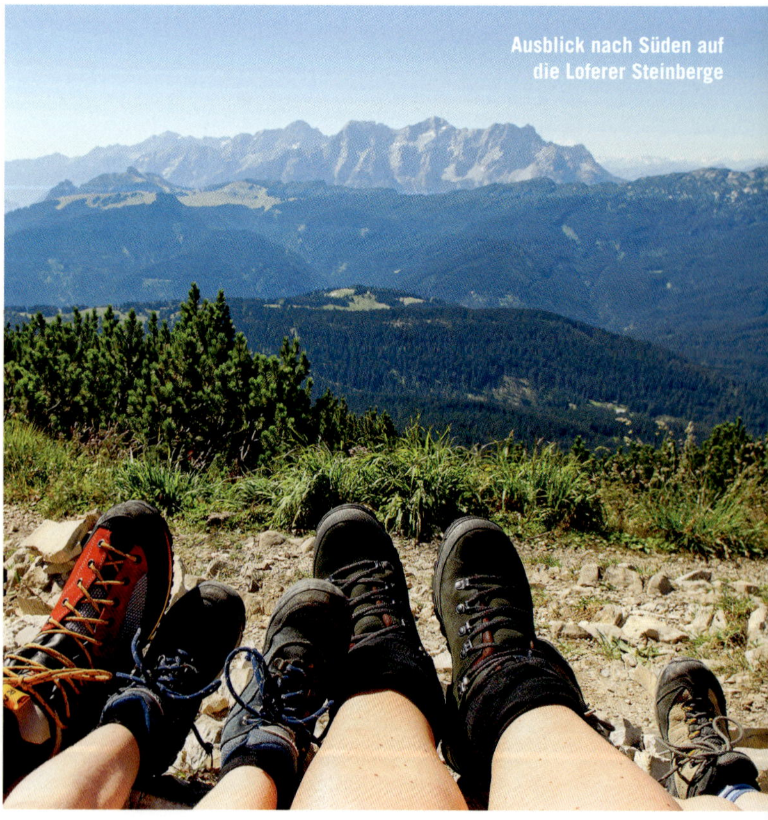

Ausblick nach Süden auf die Loferer Steinberge

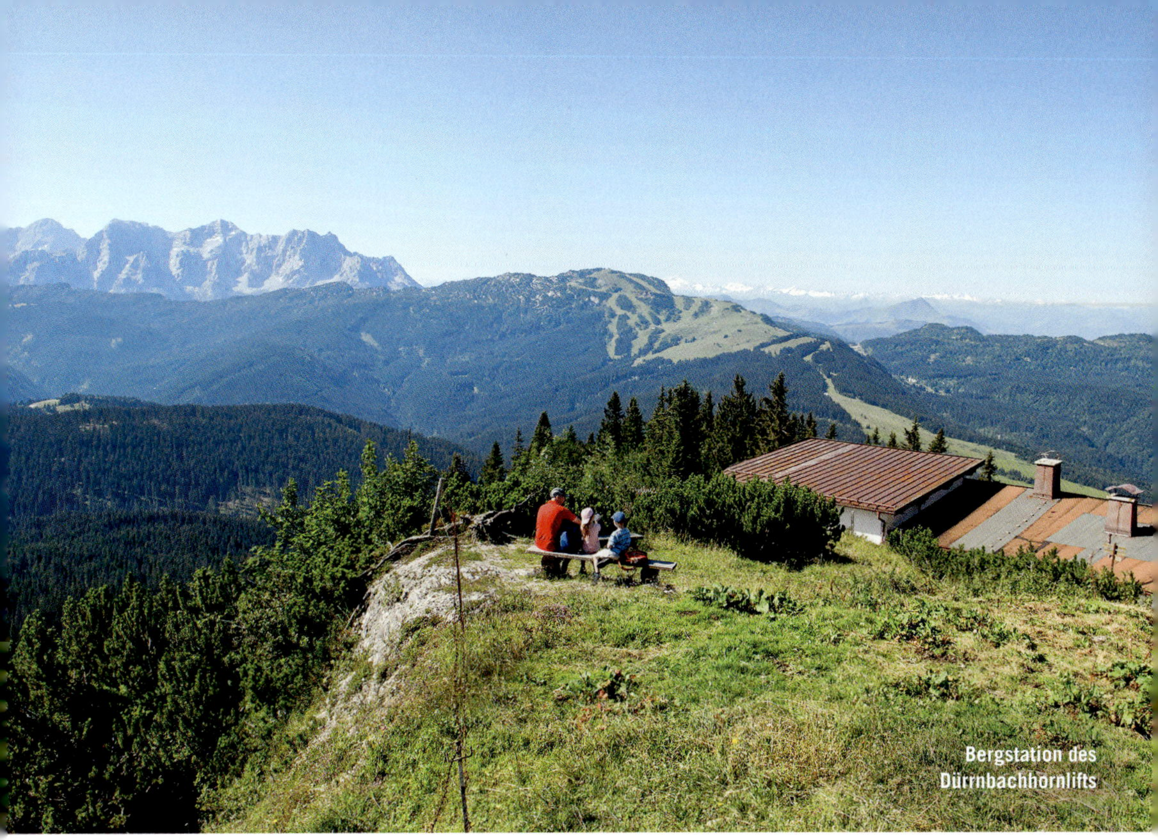

Bergstation des Dürrnbachhornlifts

rama-Wirtshaus, das seinem Namen alle Ehre macht, zur Einkehr. Aber wir wollen auch wandern und steigen deshalb nun sehr steil im Zickzack bis zum Gipfel hinauf. Es gibt auf dem Weg keinen Schatten, und wir kommen definitiv ins Schwitzen. Wer sich jetzt nicht ab und an umdreht, fragt sich, wo diese Tour genussvoll sein soll? Aber bei der Aussicht vergisst man jede Mühe. Und ehe wir uns versehen, stehen wir schon im Latschenfeld, das den 1 **Dürrnbachhorngipfel** umgibt. Jetzt ist Zeit für eine ausgedehnte Schaurast!

Spannung darf sein Vom Gipfel wandern wir am Grat entlang Richtung Osten. Hier kommen wir nun zu der einzigen Stelle, wo wir schwindelfrei sein sollten und aufpassen müssen. Der Pfad ist nicht übermäßig breit, und nach links fällt die felsige

360°-Panorama

Vom Gipfelkreuz des Dürrnbachhorns aus genießen wir ein tolles 360°-Panorama. Wir stehen an der Grenze zwischen den Tiroler Bergen, den Bergen des Salzburger Lands und den Chiemgauer Bergen. Im Norden, unter uns im Tal, liegen die Seen entlang der Deutschen Alpenstraße, im Süden erheben sich die Loferer und die Leoganger Steinberge, und im Vordergrund dominiert die Steinplatte, zu deren Füßen sich die Winklmoosalm breitmacht. Das Kitzbüheler Horn ist leicht durch seinen Antennenwald auf dem Gipfel auszumachen, dahinter schimmert weiß die Schneeflanke des Großvenedigers.

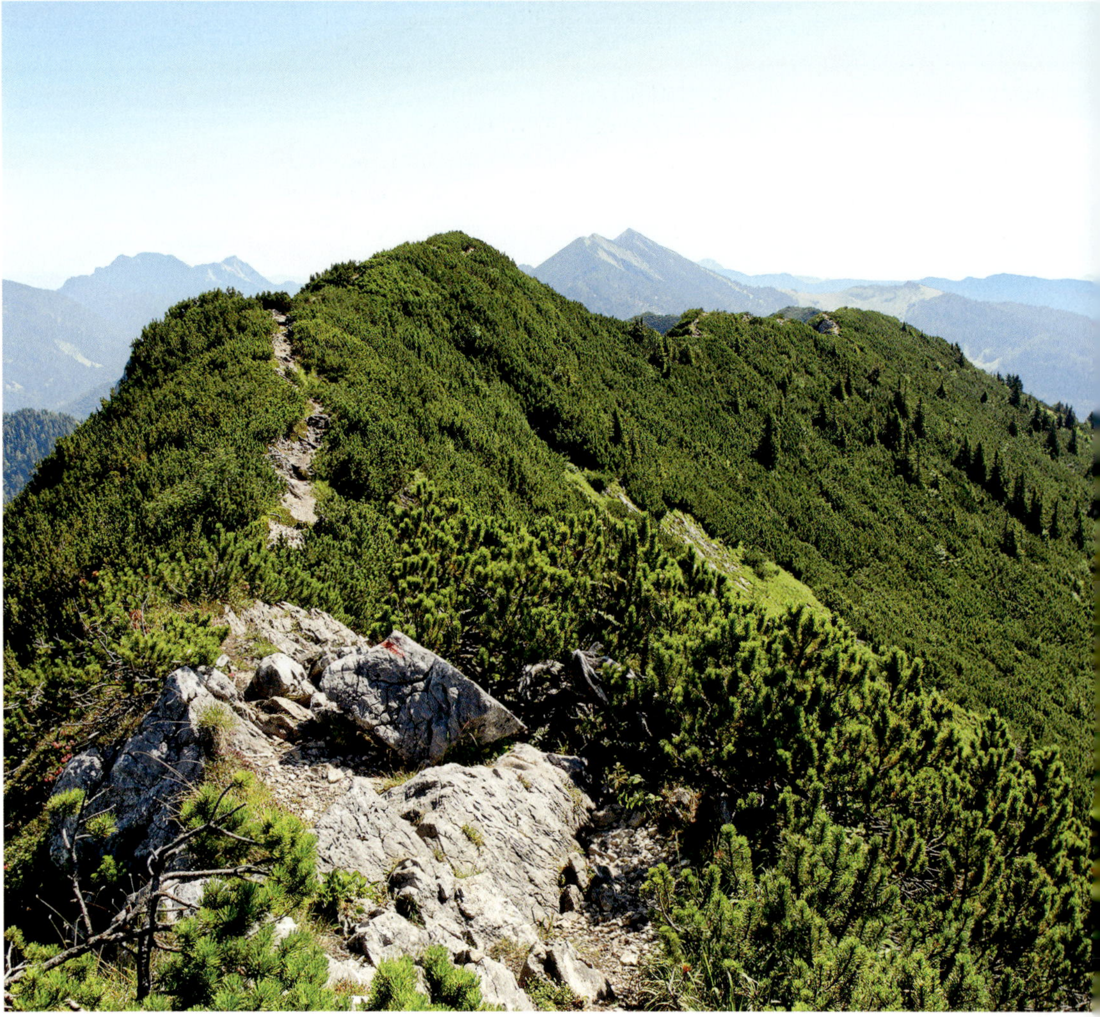

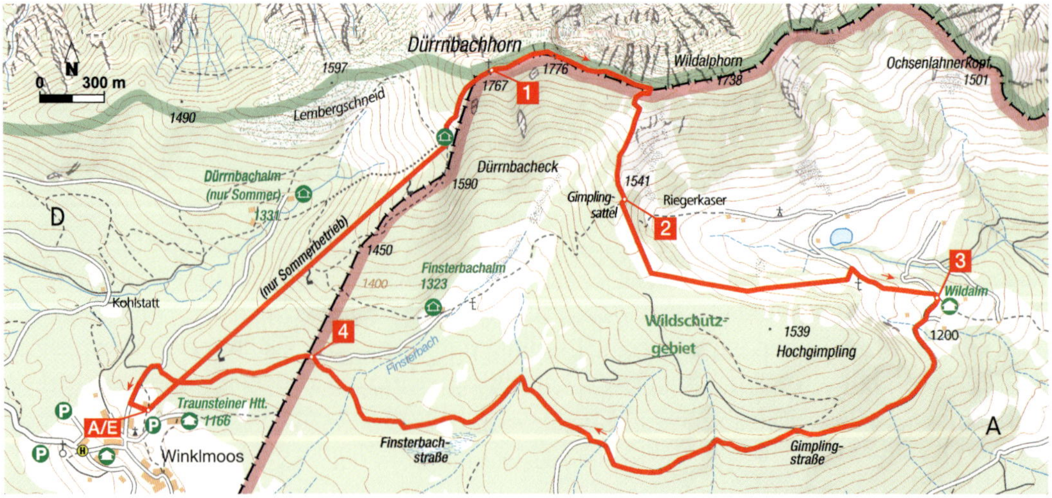

Dürrnbachhorn
N
0 300 m
1597
1490
Lembergschneid
1767
1776
1
Wildalphorn
1738
Ochsenlahnerkopf
1501
Dürrnbachalm
(nur Sommer)
1331
D
Dürrnbacheck
1590
1541
Gimpling-
sattel
Riegerkaser
2
(nur Sommerbetrieb)
1450
1400
Finsterbachalm
1323
3
Wildalm
Kohlstatt
4
Wildschutz-
gebiet
1539
Hochgimpling
1200
Finsterbach
Traunsteiner Htt.
1166
A/E
P
Winklmoos
Finsterbach-
straße
Gimpling-
straße
A

Bergflanke steil hinab. Ein bisschen Mut und Spannung gehören dazu. Wem das nichts ausmacht, der darf sich über den alpinen Weg mit grandioser Aussicht freuen.

Bald wendet sich unser Weg nach rechts abwärts, weg vom Kamm zum 2 **Gimplingsattel** mit der Bergstation eines Skilifts. Der schnellste Weg zurück zur Talstation des Dürrnbachsessellifts führt rechts über die bereits sichtbare Finsterbachalm.

Linke Seite: Der Gratweg führt durch Latschenfelder.

Abstieg über die Wildalm Unsere Abstiegsvariante folgt jedoch weiter der abknickenden Lifttrasse und führt über den Almboden der Wildalmen zu einer Almstraße, auf der wir rechts weiterwandern. So erreichen wir die 3 **Wildalm**, die sich zu einer Einkehr anbietet.

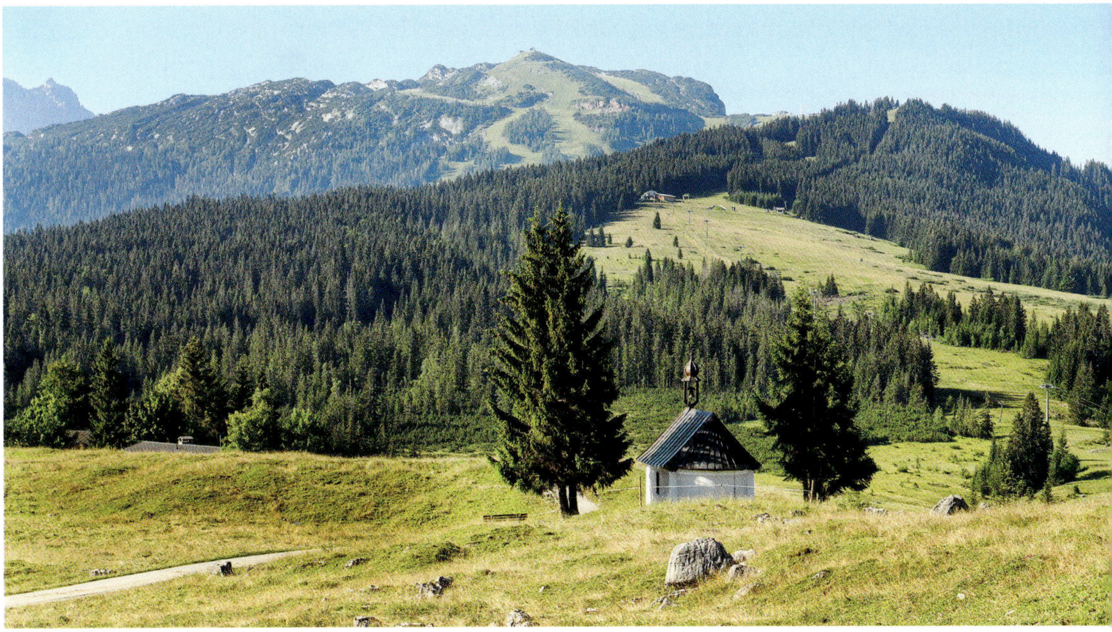

Auf der Winklmoosalm

Von der Alm gehen wir zur Kreuzung zurück und biegen nach links auf die breite Forststraße ab. Nun geht es ohne große Anstrengung an der Südflanke des Hochgimplings entlang. Nach einem Brunnen teilt sich der Weg: Rechts steigen wir noch etwas auf und treffen direkt an der Grenze auf den 4 **Weg**, der von den Finsterbachalmen kommt. Wir halten uns links und betreten wieder bayerischen Boden; der Weg leitet dabei unter der Lifttrasse hindurch zu einer geteerten Bergstraße. Links abwärts erreichen wir wenige Minuten später wieder die E **Talstation** der Sesselbahn. Nun können wir den restlichen Tag noch entspannt auf der Winklmoosalm verbringen.

18

Über die Winklmoosalm

Über sanfte Höhen

Leicht | 2 Std. | 120 Hm | 6,2 km

Besonderer Genuss: Kultur am Wegrand

Tourencharakter
Rundtour im leichten Auf und Ab, für die keine große Kondition nötig ist. Die Wanderwege sind bestens markiert, gut ausgebaut und angelegt.

Ausgangs-/Endpunkt
Parkplatz Winklmoosalm
GPS: 47.6574 N, 12.5792 O

Anfahrt
Auto: A 8 bis Ausfahrt Übersee, über Marquartstein nach Reit im Winkel, Richtung Ruhpolding und bei Seegatterl rechts auf die Mautstraße zu den Winklmoosalmen; dort großer Parkplatz. Alternativ in Seegatterl parken und den Lift hinauf wählen
Bus & Bahn: Mit dem Zug von München nach Prien, Anschlussbus nach Reit im Winkl, von dort Busse zur Winklmoosalm

Gehzeiten
Zur Muckklause 1 Std., Rückweg über die Möserstube 1 Std.

Einkehr
Berggasthaus Almstüberl; Berggasthof Sonnenalm (großer Spielplatz); Alpengasthof Winklmoosalm (etwas oberhalb unseres Wegs)

Karte
Kompasskarte 1:50 000, Nr. 14 Berchtesgadener Land/ Chiemgauer Alpen

Information
www.reitimwinkel.de

Die Winklmoosalm, ein paradiesisches Plateau, liegt auf fast 1200 Metern Höhe unweit von Reit im Winkel zwischen Dürrnbachhorn und Kammerköhrplatte. Die traumhaft schöne Hochalm ist Ausgangspunkt zahlloser kurzer und längerer Wanderungen, die alle eines gemeinsam haben: tolle Aussichten und schöne Einkehrmöglichkeiten.

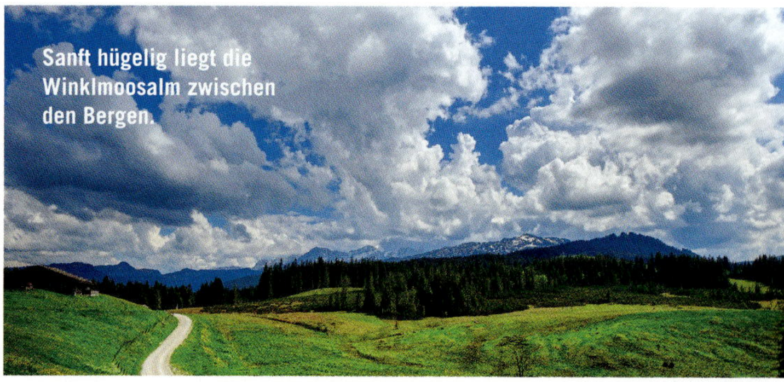
Sanft hügelig liegt die Winklmoosalm zwischen den Bergen.

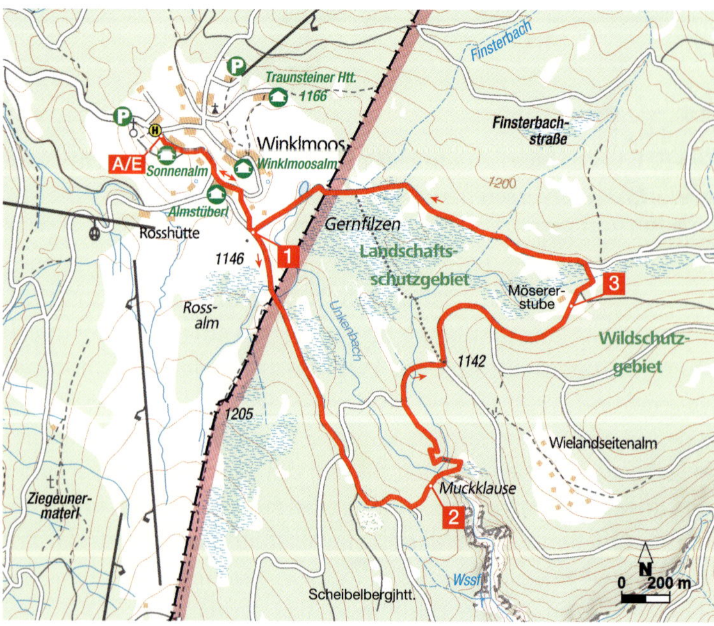

Zur Muckklause Unbeschreiblich schön ist die Winklmoosalm und deshalb sehr beliebt. Wer keine Lust auf stressige Parkplatzsuche hat, der kann sein Auto auch schon unten am Seegatterl parken und dann mit der Gondelbahn zur Winklmoosalm hinauffahren. Wer mit dem Auto oder Bus ankommt, startet am großen Ⓐ **Parkplatz**. Die Seilbahnfahrer folgen von der Bergstation der Almstraße, die in einer Rechtskurve unterhalb der großen Berggasthöfe entlangführt. Alle anderen folgen dem breiten Wanderweg und passieren die Sonnenalm und dann das Almstüberl.

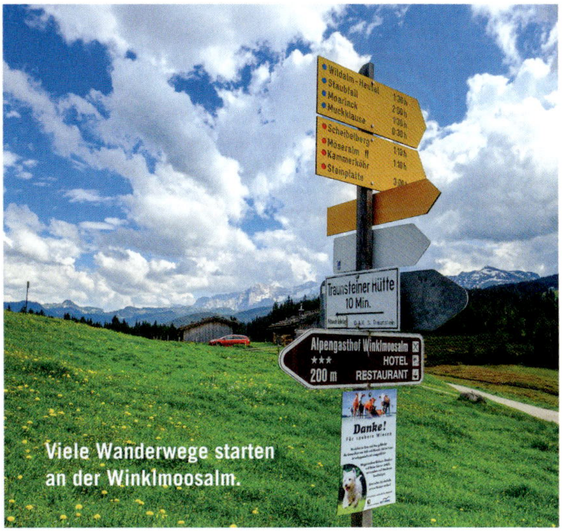

Viele Wanderwege starten an der Winklmoosalm.

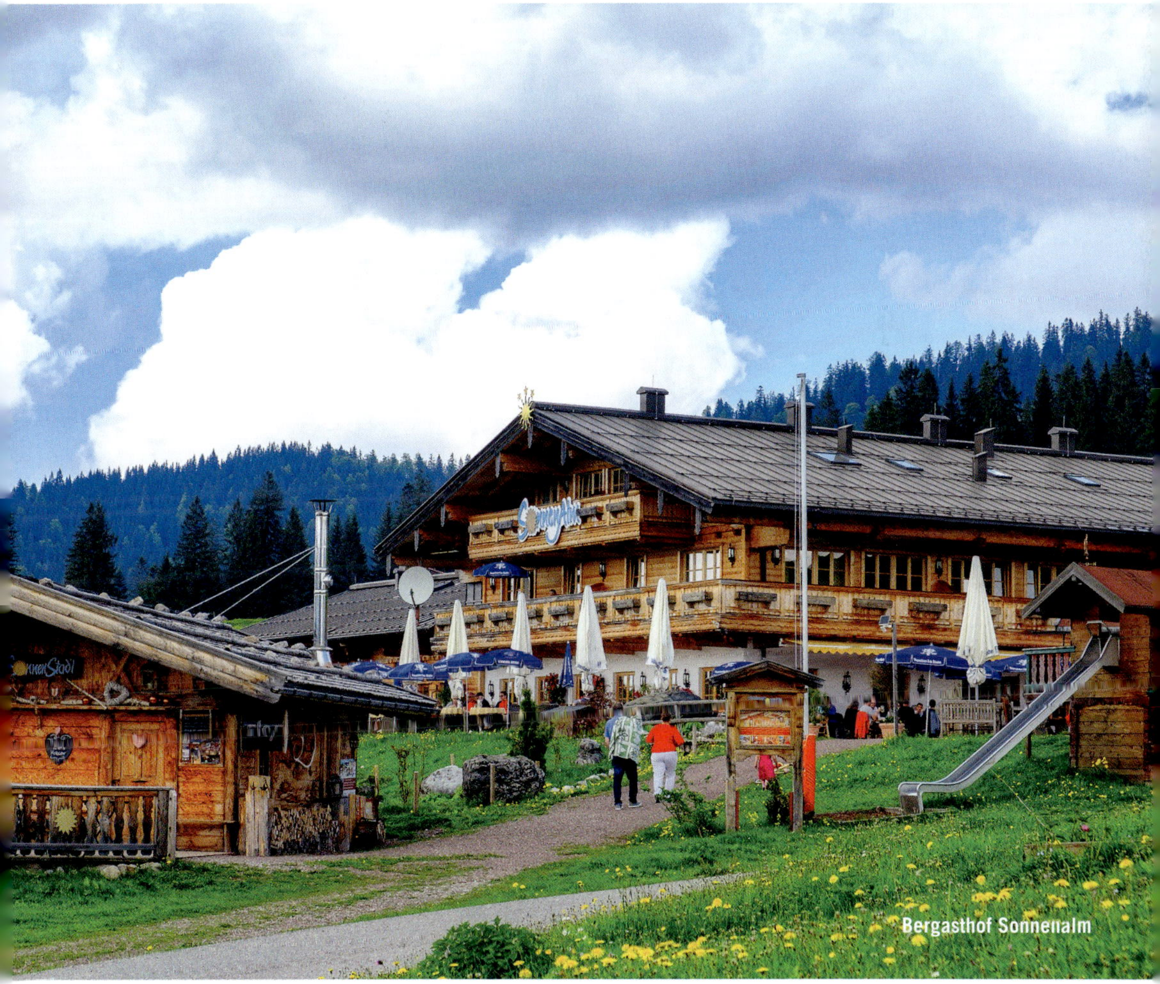
Bergasthof Sonnenalm

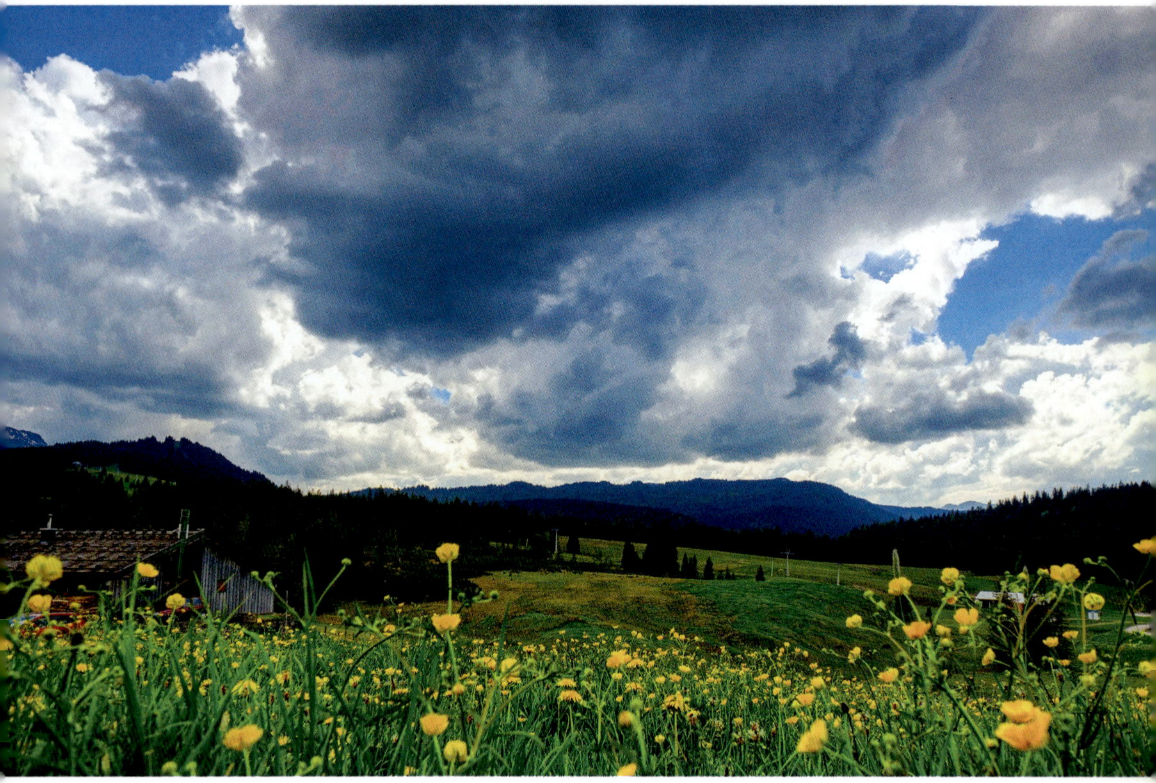

Die Regenwolke zieht vorüber.

Unser Weg zur Muckklause ist als Wanderweg Nr. 8 perfekt ausgeschildert. Gleich zu Beginn freuen wir uns über die saftigen Almwiesen. Rechts blitzt die Steinplatte empor, links erhebt sich das Dürrnbachhorn, und über uns wölbt sich der wei-

Die Muckklause

Sie wurde bereits 1626 erstmals erwähnt und 1792 aus rotem Marmor erbaut. Als Talsperre für die Holztrift staute man an ihr das Wasser des Unkenbachs auf, um die vielen Baumstämme, die rund um die Winklmoosalm geschlagen wurden, transportieren zu können.

Das Holz wurde als Brennmaterial für die Salinen in Bad Reichenhall benötigt, in denen das salzhaltige Wasser, die Sole, in großen Siedepfannen erhitzt wurde, um wieder Salz zu erhalten. Für den Transport warf man die Stämme ins trockene Bachbett unterhalb der Klause. Wenn genug Holz gesammelt war, öffnete man die Klause und erzeugte mit dem großen Wasserschwall eine künstliche Überschwemmung, die das Holz aus den Bergen bis zur Salzach hinaus triftete, wo es dann gebündelt seine Weiterfahrt bis nach Reichenhall fortsetzte.

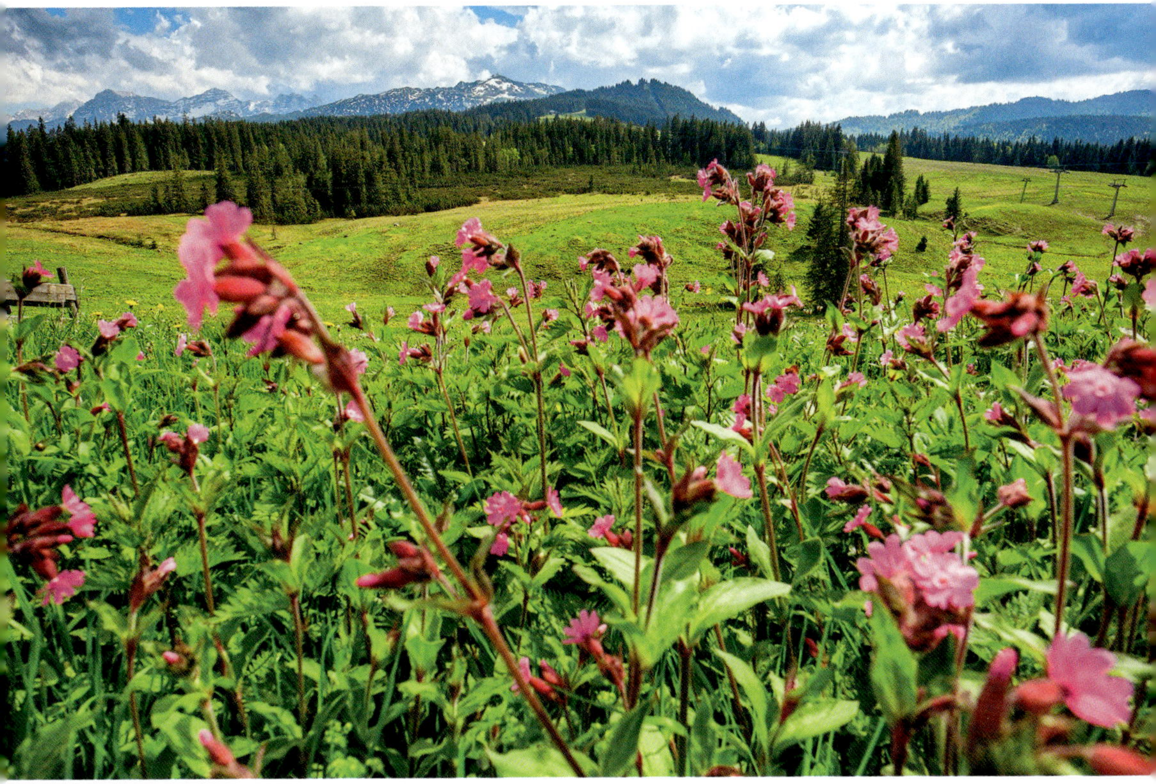

te Himmel. Wir sind im Wanderparadies! Wenige Meter nach dem Almstüberl biegen wir links ein und wandern abwärts zur ❶ **Weggabelung**, zu der auch die Seilbahnfahrer stoßen. Wir bleiben geradeaus und steuern auf den Wald zu. Dabei passieren wir die österreichische Grenze ins Salzburger Land. Links von uns liegt ein kleines Hochmoor, auf dem nur krüppelige Bäumchen gedeihen. Dann sind wir im Wald und stoßen erneut an eine Weggabelung. Für ca. 300 Meter bleiben wir noch geradeaus und folgen dann links der Beschilderung auf einen kleineren Weg. Die ❷ **Muckklause**, zu der wir über ein paar Stufen abwärts steigen, liegt mitten im Wald und ist schnell erreicht (s. Tippkasten).

Im Frühling blühen die Wiesen der Winklmoosalm besonders schön.

Über die Möserstube Nach der Besichtigung geht es in Wanderrichtung weiter. Unser Weg mündet in eine Forststraße, der wir nun nach rechts zur ❸ **Möserstube**, einer ehemaligen Holzknechtstube, folgen. Ein Stück dahinter biegen wir links in den Forstweg ein, der uns durch lichten Bergwald, vorbei an einem Weiher, wieder zu der ❶ **Weggabelung** bringt, die wir schon vom Hinweg kennen. Jetzt ist es nicht mehr weit, und wir erreichen wieder unseren Ausgangspunkt, den großen Ⓔ **Parkplatz**.

19

Zur Unternbergalm

Bergauf oder bergab?

Mittel | 2 Std. | 600 Hm | 5 km

Besonderer Genuss: Einkehr

Tourencharakter
Die Strecke führt über ein kleines Almsträßchen und – wer möchte – über steiler ansteigende Berg- und Wiesenpfade. Technisch keine Schwierigkeiten. Ein Teil der Strecke kann mit dem Lift zurückgelegt werden (Abstieg).

Ausgangs-/Endpunkt
Talstation der Unternbergbahn
GPS: 47.7380 N, 12.6307 O

Anfahrt
Auto: A 8 bis Ausfahrt Siegsdorf, weiter nach Ruhpolding und am Südende des Orts links; die Unternbergbahn ist ausgeschildert.
Bus & Bahn: Mit der Bahn bis Ruhpolding, dann weiter mit dem Bus

Gehzeiten
Raffneralm 15 Min., Aufstieg zur Unternbergalm 1.35 Std., Abstecher zum Gipfel 10 Min. retour

Einkehr
Neben der Unternbergalm liegen entlang der Strecke noch die Berggaststätte Raffneralm (Mi/Sa Ruhetage) und die urige Boideralm (nur im Sommer).

Karte
Kompasskarte 1:50 000, Nr. 14 Berchtesgadener Land/ Chiemgauer Alpen

Information
www.ruhpolding.de

Neben dem Rauschberg ist der Unternberg der zweite Hausberg von Ruhpolding. Auch auf seinen Gipfel führt eine Bahn, ein Doppelsesselllift, für den wir uns entweder als Auf- oder als Abstiegshilfe entscheiden.

Zur Raffneralm Unser Ziel ist heute die Unternbergalm neben dem kleinen Gipfel. Da wir dort sicherlich gemütlich auf der Sonnenterrasse sitzen werden, lohnt es sich, vor der Kalorienzufuhr etwas sportlich unterwegs zu sein. Deshalb steigen wir zu Fuß die 600 Höhenmeter hinauf und schweben dann lieber mit vollem Bauch im Lift zurück ins Tal.

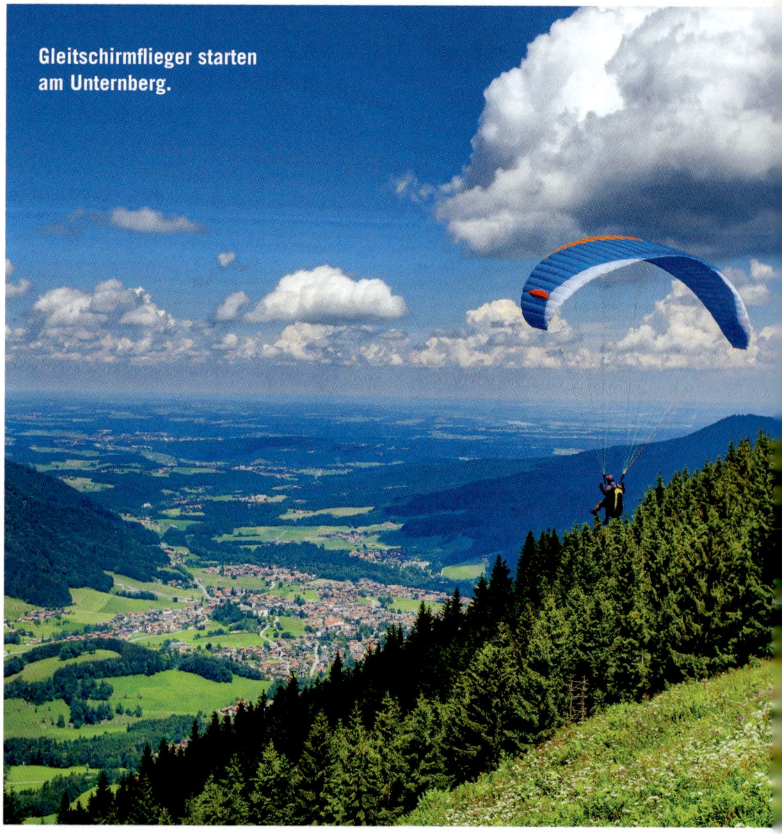
Gleitschirmflieger starten am Unternberg.

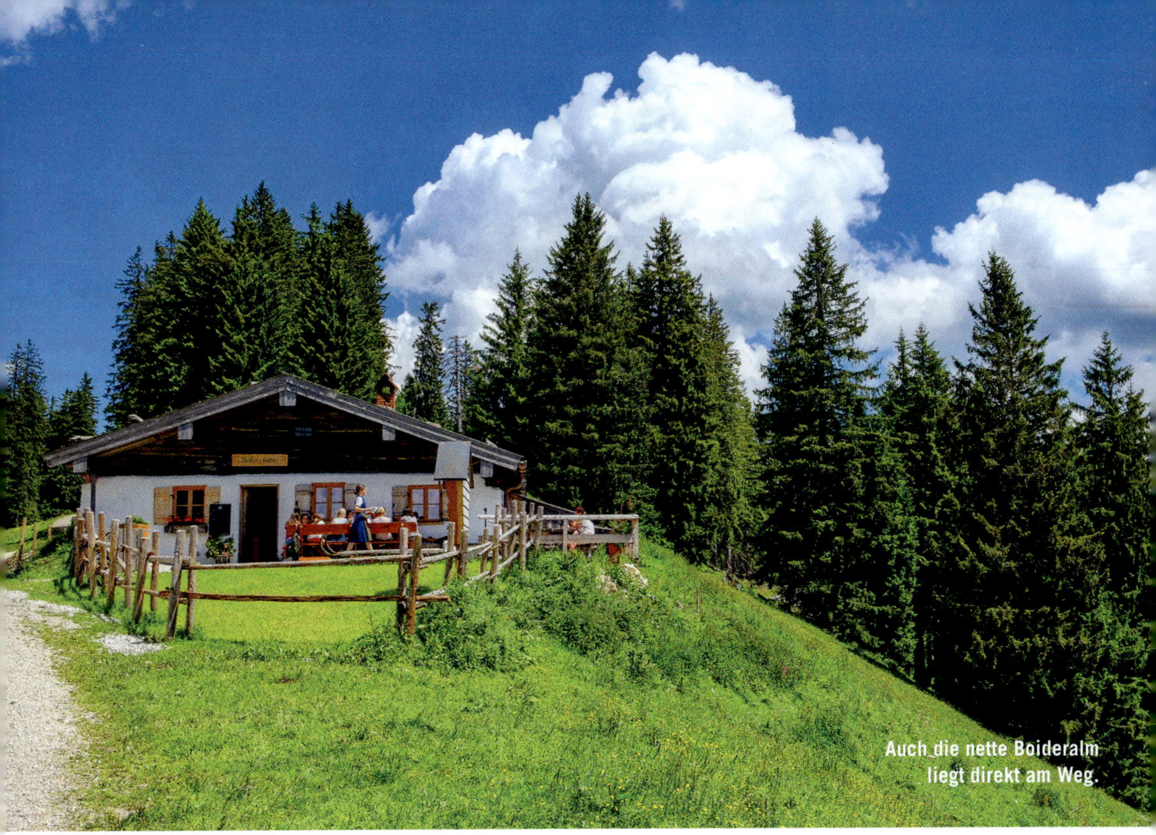

Auch die nette Boideralm liegt direkt am Weg.

Los geht es an der A Talstation der Unternbergbahn, wo wir der kleinen Almstraße folgen, die rechts davon beginnt. Sie führt kurz darauf unter dem Lift hindurch, dann passieren wir die Berggaststätte 1 Raffneralm.

Langsam wird's steiler Kurz danach verlassen wir die Almstraße nach rechts auf einen kleinen Wanderweg in den Wald, mit dem wir die Almstraße abkürzen können. Auf diese treffen wir nach einer Weile wieder und folgen ihr nach rechts. So erreichen wir die 2 Gschwendtboden-Diensthütte.

Ab hier geht es sonnig weiter. Wahlweise können wir nun weiter der Almstraße folgen oder kürzer, aber deutlich steiler den Aufstieg über den Alten Steig wagen.

Aussicht mit drei »K«

Neben der Bergstation liegt die Unternbergalm. Sie wurde frisch renoviert (2018) und ist ein echtes Highlight, urgemütlich durch Altholz und mit einem grandiosen Panorama durch die riesigen Fensterscheiben. Die Chiemgauer und die Loferer Steinberge und der Wilde Kaiser scheinen zum Greifen nahe, aber auch die Sicht ins Tal ist uneingeschränkt. Auch sattessen kann man sich hier, selbstverständlich stehen die drei »K« auf der Speisekarte: Kaspressknödel, Kaiserschmarrn und Kässpatzn. Zudem gibt's leckere Brotzeiten, Kaffee und Kuchen, und sogar frühstücken können wir auf 1420 m Höhe – traumhaft schön vor allem auf der lässig ausgestatteten Sonnenterrasse.

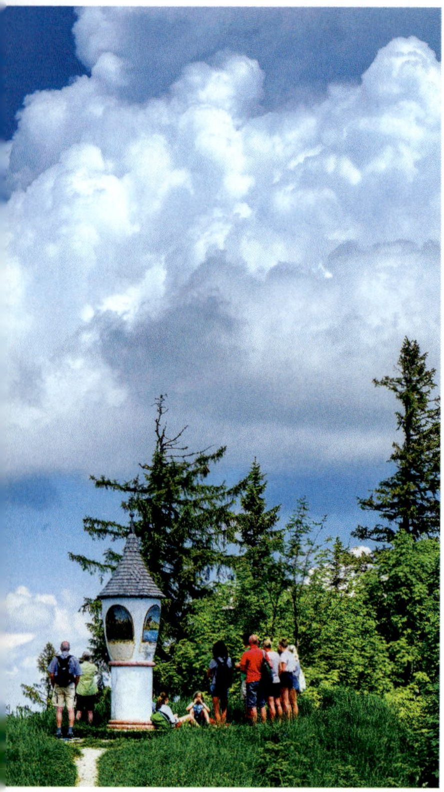

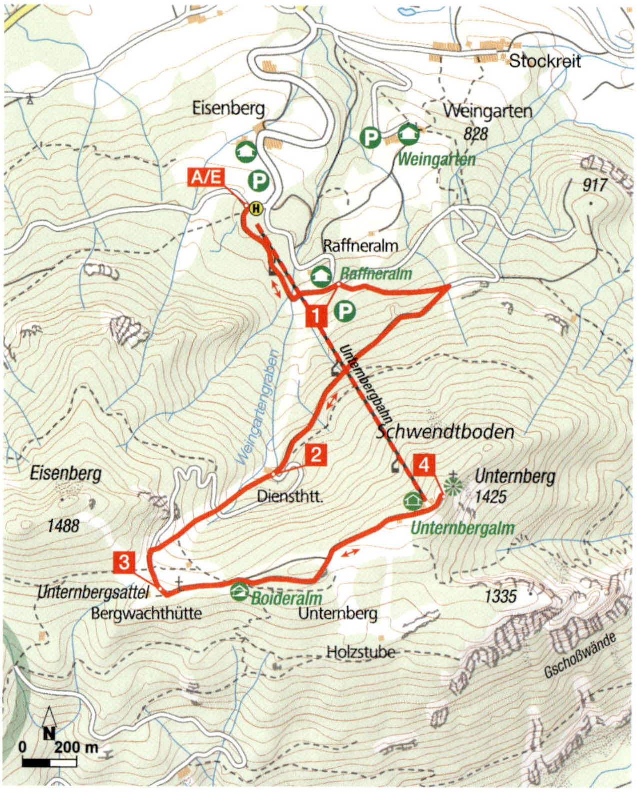

Stockreit
Eisenberg
Weingarten
828
Weingarten
917
A/E
Raffneralm
Raffneralm
1
Unternbergbahn
Weingartengraben
Schwendtboden
2
Eisenberg
1488
Diensthtt.
4
Unternberg
1425
Unternbergalm
3
Unternbergsattel
Bergwachthütte
Boideralm
Unternberg
1335
Holzstube
Gschoßwände
N
0
200 m

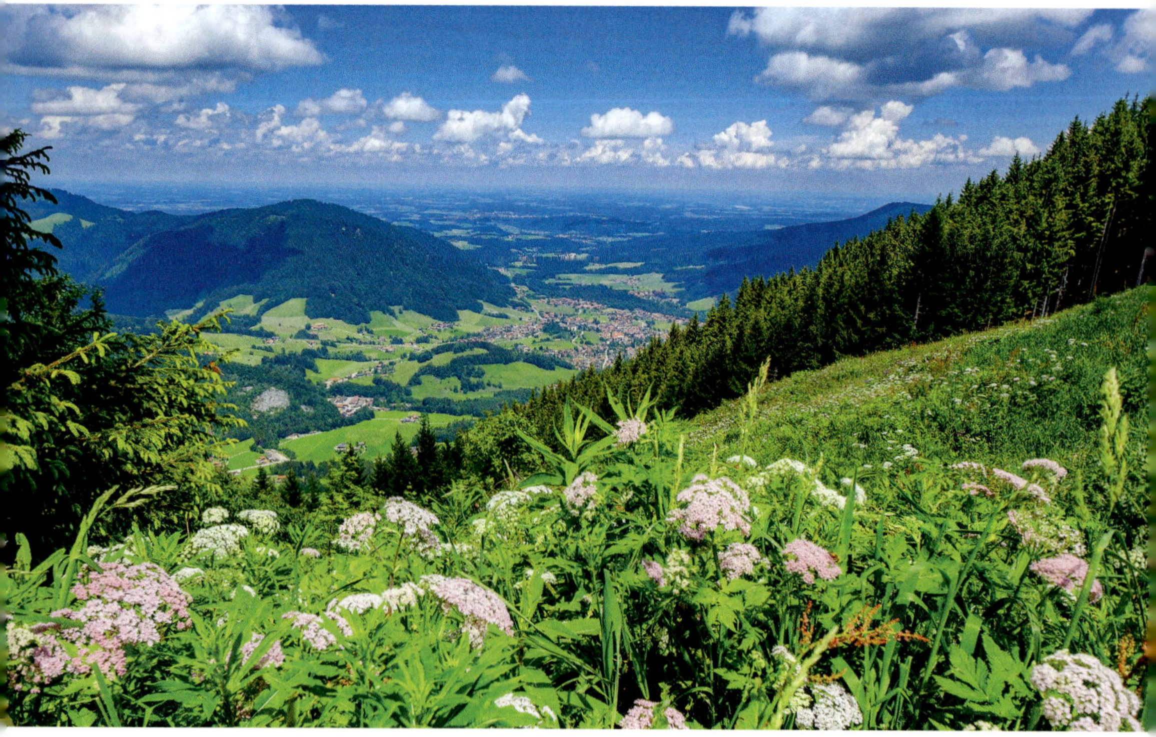

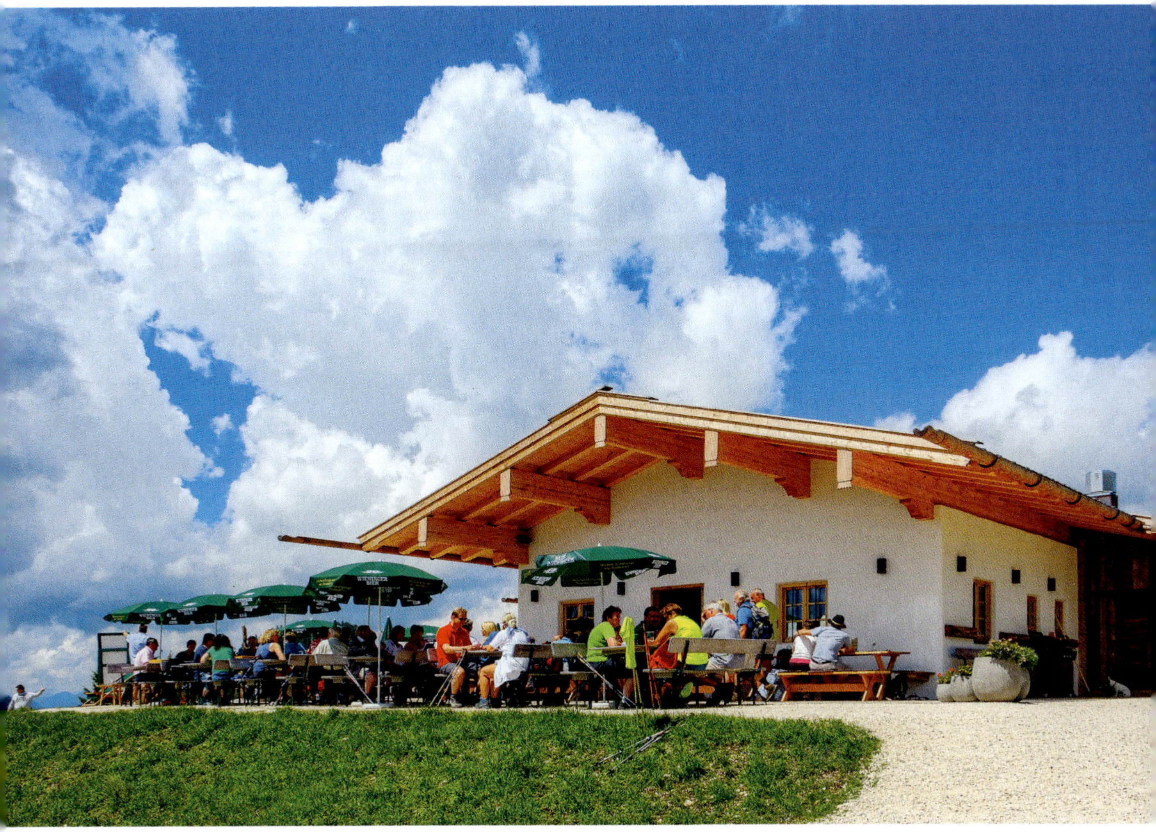

Er führt ziemlich geradeaus direkt über die Almwiese hinauf und quert dabei noch einmal die Almstraße. Erst am Schluss folgen wir wieder der Almstraße. Diese beschreibt einen Linksbogen, und wir passieren einige Almhütten am ❸ **Unternbergsattel**.

Finale Nun ist es nicht mehr weit. Vorbei an der mit Steinplatten gedeckten Boideralm, deren liebevoller Almgarten schon zu einer verfrühten Einkehr lockt, geht es die letzten 20 Minuten hinauf zur ❹ **Unternbergalm**.
Bevor wir es uns aber in einem der Liegestühle gemütlich machen, wollen wir noch den Gipfel besuchen. Ihn erreichen wir auf einem kleinen Pfad, der hinter der Bergstation der Unternbergbahn startet. Mit einem hübschen Bildstock markiert, erlaubt uns der Gipfel einen schönen Blick in den Ruhpoldinger Talkessel.
Danach haben wir uns die Einkehr wirklich verdient. Nur die letzte Talfahrt sollten wir nicht versäumen, denn sonst geht es wieder zu Fuß auf demselben Weg den Berg hinab zur Ⓔ **Talstation der Unternbergbahn**.

Die Unternbergalm ist das Ziel unserer Wanderung.

Linke Seite oben: Der Bildstock markiert den Unternberg-Gipfel.

Linke Seite unten: Von der Unternbergalm genießen wir auch die weite Sicht ins Tal.

20 Auf dem Rauschberg

Kinderparadies und Panoramaschau

Leicht | 2 Std. | 150 Hm | 4 km

Besonderer Genuss: Aussicht

Tourencharakter
Mithilfe der Seilbahn leichte Bergtour. Sie eignet sich hervorragend für Familien, denn es gibt einen Holzgeisterweg mit Spielestationen, der mit Kinderwagen befahrbar ist. Nur der Aufstieg zum Hinteren Rauschberg führt über einen felsigen Bergpfad, für den man trittsicher sein muss.

Ausgangs-/Endpunkt
Bergstation Rauschbergbahn
GPS: 47.7325 N, 12.6829 O

Anfahrt
Auto: A 8 bis Ausfahrt Siegsdorf und weiter nach Ruhpolding; die Talstation der Rauschbergbahn liegt südlich des Orts und ist ausgeschildert.
Bus & Bahn: Mit der Bahn bis Ruhpolding, dann weiter mit dem Bus

Gehzeiten
Panoramaweg insgesamt 1 Std., Erweiterung/Abstecher Hinterer Rauschberggipfel 1 Std.

Einkehr
Neben der Bergstation liegt das Rauschberghaus mit seiner großen Terrasse, das sich genauso zur Einkehr anbietet wie im Tal das Gasthaus Taubensee.

Karte
Kompasskarte 1:50 000, Nr. 14 Berchtesgadener Land/Chiemgauer Alpen

Information
www.ruhpolding.de

Der Rauschberg ist der Hausberg von Ruhpolding. Zu Fuß bis zu seinem Gipfel ist es eine ganze Meile. Zum Glück gibt es eine Gondelbahn, die uns schnell und einfach auf diesen herrlichen Aussichtsberg bringt. So bleibt oben genug Zeit für eine Panoramawanderung auf der Kunstmeile oder auf dem Holzgeisterweg.

Schwebend aufwärts Wir machen uns ganz bequem auf den Weg und schweben ohne jede Anstrengung 1000 Höhenmeter

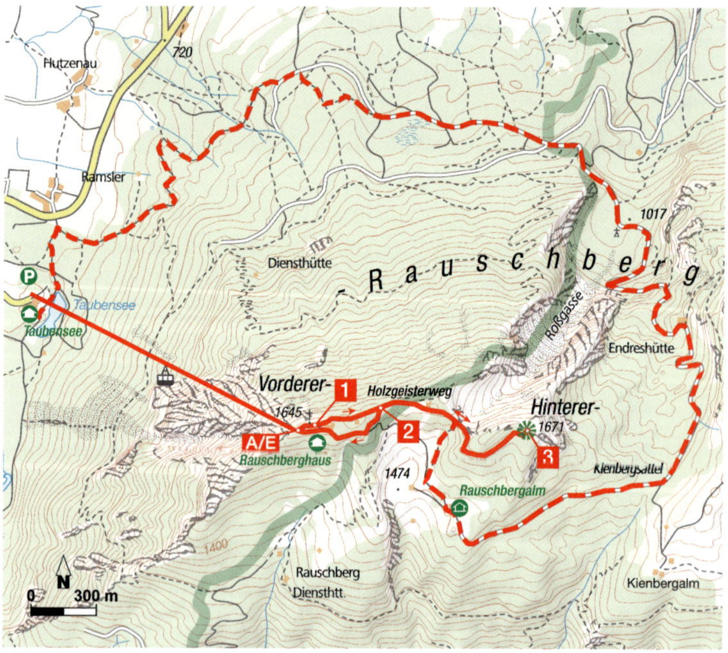

hinauf bis zur **A** **Bergstation der Rauschbergbahn**. Dort beginnt unsere eigentliche Tour – wobei wir uns vor lauter Schauen zunächst noch gar nicht wirklich vom Panorama losreißen wollen. Aber versprochen, die schöne Aussicht bleibt. Gleich neben der Bergstation liegt der **1** **Vordere Rauschberggipfel**, auf den wir in weniger als 10 Minuten steigen. Dann folgen wir dem aussichtsreichen Bergpfad, der am Startplatz der Gleitschirmflieger und am Kunstwerk »Adams Hand« vorbeiführt, das von dem Künstler Angerer dem Jüngeren stammt. Das große Rauschberghaus lassen wir dabei rechts liegen, für eine Einkehr kommen wir hierher später zurück. Leicht abwärts wandernd, erreichen wir an der ❷ **Erlebnisstation Hohler Baum** den Beginn des Holzgeisterwegs. Viele lustige Holzfiguren säumen den Weg, dazu gibt es jede Menge Geschichten, Spielemöglichkeiten und Kraxelfelsen, was alle Kinder freuen wird. Aber auch Erwachsene erfahren viel Wissenswertes über den Bergwald und seine Schutzfunktion.

Da geht noch was Die Runde ist fast zu schnell vorbei, und so steigen wir – je nach Lust und Laune – noch zum ❸ **Hinteren Rauschberggipfel** auf. Das dauert gerade einmal einfach 30 Minuten, allerdings sollte man schon trittsicher sein, denn der Weg führt über kleine Felsstufen.

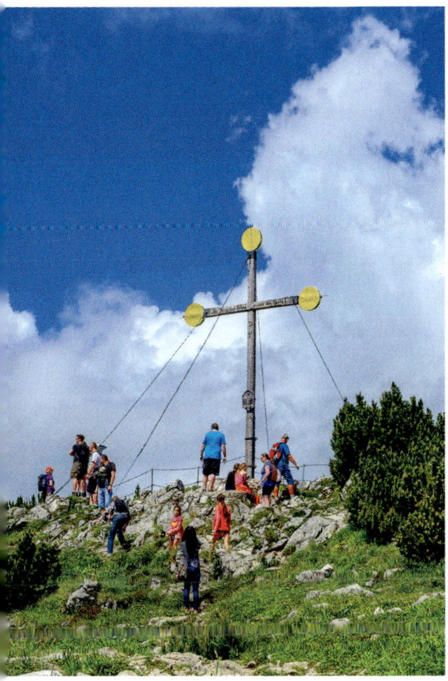

Der vordere Rauschberg-Gipfel ist mit wenigen Schritten erreichbar.

Vom Watzmann zum Drachenkönig

Wunderbar ist die Aussicht auf das große Talbecken von Ruhpolding, am Horizont glänzt der Chiemsee. Noch beeindruckender ist der Blick nach Süden, denn dort erheben sich unzählige Gipfel: vom Watzmann über die Leoganger Berge hin zu den Hohen Tauern und den Zillertaler Alpen. Daneben begeistern die Chiemgauer Berge und der nahe Wilde Kaiser. Auch Kinder – von der Alpen-Gala meist unbeeindruckt – haben viel zum Schauen: Der Rauschberg ist nämlich ein beliebtes Revier für Drachenflieger und Gleitschirmpiloten, und so liegen unweit des Gipfels gleich mehrere Startrampen, um die sich die Flugsportler nur so tummeln.

Beim Rückweg vom Gipfel auf der Almstraße liegt dann für Kinder ein Spieleland an der Strecke. Aber auch das Rauschberghaus mit seiner nach Süden ausgerichteten Terrasse ist ein gutes Ziel – hungrig und durstig muss niemand von der Ⓔ **Bergstation der Rauschbergbahn** zurück ins Tal schweben.

21

Von Siegsdorf nach Maria Eck

Die Fürbitterin des Chiemgaus

Mittel | 3 Std. | 350 Hm | 11 km

Besonderer Genuss: Kultur am Wegrand

Tourencharakter
Einfache Halbtageswanderung auf Wegen mit viel Schatten, ein kurzes Stück neben der Autostraße. Mit dem Kinderwagen möglich, den man aber ein kurzes Stück über Treppen tragen muss. Auch im Winter begehbar, wenn kein Neuschnee liegt

Ausgangs-/Endpunkt
Bahnhof Siegsdorf
GPS: 47.8223 N, 12.6457 O

Anfahrt
Auto: A 8 bis Ausfahrt Siegsdorf, ins Ortszentrum fahren und am Bahnhof parken (der rückwärtige Teil des Parkplatzes hat keine Zeitbeschränkung)
Bus & Bahn: Mit der Bahn von Traunstein nach Siegsdorf; Busverbindungen von Inzell und Ruhpolding

Gehzeiten
Bis Gerhartsreiter Graben 30 Min., bis Maria Eck 1.30 Std., Rückweg 1 Std.

Einkehr
In Siegsdorf mehrere Gaststätten. Unbedingt zu empfehlen ist der Klostergasthof Maria Eck mit bodenständigem Essen und selbst gebackenem Kuchen.

Karte
Kompasskarte 1:50 000, Nr. 14 Berchtesgadener Land/ Chiemgauer Alpen

Information
www.siegsdorf.de

Fährt man auf der Autobahn am Chiemsee vorbei Richtung Salzburg, so lugt auf der rechten Seite aus den Wäldern ein kleines Kirchlein hervor: die Wallfahrtskirche Maria Eck. Man kann sie zwar bequem mit dem Auto erreichen, viel schöner ist jedoch die Wanderung von Siegsdorf aus, die uns 50 Millionen Jahre in die Erdgeschichte zurückblicken lässt.

Fische beobachten Wir beginnen unsere Wanderung am **A Bahnhof Siegsdorf** und wandern über den lang gestreckten Parkplatz am Bahndamm entlang Richtung Ausfahrt zur Fahrstraße. Ihr folgen wir in gleicher Richtung ein kurzes Stück zum Bahnübergang. Vor ihm zweigt rechts ein Wanderweg ab, der zwischen Bahn und Traun entlangführt. Wir passieren ein Stauwehr. Am anderen Ufer hat man eine Fischtreppe gebaut, und wenn man Glück hat, lassen sich hier Fische beobachten, die sich mit großen Sprüngen von Stufe zu Stufe über die Wasserkaskaden aufwärts kämpfen. Schließlich erreichen wir eine Straße, die auf einer **1 Brücke** über die Traun führt. Hier werden wir etwas später den Fluss überqueren.

Abstecher in die Eiszeit Zunächst aber wenden wir uns für einen Abstecher nach links, überqueren die Fahrstraße und wandern auf der Anliegerstraße durch die Wohnsiedlung. An deren Ende finden wir eine Unterführung, die unter der viel befahrenen Staatsstraße Richtung Ruhpolding durchführt. Nach dem Tunnel nehmen wir den Weg in die Waldschlucht in den **2 Gerhartsreiter Graben**.

Nach etwa 500 Metern kommen wir an die Stelle, an der 1985 das Mammut ausgegraben wurde, das wir heute im Mammutmuseum in Siegsdorf bewundern können. Schautafeln erklären uns die Ausgrabung. Unmittelbar dahinter liegen zwei große Steinblöcke, und hier finden wir die berühmten Maria Ecker Pfennige als kleine unscheinbare Kalkplättchen. Sie haben als große Einzeller vor 50 Millionen Jahren gelebt und versteinerten auf dem Meeresgrund.

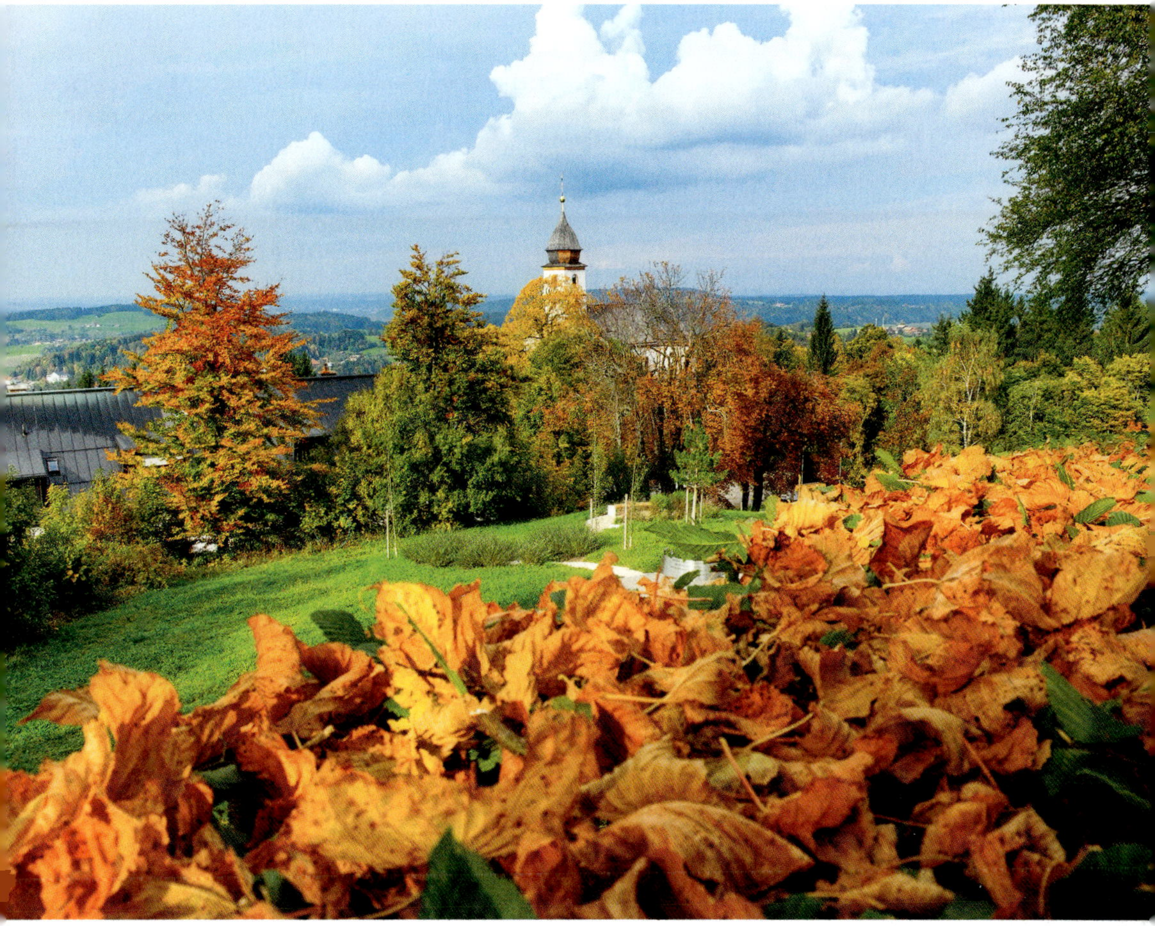

Die Wallfahrtskirche Maria Eck

Über den Soleleitungsweg Wir wandern auf demselben Weg zur ❶ **Brücke** zurück, überqueren die Traun und gehen am anderen Ufer weiter flussaufwärts. Nach einem Quellschutzgebiet überqueren wir einen Werkskanal, der das Siegsdorfer Elektrizitätswerk versorgt, passieren eine Kneippanlage, die sich auch für Kinder als idealer Abenteuerspielplatz erweist, und kommen schließlich nach der Bahnbrücke wieder an eine Teerstraße. Auf ihr laufen wir nur ca. 200 Meter rechts aufwärts und biegen dann kurz nach dem Schild »Privatstraße« links in den Wiesenweg ein. Ein paar Treppen bringen uns auf die Höhe der alten ❸ **Soleleitung**.

Nahezu eben führt unser Weg jetzt den Hang entlang. Unter uns liegen zahlreiche Fischweiher, die aus dem Hangwasser, das hier überall aus dem Berg drückt, gespeist werden. Wir queren eine weitere Teerstraße, dann führt der immer noch ebene Weg an einer Felswand entlang. Links unter uns liegt Eisenärzt, in dem bis 1878 Eisenerz abgebaut wurde.

Aufstieg nach Maria Eck Vor einem Erholungsheim treffen wir auf einen Weg, der sich von Eisenärzt heraufzieht. Auf ihm geht es nun nach rechts steil aufwärts. Bei der Weggabelung nehmen wir weiter aufwärts den rechten Weg. An einer Kapelle mit einer Kopie des Gnadenbilds von Maria Eck vorbei erreichen wir den Waldrand, wo sich der Weg wieder gabelt. Jetzt wenden wir uns nach links, wandern nochmals durch den Wald und erreichen schließlich die Straße nach Maria Eck. Wenn wir sie queren, können wir auf dem breiten Wallfahrerweg parallel zur Straße die letzten 500 Meter gemächlich links aufwärtsgehen. So erreichen wir unser Ziel, die 4 **Wallfahrtskirche Maria Eck**, ganz bequem.

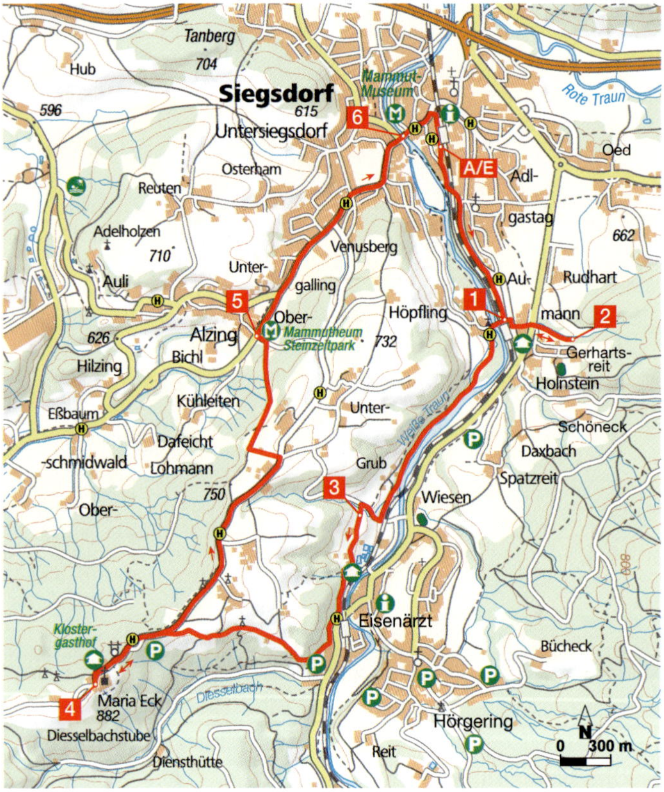

Am Hochaltar der Kirche hängt das Gnadenbild Maria Schnee, die Kopie einer Ikone aus der römischen Kirche Maria Maggiore (s. Tippkasten). Die zahlreichen Votivbilder in der Kirche sowie der große Platz gegenüber der Kirche, auf dem an Wallfahrtstagen Gottesdienste unter freiem Himmel abgehalten werden, zeugen davon, wie beliebt dieser Wallfahrtsort im Chiemgau ist. Wir gehen außen um die Kirche herum und stehen auf einer Terrasse, die einen weiten Blick über den gesamten Chiemgau erlaubt: Links schaut der Chiemsee zu uns herüber, fast unter uns liegt das alte Kurhaus von Bad Adelholzen, links davon sehen wir die modernen Abfüllanlagen für das Adelholzener Mineralwasser, das es inzwischen in Bayern zum Marktführer gebracht hat. Über Siegsdorf finden wir den Hochberg bei Traunstein (Tour 22), und im Hintergrund liegt die Kreisstadt Traunstein. Wer möchte, kann auch noch bis zum Kloster hinaufsteigen, dort wird die Aussicht noch besser.

Zurück nach Siegsdorf Wir wandern zunächst auf dem Wallfahrerweg den Berg wieder abwärts, gehen an der Stelle vorbei, an der wir auf die Straße gestoßen sind, und passieren ein großes Gestüt. Etwas danach wendet sich der Weg links von der Straße ab. Wir wandern an ein paar Häusern vorbei, schauen nochmals zurück auf den Chiemsee mit seinen Inseln und finden im Hintergrund die Ratzinger Höhe, die wie ein großer Wall die Sicht am Horizont abschließt. Dann führt der Weg steil abwärts zu einem schmalen Teersträßlein, das uns nach links zur 5 Verbindungsstraße von Siegsdorf nach Bergen bringt. An der Einmündung finden wir das Mammutheum, ein privates Museum, das sich ebenfalls der Vorgeschichte widmet.

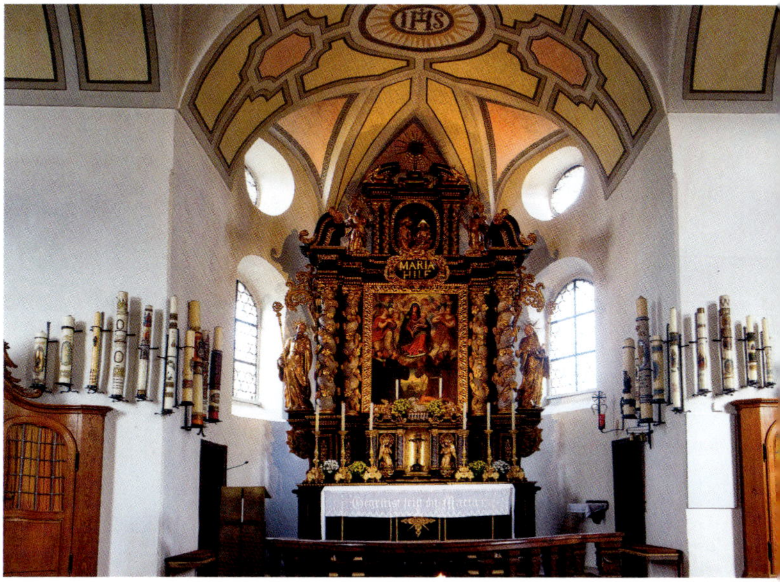

Die vielen Votivkerzen neben dem Gnadenbild zeugen von einer lebendigen Wallfahrt.

Jetzt ist der Weg zurück nicht mehr zu verfehlen: Er führt neben der Fahrstraße entlang direkt nach Siegsdorf. Im Ort überqueren wir die 6 Traun und entdecken nach der Brücke neben dem Mammutmuseum im Kurpark noch die mit Wasser betriebene Kugelmühle und vor allem Rudi, eine Mammutnachbildung. Von den auf den Boden gemalten Mammut-Fußspuren werden wir vom Museum bis zum E Bahnhof Siegsdorf zurückgeleitet.

Maria Eck

Das Hochaltarbild von Maria Eck zeigt die Muttergottes mit ihrem Kind, seitlich umgeben von Engeln, unter ihr Beter aus allen Ständen mit einem Bild der Wallfahrtskirche. Es ist die Kopie einer Ikone aus der römischen Kirche Maria Maggiore und wird Maria Schnee genannt. Das geht auf die Gründungslegende von Maria Maggiore zurück: Ein Schneesturm im Hochsommer hätte Papst Liberius gezeigt, wo er die Kirche bauen sollte. Diese Legende wurde von Rom-Pilgern weit verbreitet, und als man den Sieg von Lepanto und, mehr noch, den Sieg von Peterwardein über die Türken der Fürbitte der Muttergottes von Maggiore zuschrieb, gab es kein Halten mehr – allenthalben entstanden Maria-Schnee-Kirchen, und eine davon ist Maria Eck.

22

Von Traunstein auf den Hochberg

Über die Dörfer

Leicht | 3 Std. | 300 Hm | 11 km

Besonderer Genuss: Ruhe und Natur

Tourencharakter
Einfache Halbtageswanderung, nur teilweise im Schatten. Meist auf Wanderwegen und wenig befahrenen geteerten Straßen

Ausgangs-/Endpunkt
Erlebnis-Warmbad Traunstein
GPS: 47.6410 N, 12.6408 O

Anfahrt
Auto: A 8 bis Ausfahrt Traunstein/Siegsdorf und weiter Richtung Traunstein; dort entweder am Freibad oder am Volksfestplatz parken (beide Parkplätze liegen direkt am Autobahnzubringer)
Bus & Bahn: Mit Bahn nach Traunstein und weiter mit dem Bus zum Erlebnis-Warmbad

Gehzeiten
Zum Sendemast 1 Std., auf den Hochberg 10 Min., nach Hinterwelln 20 Min., Abstieg 1.30 Std.

Einkehr
An der Strecke liegt direkt der Gasthof Hochberg (Di/Mi Ruhetage; unter der Woche erst ab 17 Uhr); zahlreiche Gaststätten in Traunstein

Karte
Kompasskarte 1:50 000, Nr. 14 Berchtesgadener Land/Chiemgauer Alpen

Information
www.traunstein.de

Traunstein ist eine lebendige Stadt, und man merkt: Hier lässt es sich gut leben. Die Traun begrenzt die Stadt im Osten, und so beginnt direkt vor ihren Toren eine Landschaft, die völlig konträr zur Stadt ist: kein Trubel, sondern stille Wälder und Felder und, dazwischen eingestreut, winzig kleine Dörfer. Hier findet man Ruhe, Erholung und als i-Tüpfelchen ein Wirtshaus mit weiter Aussicht.

Auf den Hochberg Wir beginnen unsere Wanderung am Ⓐ **Erlebnis-Warmbad Traunstein** und gehen auf der Straße zwischen Schwimmbad und Autobahnzubringer Richtung Hoch-

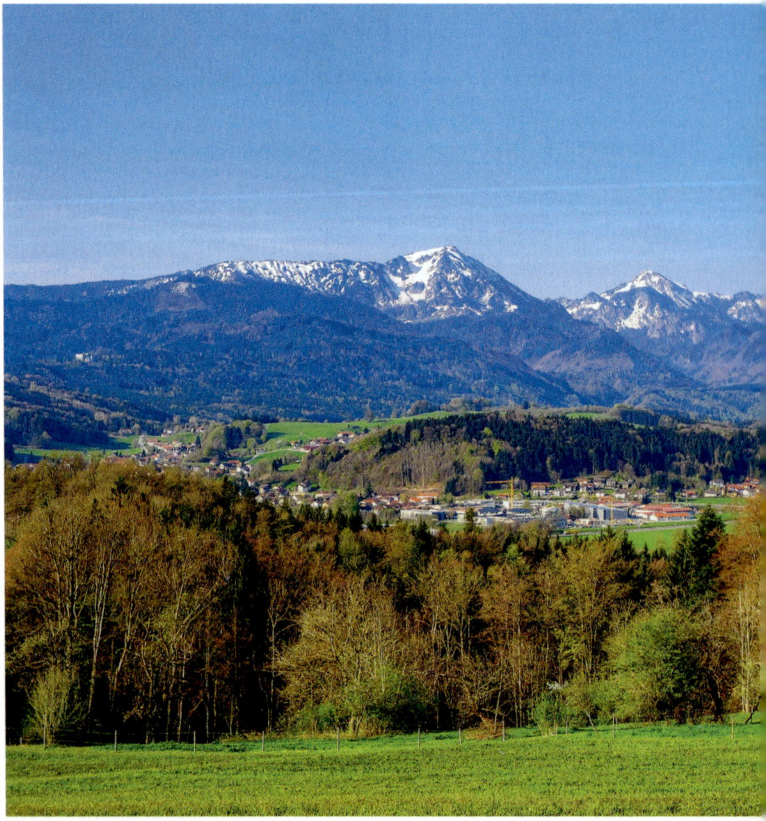

berg. Nach gut 200 Metern biegt diese Straße links ab, wir aber laufen weiter geradeaus in die Sackstraße. An ihrem Ende beginnt ein Weg, der an einer Schnellstraßenschleife entlangführt. Gleich danach wird es ruhiger, und wir kommen in den Wald. Über eine lange Treppe geht es am Hochufer der Traun aufwärts.

Unter schattigen Buchen und Eichen wandern wir nun einsam durch den Wald. Alle Abzweigungen lassen wir unberücksichtigt und folgen stets den Wegweisern zum Hochberg. Nach einigem Auf und Ab treten wir beim 1 **Sendeturm Hochberg** endgültig aus den Bäumen. Über die Wiesen gehen wir zur Straße. Unser Blick schweift weit nach Norden: Links glänzt der Chiemsee vor der Ratzinger Höhe, und unter uns liegt Traunstein, das in den letzten Jahren unglaublich gewachsen ist. Rechts im Hintergrund sieht man ganz deutlich das Salzachtal, das Bayern und das Land Salzburg trennt.

Gasthof mit Aussicht Auf der Straße wenden wir uns nach rechts, passieren die Sendeanlage und haben beim 2 **Gasthof Hochberg** den nächsten Aussichtspunkt erreicht. Den bes-

Linke Seite: Aussicht vom Hochberg auf Siegsdorf, Hochfelln und Hochgern

Beim Aufstieg bricht die Sonne durch den Nebel in den Wald.

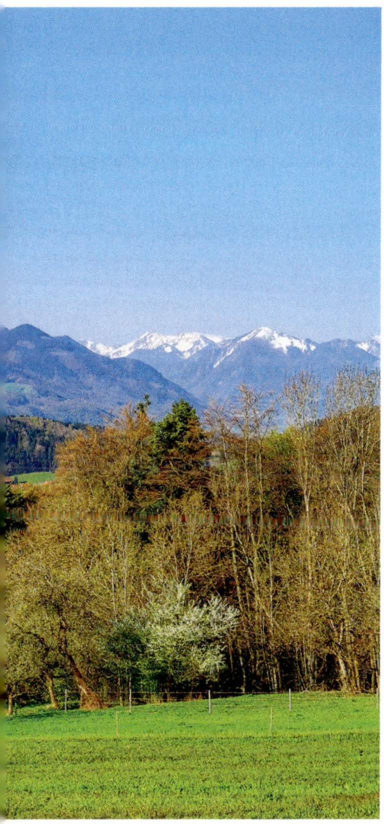

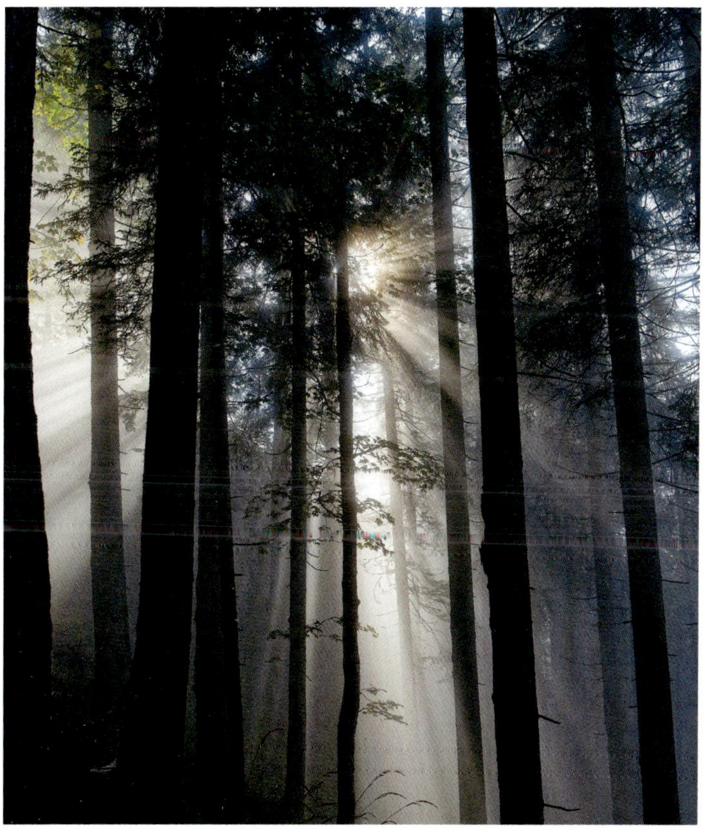

ten Blick, jetzt nach Süden, hat man einige Meter hinter dem Gasthof beim Kriegerdenkmal: Links beginnt die Bergkette mit Hochstaufen und Zwiesel, dann folgen Watzmann und Hochkalter im Hintergrund. Vor dem lang gestreckten Höhenrücken des Rauschbergs bei Ruhpolding liegt der bewaldete Zinnkopf, auf der anderen Seite des Trauntals finden wir Hochfelln, Hochgern und Kampenwand. Der Gasthof ist nicht nur wegen seiner Wildspezialitäten berühmt, sondern auch wegen seiner Kuchen und Torten, die alle im Haus gebacken werden.

Obst in Hülle und Fülle Anschließend wandern wir auf der Straße bergab und werfen einen kurzen Blick in die kleine mit Holzschindeln verkleidete Kapelle von ❸ **Höll**, die leider vor ein paar Jahren völlig ausgeraubt wurde. Auch die hübschen Bauernhäuser an der Straße verdienen Aufmerksamkeit. Nach dem letzten Haus von Höll, vor dem Trafohäuschen, gabelt sich die Straße. Wir wenden uns nach links und erreichen an den nächsten zwei Bauernhöfe den Weiler ❹ **Hinterwelln**, der etwas abseits der Straße liegt. Dort biegen wir nach links und erreichen zwei weitere Höfe von Hinterwelln. Beim letzten Hof liegt ein großer eingezäunter Obstgarten – ein toller Anblick im Frühjahr, wenn alles blüht. Diesen Grund hat der Obstbauverein von Traunstein gepachtet und hier nicht weniger als 60 verschiedene Obstsorten gepflanzt. Mit diesem Versuch soll herausgefunden werden, welche Obstsorten in dem rauen Klima hier oben noch gut gedeihen.

Rechte Seite: Für die Besichtigung von Traunstein planen wir etwas Zeit ein.

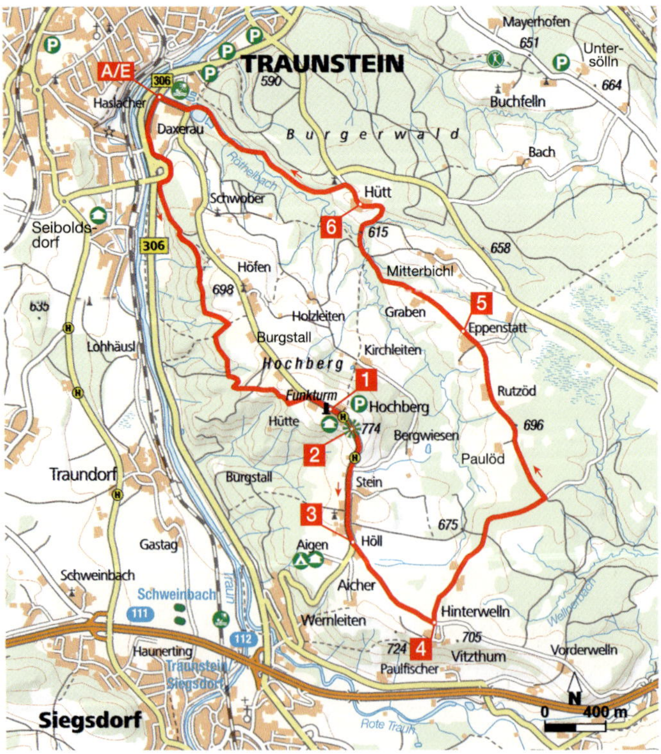

Ruckweg nach Traunstein Bald darauf hat der Teer ein Ende, und wir wandern auf einer Waldstraße zu einer Kreuzung. Hier wenden wir uns nach links, passieren eine Lichtung, die uns nochmals den Blick auf Hochfelln und Hochgern freigibt, und stoßen schließlich wieder auf eine Teerstraße. Wir folgen ihr nach rechts durch die Weiler Paulöd und Rutzöd und durch das ❺ **Gut Eppenstatt**. Dann begleitet uns eine

Birkenallee nach Graben. Hier beginnt ein Wiesenweg, der im Wald als Hohlweg abwärts zu einer Straße mit Brücke führt. Auf ihr überqueren wir den Bach und erreichen kurz darauf eine Weggabelung, an der wir uns rechts halten. Wieder geht es über einen Bach, und wir steigen im weiten Bogen zum nächsten Weiler 6 **Hütt** hinauf. Von dort führt eine kleine Teerstraße in einen Laubwald. Etwa 50 Meter nach dem Waldrand führt links ein schmaler Fußweg in die Schlucht des Röthelbachs. Ein paar Treppen helfen, die steilsten Stellen zu überwinden. Nach einem Holzplatz wird der Weg breiter und geht langsam in eine Fahrstraße über. Wir passieren einen Hundeübungsplatz und den Röthelbachweiher und haben unmittelbar danach wieder das E **Erlebnis-Warmbad Traunstein** erreicht. Jetzt ist hoffentlich noch Zeit, um Traunstein zu besuchen.

Vom Wandern und Pilgern

Ein Teil der heutigen Wanderung verläuft über den Pilgerweg des hl. Rupert. Er wirkte Ende des 7. Jh. in Salzburg und Umgebung und gilt deshalb als Schutzpatron des Landes Salzburgs und von Bayern. Das Rupertuskreuz ist das Logo dieses Wegs. Aber jede Art von Wandern hat gleichzeitig etwas vom Pilgern: Beim Wandern folgen wir unserer Sehnsucht; es geht darum, aufzubrechen, den ersten Schritt zu tun, unbekannte Wege zu gehen und Neues zu entdecken. Oft sind es die Kleinigkeiten am Wegrand inmitten schönster Natur oder bei einer herrlichen Aussicht, die uns innere Ruhe schenken und die Augen öffnen. Man muss es nur ausprobieren!

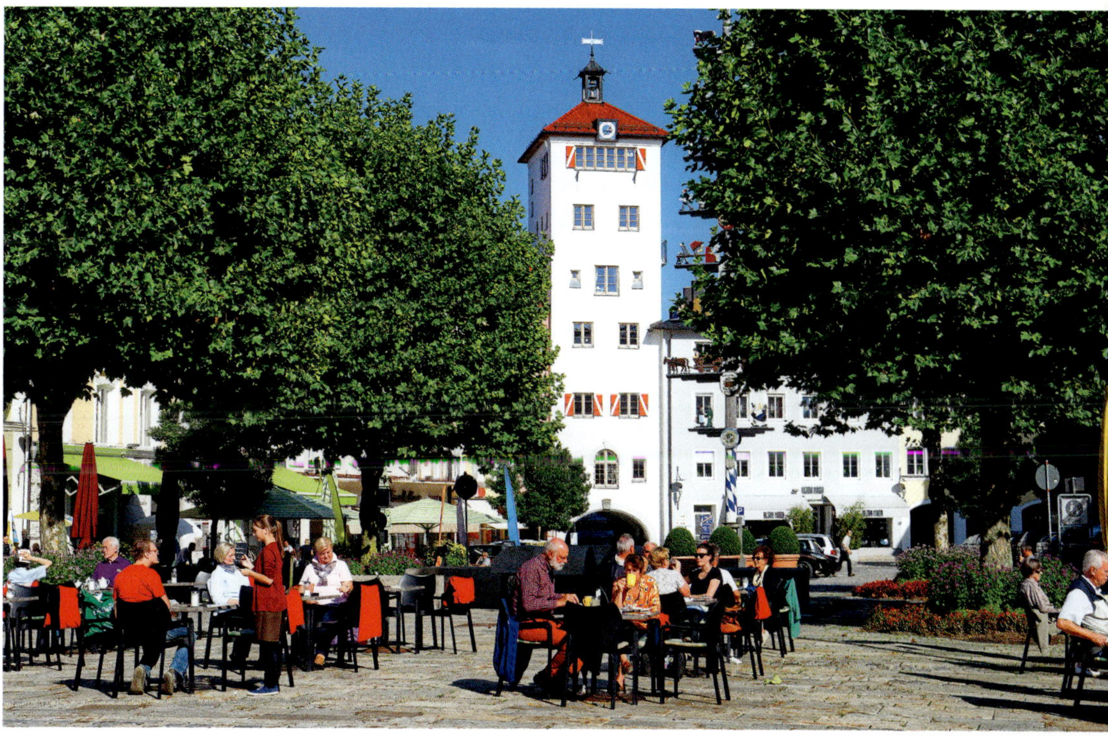

23

Rund um Inzell

Spaß im Moor

Leicht | 3.15 Std. | 120 Hm | 10,3 km

Besonderer Genuss: Ruhe und Natur

Tourencharakter
Etwas längere, sonnige Rundtour mit nur wenigen Steigungen, überwiegend auf Dorfstraßen, Nebenstraßen und Feldwegen und über einen netten Moorlehrpfad

Ausgangs-/Endpunkt
Inzell, Rathausplatz
GPS: 47.7629 N, 12.7480 O

Anfahrt
Auto: A 8 bis Ausfahrt Traunstein/Siegsdorf und weiter Richtung Süden über Siegsdorf nach Inzell; der Rathausplatz liegt an der Kirche, dort oder an der Reichenhaller Straße gibt's Parkplätze.
Bus & Bahn: Mit dem Zug nach Siegsdorf oder Ruhpolding und weiter mit Bussen

Gehzeiten
Bis Breitmoos 1 Std., bis Schwarzenberg 1 Std., Rückweg durchs Moor 1.15 Std.

Einkehr
Gasthaus Schwarzenberg; mehrere Möglichkeiten in Inzell

Karte
Kompasskarte 1:50 000, Nr. 14 Berchtesgadener Land/Chiemgauer Alpen

Information
www.inzell.de

Aussichtsreich und mit viel Spaß rund um Inzell, so lautet das Motto dieser Wanderung. Durch gleich zwei Moore, vorbei an Gebirgsbächen, über kleine Weiler und entlang der Roten Traun führt uns die schöne Panoramarunde. Da bleibt viel Zeit fürs Schaurasten und für den Spaß am Moorerlebnisweg.

Um das Breitmoos Wir starten am Rathausplatz in Ⓐ **Inzell** und biegen hinter dem Rathaus in die Unterführung ein, die uns auf die andere Seite der B 306 bringt. Dort wenden wir uns nach rechts und folgen gleich darauf der Adlgaßer Straße nach links. Auf einem Fußweg neben der Straße verlassen wir Inzell. Beim Supermarkt Penny wechseln wir die Straßenseite, biegen rechts ein und folgen hinter dem Gebäude für ein kleines Stück dem Falkenseebach. Der Weg wird zur Bichlstraße, die in den Falkensteinweg mündet. Auf ihm geht es nun nach rechts.

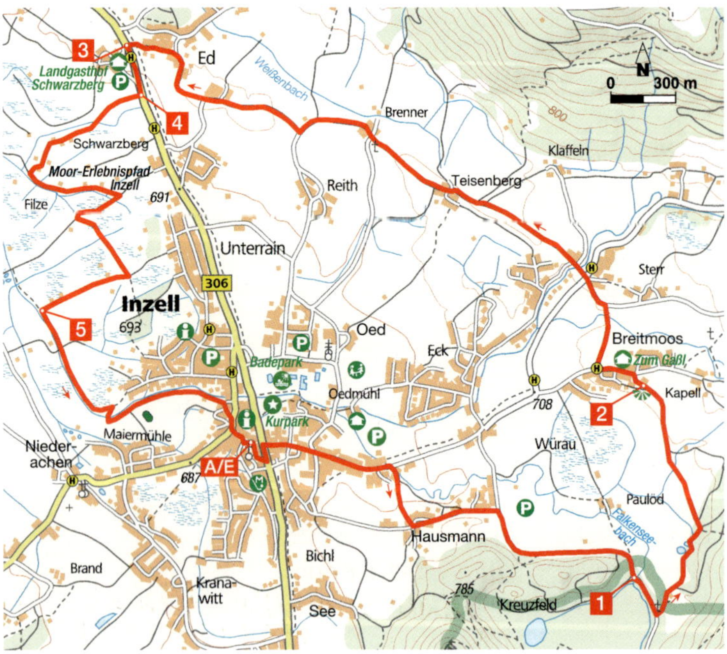

Bald wird der Weg zu einem Feldweg, der sich nach links wendet. Wir umrunden nun am Fuß der Berge das idyllische Breitmoos. Stets am Waldrand entlang queren wir bald den

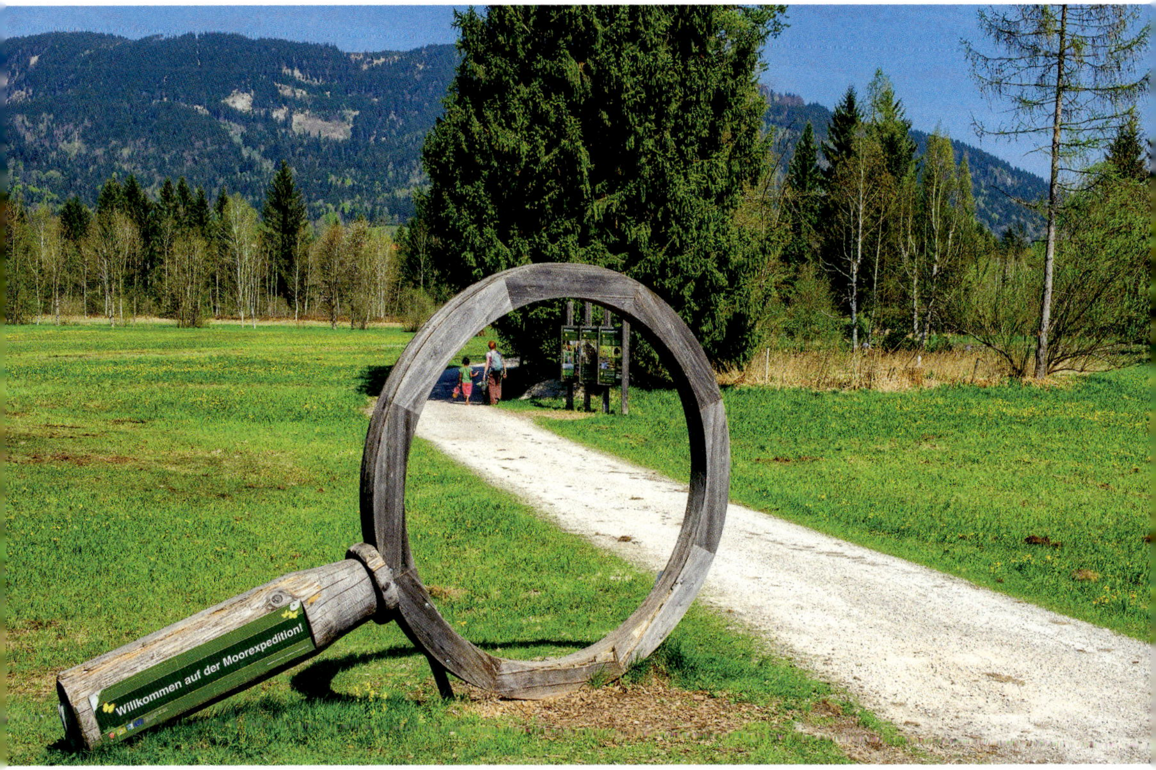

Die große Lupe markiert den Beginn des Moorerlebniswegs auf der westlichen Seite der Inzeller Filzen.

❶ **Falkenseebach**, wo wir am idyllischen Ufer bereits eine erste Rast einlegen können. Wenige Hundert Meter weiter halten wir uns scharf links. Jetzt folgen wir erst einmal der gelben Wanderweg-Beschilderung »Panorama-Runde«. Dann verlassen wir das Moos, und der Weg führt aufwärts in den Ortsteil ❷ **Breitmoos**. Die Aussicht von dem kleinen Weiler hinunter auf Inzell und seine umliegenden Berge ist wunderschön.

Nach Schwarzberg In Breitmoos halten wir uns links und am Bushäuschen rechts; so treffen wir an der großen Zimmerei wieder auf die Adlgaßer Straße, die wir geradeaus queren. Dabei wandern wir über den Großwaldbach und folgen weiter der Panoramaweg-Beschilderung. Nun geht es über die Häuser von Teisen-

Tipp

Wer im Sommer noch baden möchte, findet in Inzell ein tolles Naturbad, wo es auch einige schattige Plätzchen gibt (ab 18 Uhr Feierabend-Tarife; www.badepark-inzell.de).

berg nach Brenner, von wo wir, uns rechts haltend, auf Forstwegen im Zickzack über die Felder bis nach Schwarzberg wandern und wieder auf die große B 306 stoßen.
Auf der anderen Seite lockt der schöne 3 **Gasthof Schwarzberg** zu einer Pause. Eine gute Wahl, denn danach machen wir uns auf den Rückweg – gleich am Gasthaus liegt der Ausgangspunkt für die Moor-Erlebnisrunde »Zeitreise«, auf die wir uns jetzt begeben.

Rechte Seite: In Inzell beginnt und endet unsere Wanderung.

Unten: Idyllisch darf der Falkenseebach noch in seinem Bachbett mäandern.

Auf Zeitreise Dafür wandern wir ein kleines Stück auf dem Fuß- und Radweg neben der großen Straße nach Süden und biegen dann rechts in das 4 **Moor** hinein ab. Bei netten Mitmach-Stationen und auf vielen Infotafeln erfahren wir bei dieser »Zeitreise« in die letzte Eiszeit alles über die Geburtsstunde des Inzeller Moors.
Der Weg mündet an der Zielstation des Moorexpeditionswegs in einen quer verlaufenden Wanderweg. Nach rechts könnte man den Zeitreiseweg bis zum Ziel fortsetzen; wir jedoch wenden uns nach links und folgen nun dem »Expeditionspfad«, der uns abwechslungsreich weiterführt und viel über das Moor zu erzählen weiß. Nach der Station 19, dem »Rad der Vielfalt«, könnten wir die Wanderung abkürzen und geradeaus direkt nach Inzell weiterwandern.
Wir folgen jedoch rechts weiter dem Erlebnisweg, bis wir an die 5 **Rote Traun** stoßen. Dort verabschieden wir uns von dem unterhaltsamen Lehrstück und folgen nun links dem Fluss. Auf Höhe des Klärwerks wechseln wir die Uferseite, bleiben aber der Traun treu. So kommen wir nach Inzell zurück und treffen auf die Traunsteiner Straße, die große Ortsdurchgangsstraße. Dieser müssen wir nur etwas nach rechts folgen, wobei uns der Kirchturm den Weg durch die Reichenhaller Straße zurück zum Rathausplatz von E **Inzell** weist.

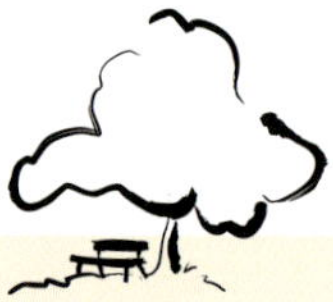

Durch die Inzeller Filzen

Der Moor-Erlebnispfad ist eine ca. 5 km lange faszinierende Entdeckungsreise durch die Inzeller Filzen, eine der vielen wunderbaren Moorlandschaften des Chiemgaus, die nach der letzten Eiszeit vor ca. 12 000 Jahren entstanden sind. Die vielen Mitmach-Stationen zu den Themen Flora und Fauna sowie zur Entstehung des Moors sind nicht nur für Kinder spannend – auch Erwachsene haben ihren Spaß daran (www.inzell.de/moor-erlebnispfad).

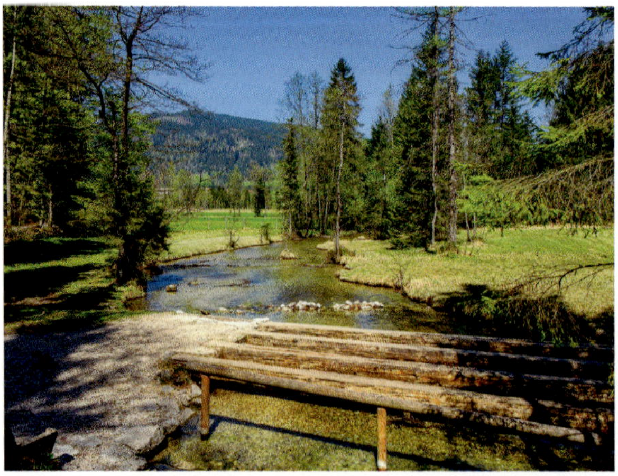

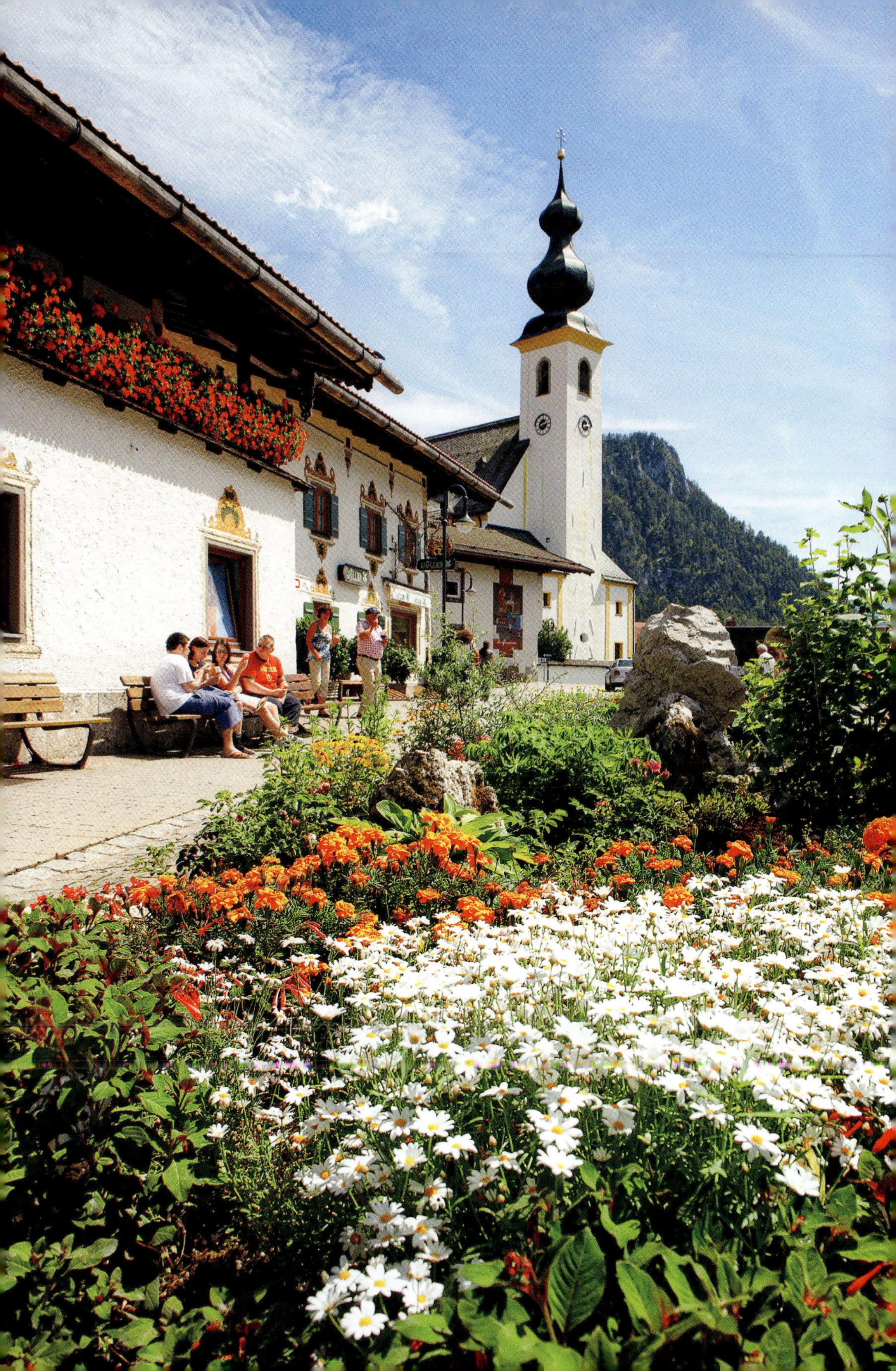

24

Zum Frillensee

Eiskalter Bergsee

Leicht · 2 Std. · 150 Hm · 7 km

Besonderer Genuss: Ruhe und Natur

Tourencharakter
Nur leicht ansteigende, relativ schattige Runde zu einem kleinen Bergsee. Meist auf Forststraße und Waldpfaden. Die Wanderwege sind bestens markiert.

Ausgangs-/Endpunkt
Forsthaus Adlgaß bei Inzell
GPS: 46.4628 N, 12.4749 O

Anfahrt
Auto: A 8 bis Ausfahrt Siegsdorf, über Siegsdorf auf der B 306 nach Inzell, dort links nach Adlgaß; am Ende der für den öffentlichen Verkehr freigegebenen Straße finden sich viele Parkplätze unterhalb des Forsthauses Adlgaß.
Bus & Bahn: Mit der Bahn bis Traunstein, dann mit dem Bus bis Inzell und weiter mit dem Dorfbus nach Adlgaß (Info bei der Gäste-Info)

Gehzeiten
Zum Frillensee 1.10 Std., Rückweg 50 Min.

Einkehr
Das Forsthaus Adlgaß ist eine bekannte Traditionsgastwirtschaft; hier werden überwiegend heimische Produkte mit viel Liebe verarbeitet. (Mo/Di Ruhetage)

Karte
Kompasskarte 1:50 000, Nr. 14 Berchtesgadener Land/ Chiemgauer Alpen

Information
www.inzell.de

Der Frillensee ist ein traumhaftes Naturjuwel: Im grünen Wasser spiegeln sich die Felswände des Zwiesels, durch die Luft schwirren Libellen, und Frösche quaken im Frühjahr. Dorthin führt ein netter, unterhaltsamer Erlebnisweg, der Groß und Klein gleichermaßen begeistert.

Über den Bergwald-Erlebnispfad Wir starten am Ⓐ **Forsthaus Adlgaß** und halten uns links auf dem mit einem Feuersalamander-Symbol ausgeschilderten Themenweg. Unter dem Motto »Den Wald mit allen Sinnen erleben« stoßen wir auf jede Menge Mitmach-Stationen, über die sich Jung und Alt freuen werden. Manche liegen etwas abseits des Wegs und sind über schmale

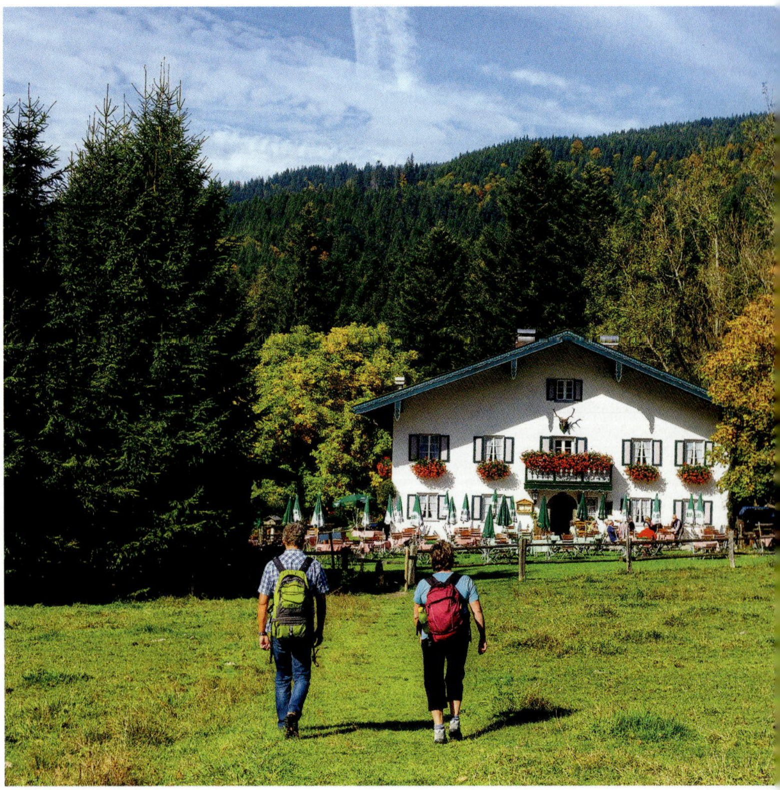

wurzelige Waldpfade zu erreichen. Wir lösen Baumrätsel, freuen uns über den plätschernden Bergbach, telefonieren durch Baumstämme, wippen über Kletterbalken oder musizieren im Summstein.

Einmal, nach der großen Station über die Forstarbeit, queren wir eine ❶ **Forststraße** und folgen weiter der Beschilderung zum Frillensee. Nach etwas mehr als einer Stunde reine Gehzeit öffnet sich der Wald, und wir erreichen den von Bergen umrahmten ❷ **Frillensee**. Perfekt für eine Pause gibt es einige Rastbänke am Ufer – nur die Brotzeit müssen wir selbst mitbringen.

Linke Seite: Über die Wiesen wandern wir direkt auf das Forsthaus Adlgaß zu.

Wir bringen den Summstein zum Klingen.

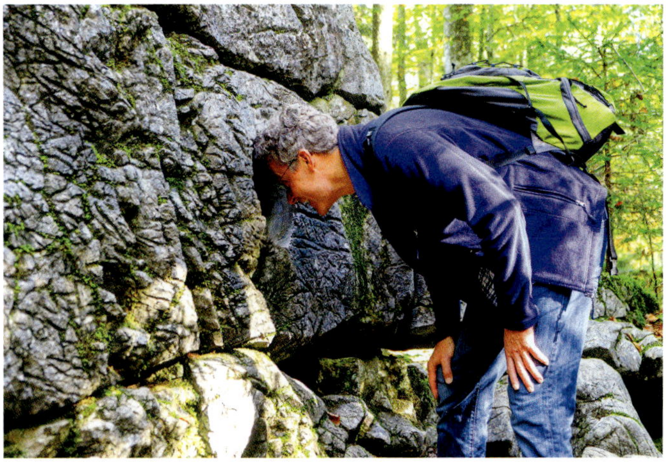

Rückweg nach Adlgaß Für den Rückweg queren wir dann auf einem Bohlenweg die verlandenden Moor- und Sumpfwiesen zum Ablauf des Frillenseebachs. Hier kommen

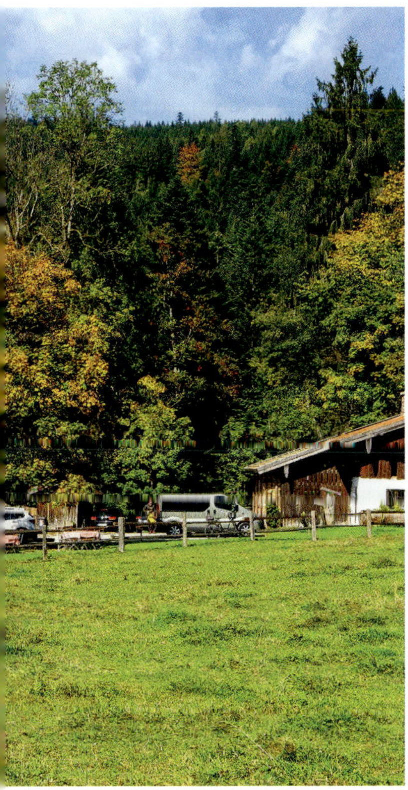

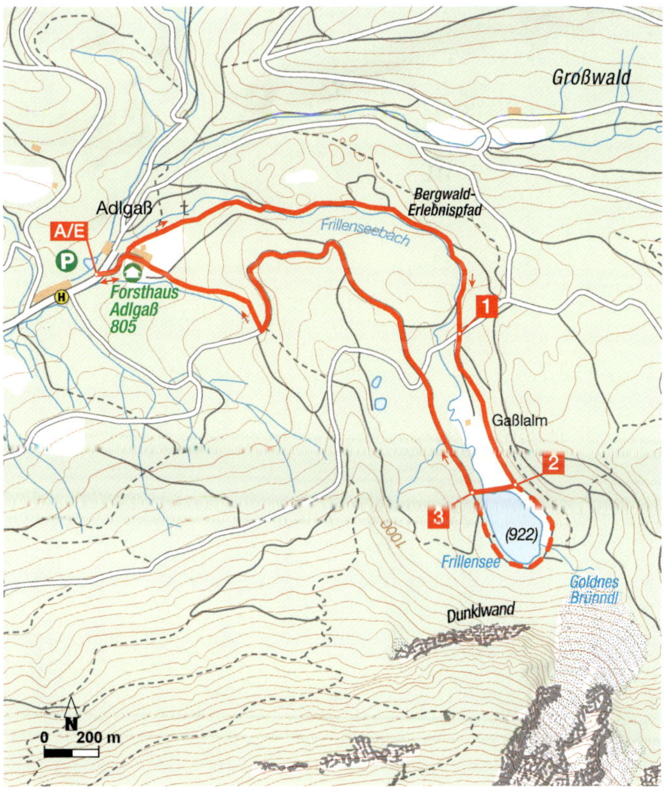

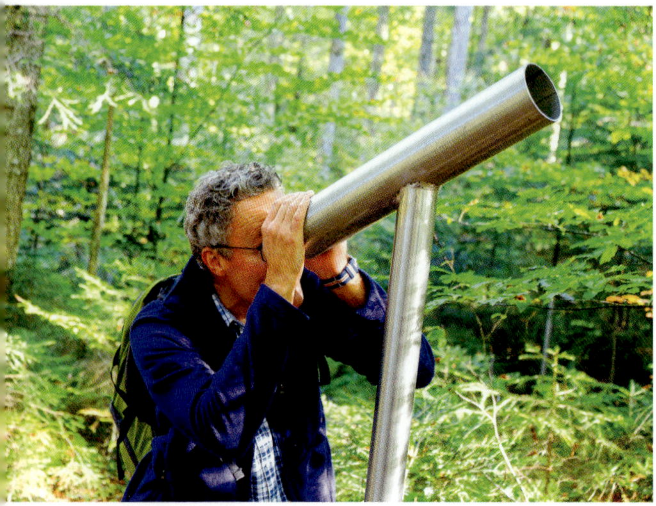

wir der Natur besonders nah, und der Holzsteg bringt uns trockenen Fußes über das seichte Wasser und durch die Schilfzonen. Am anderen **3 Ufer** gehen wir auf dem Wanderweg nach rechts, queren eine Forststraße und folgen der Beschilderung über die Rodelbahn zum **E Forsthaus Adlgaß**, wo wir uns zu einer verdienten Einkehr niederlassen.

Das Forsthaus ist ein traditionsreicher Gasthof. Bereits 1308 wurde hier ein Anwesen Adlgaß urkundlich erwähnt; auch die Jahreszahl

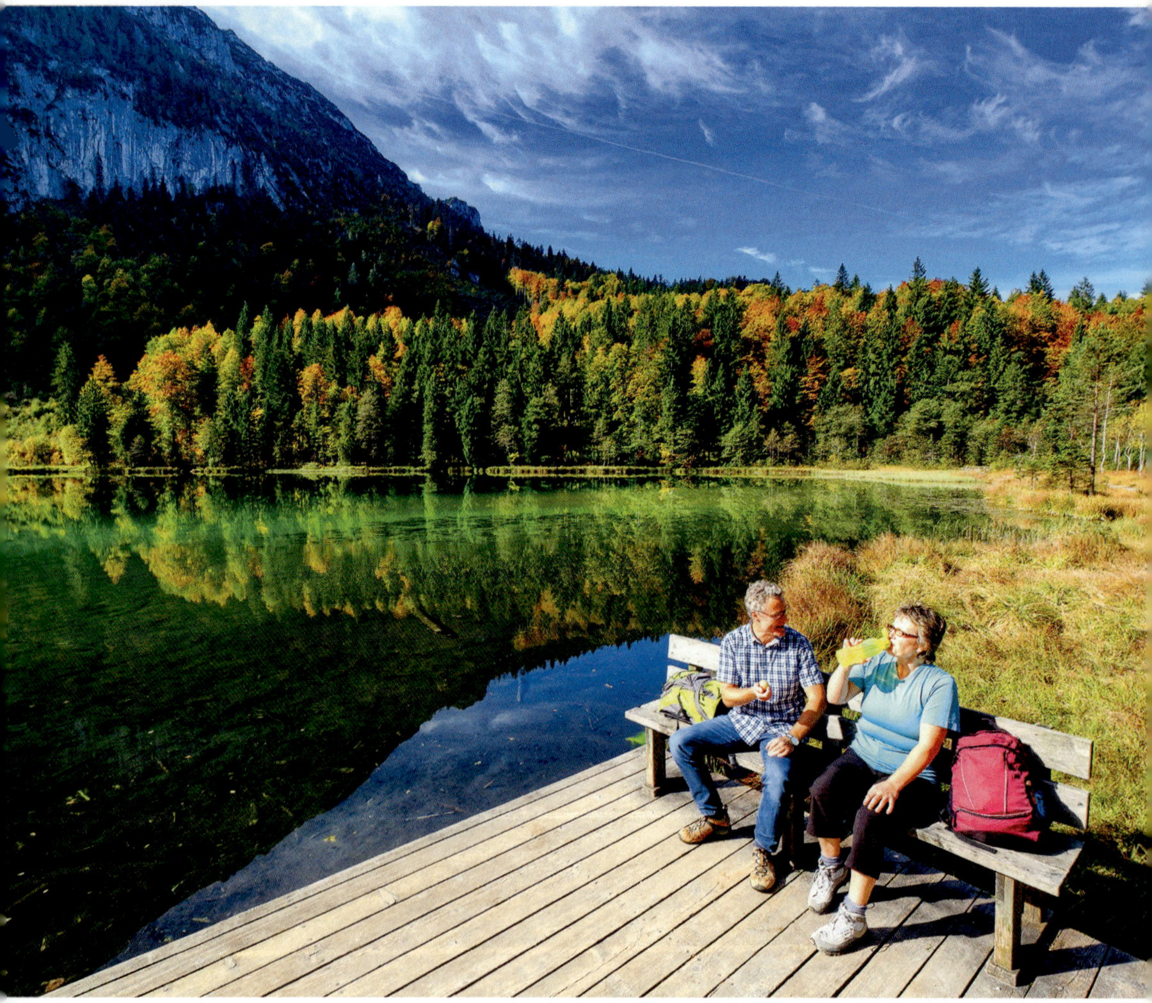

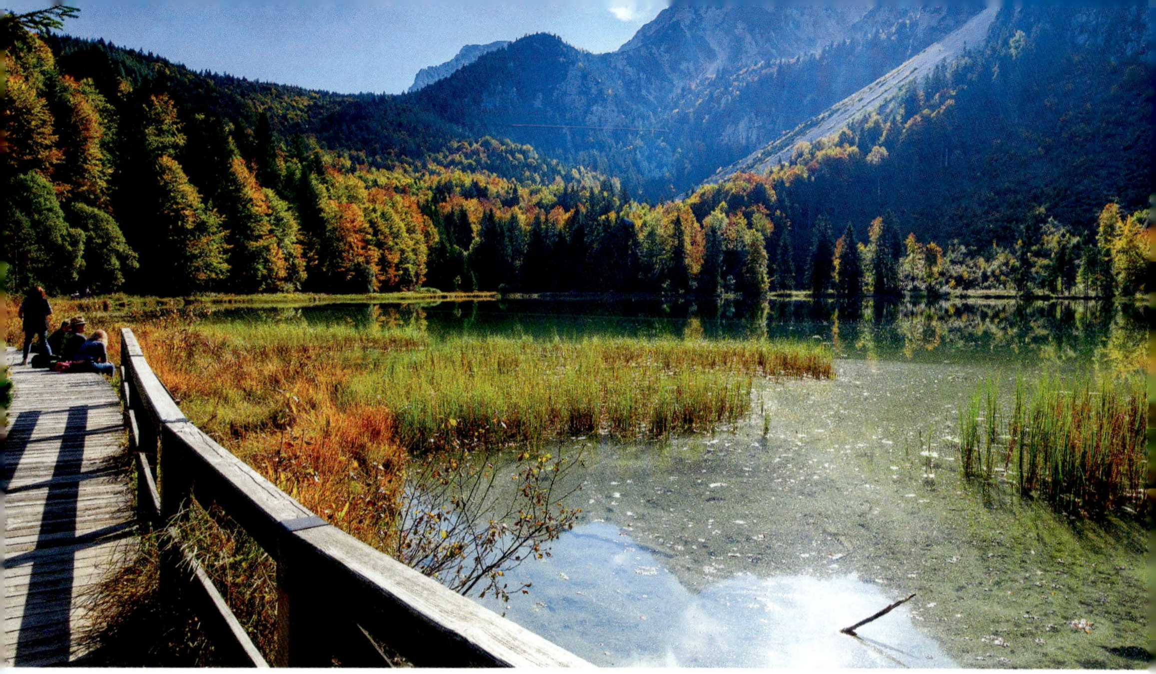

1765 am Türstock der Eingangstür zeugt von der langen Geschichte des Hauses. 1854 wurde in dem Haus eine Forstwartei eingerichtet – eine Unterkunft für Holzknechte und Fuhrleute –, die bald mit einer Einkehr verbunden wurde. Heute wird das Gasthaus mit viel Herzblut betrieben. Die alten Stuben sind liebevoll eingerichtet, und der gemütliche Biergarten liegt mitten im Grünen. Etwas ganz Besonderes ist die gute bayerische Küche – die Speisekarte ist nicht allzu groß, aber egal ob Wild, Fisch oder Vollwertküche: Es schmeckt immer und allen!

Dieser Bergsee ist ein echtes Highlight.

Linke Seite oben: Es gibt viel zu entdecken. Unten: Eine längere Pause dürfen wir am Frillensee einlegen.

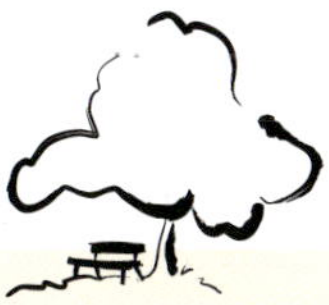

Der Frillensee

Er entstand durch das Abschmelzen der Gletscher in der letzten Eiszeit. Damals noch fast 800 m lang, verlandet der See seitdem, und es entstehen Hochmoore und Feuchtwiesen, die als wichtige Biotope unter Naturschutz stehen.

Der See gilt als einer der kältesten Bergseen Mitteleuropas und friert dementsprechend schnell im frühen Winter zu. Kein Wunder, dass hier der Ursprung des Inzeller Eisschnelllaufs liegt. So wurde der See bis in die 1960er-Jahre hinein als Wettkampfplatz für Eisschnelllauf, Eisstockschießen oder Eishockey genützt. Der Deutsche Eissport Club Inzell-Frillensee wurde 1961 gegründet und widmet sich der Pflege und Förderung des Eissports; 1963 wurde in Inzell eine erste Kunsteisbahn gebaut. Seit 2011 hat Inzell mit der Max Aicher Arena die modernste Eisschnelllaufhalle der Welt. Doch bis heute gilt der Frillensee als Inbegriff des Eisschnelllaufsports.

25

Durch die Schwarzachenklamm

Von der Klamm zur Alm

Mittel | 3 Std. | 400 Hm | 8 km

Besonderer Genuss: Kultur am Wegrand

Tourencharakter
Leichte Wanderung ohne technische Schwierigkeiten, aber doch mit einigem Anstieg. Gemütlicher Abstieg über die Forststraße

Ausgangs-/Endpunkt
Weißbach an der Alpenstraße
GPS: 47.7264 N, 12.7587 O

Anfahrt
Auto: A 8 bis Ausfahrt Traunstein/Siegsdorf, über Siegsdorf nach Inzell, auf der B 305 nach Weißbach und am nördlichen Ortseingang rechts in den Reiterweg; hier finden wir zwei Parkplätze, wir nehmen gern den letzten, an dem sich die Straße u-förmig zurückbiegt.
Bus & Bahn: Mit der Bahn nach Traunstein, von dort fast stündlich Busverbindung

Gehzeiten
Zum Beginn der Klamm 20 Min., Aufstieg zur Haarbachalm 1 Std., Bichleralm 10 Min., Abstieg über Forststraße 1.30 Std.

Einkehr
Mit viel Berggefühl präsentiert sich die Harbachalm (Brotzeiten, Kaffee und Kuchen); auch die Bichleralm ist eine gute Alternative.

Karte
Kompasskarte 1:50 000, Nr. 14 Berchtesgadener Land/ Chiemgauer Alpen

Information
www.schneizlreuth.de

Zu einem Gipfel reicht die Zeit heute nicht mehr, aber bewegen wollen wir uns trotzdem. Wie wäre es mit einem Weg durch eine Klamm, der uns zu zwei Almen führt, die sich wunderbar für eine Brotzeit anbieten?

Durch die Klamm Vom Parkplatz in Ⓐ **Weißbach** aus nehmen wir zuerst die Forststraße, die von ihm in den Wald führt, und gehen knapp 200 Meter später bei der Weggabelung nach rechts. Nochmals gut 100 Meter weiter biegt rechts ein ganz schmaler Steig ab, der ziemlich steil nach unten zur Schwarzachen führt. Wir folgen der Achen flussaufwärts und erreichen kurz dar-

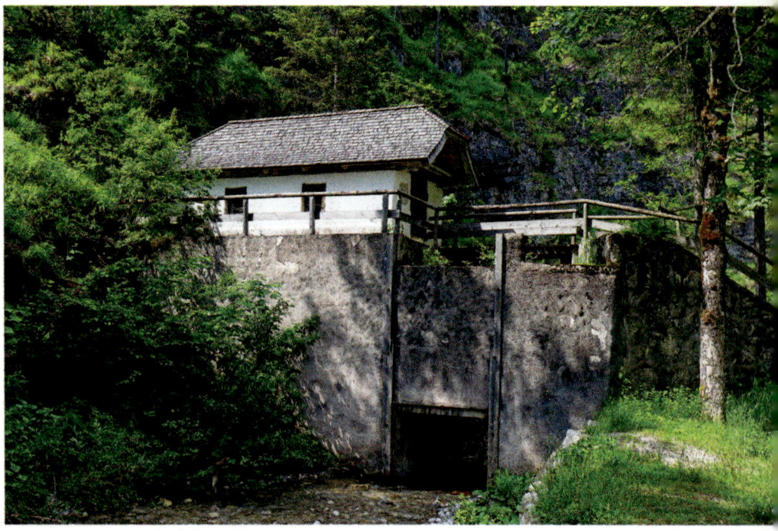

auf schon die ❶ **Vordere Schwarzachenklamm**. Der Fluss hat sich tief eingeschnitten; Seitenbäche, die in ihn münden, haben selbst wieder kleine Schluchten in den Wald geschnitten und stürzen über Wasserfälle in die Ache. Unser Wanderweg zieht sich auffällig breit den Hang entlang und steigt dabei so mäßig an, dass wir den ständigen Anstieg kaum bemerken. Ein Stück weiter erklärt sich das: Im Boden finden wir alte Holzschwel-

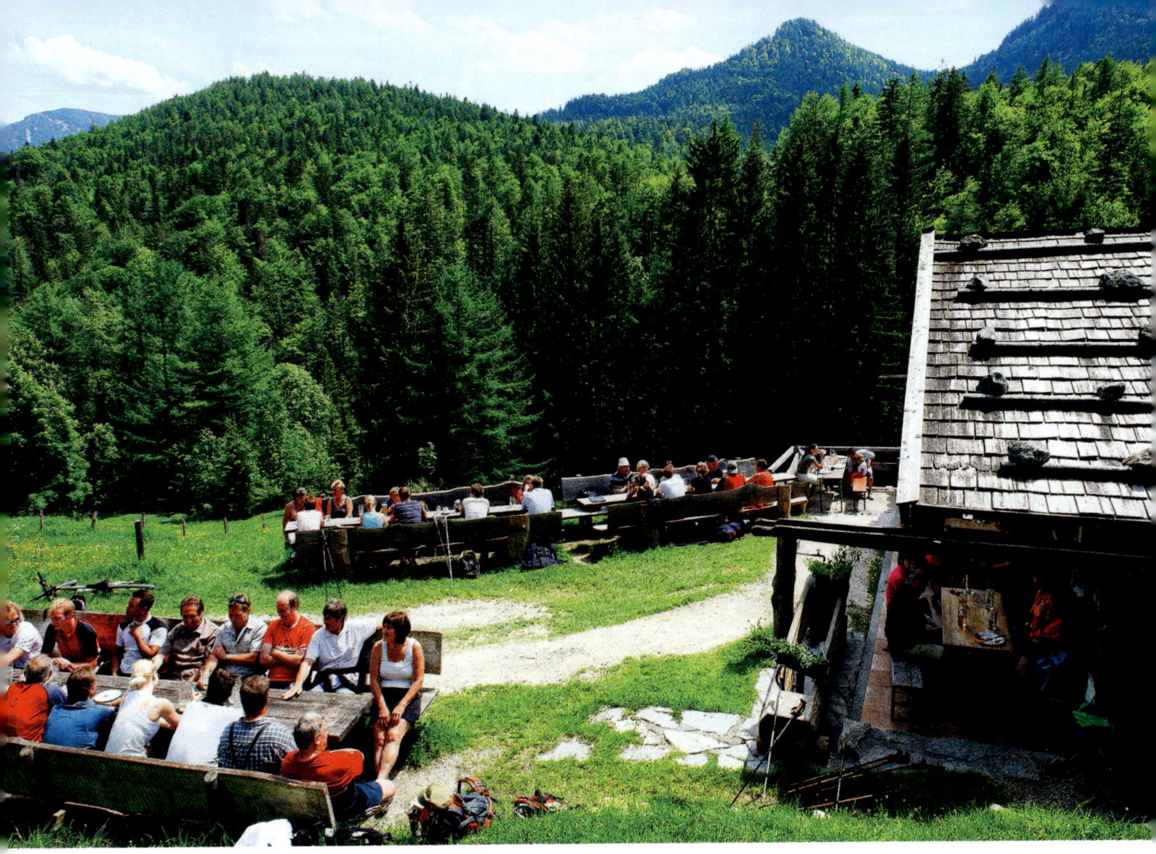

len – wir wandern auf der alten Gleistrasse der Waldbahn, die einst den Holztransport aus den weiten Wäldern südlich der Alpenstraße vereinfachte. Infotafeln erklären die Hintergründe.

Die gemütliche Harbachalm

Linke Seite: Die Bäckinger Triftklause am oberen Ende der Schwarzachenklamm

Zur Harbachalm Herrlich schattig steigt der Weg bis zur **2** **Bäckinger Klause** an. Hier wurde das Wasser der Achen für

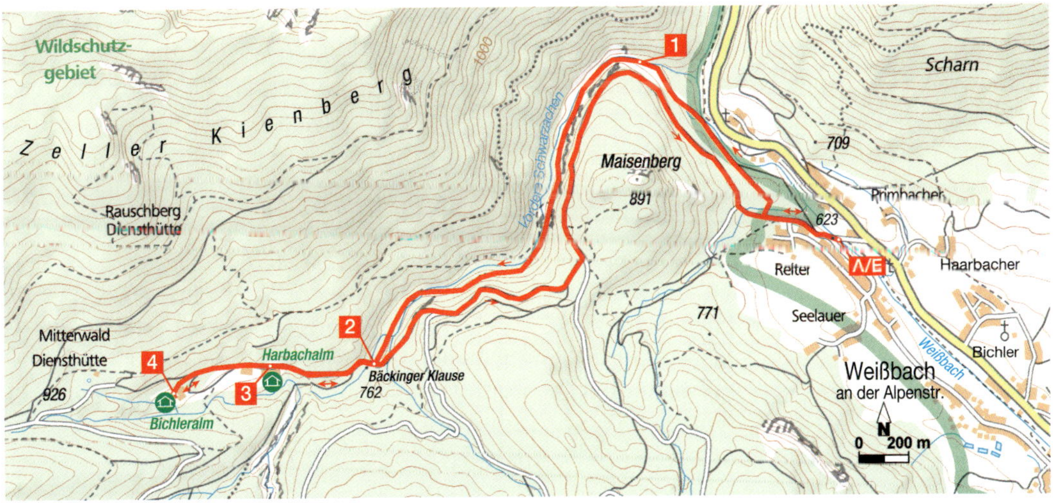

Rechte Seite: Viele lauschige Plätzchen liegen in der Schwarzachenklamm.

die große Holztrift aufgestaut, und hierher werden wir nach dem Almbesuch wieder zurückkommen. Wir queren den Bach und steigen nun rechts den steileren Weg bergan. Die Anstrengung währt nicht lang, und bald haben wir die ❸ **Harbachalm** erreicht. Auch wenn sie uns keine sensationelle Aussicht bietet, sitzt man sehr gemütlich auf der Wiesenfläche vor der Hütte. Die Alm ist ganz auf Gäste, Mountainbiker und Wanderer eingestellt, und da die Tour auch eine sehr beliebte Strecke für Familien mit Kindern ist, kann es an einem Wochenende schon mal voll werden. Den Aufstieg entlang der plätschernden Schwarzachen schaffen selbst die Kleinsten spielend, und Spaß haben sie dabei auch noch. Auf dem weitläufigen Almgelände können sie sich gut austoben, während die Eltern in Ruhe ihre Brotzeit genießen.

Rückweg über die Bichleralm Etwas ruhiger geht es ein paar Hundert Meter weiter auf der ❹ **Bichleralm** zu. Auch hier werden wir von den freundlichen Almpächtern mit Brotzeit und Getränken verwöhnt – auf keinen Fall dürfen wir uns den feinen selbst gebackenen Kuchen entgehen lassen!
Zurück geht es zunächst wieder zur ❷ **Bäckinger Klause**. Hier biegen wir von unserem Hinweg rechts ab und steigen kurz, aber steil zum Alm- und Forstweg hinauf. Diesem folgen wir schließlich nach links, stets leicht bergab zurück zum Parkplatz in Ⓔ **Weißbach**.

Holztrift und Waldbahn

Holz wurde im Alpenvorland in gewaltigen Mengen verbraucht. Vor allem die beiden Salinen in Bad Reichenhall und Traunstein verschlangen unglaubliche Mengen. Dabei gab es in den weiten Bergwäldern genug Holz, das Problem war nur, es zu den Verbrauchern zu bringen.
Die älteste Methode war, in einem geeigneten Tal das Wasser aufzustauen, um in diesen Stausee das Holz zu werfen. Öffnete man das Stauwehr, so wurden die Stämme mit dem Wasserschwall mitgerissen, an einem geeigneten Platz dann aus dem Wasser gezogen und mit Fuhrwerken bzw. später mit Lastautos zum Verbraucher befördert. Das große Problem war nur, dass sich das Holz während der Trift immer wieder verkeilte. Dann mussten die Holzknechte an die kritische Stelle absteigen, um mit Stangen und Hacken die Stämme zu lösen. Unfälle waren dabei vorprogrammiert. Ende der 1920er-Jahre war die Technik so weit fortgeschritten, dass man eine Schmalspurbahn für den Holztransport bauen konnte, und die Holztrift wurde eingestellt. Heute ersetzen schwere Lastautos die Bahn.

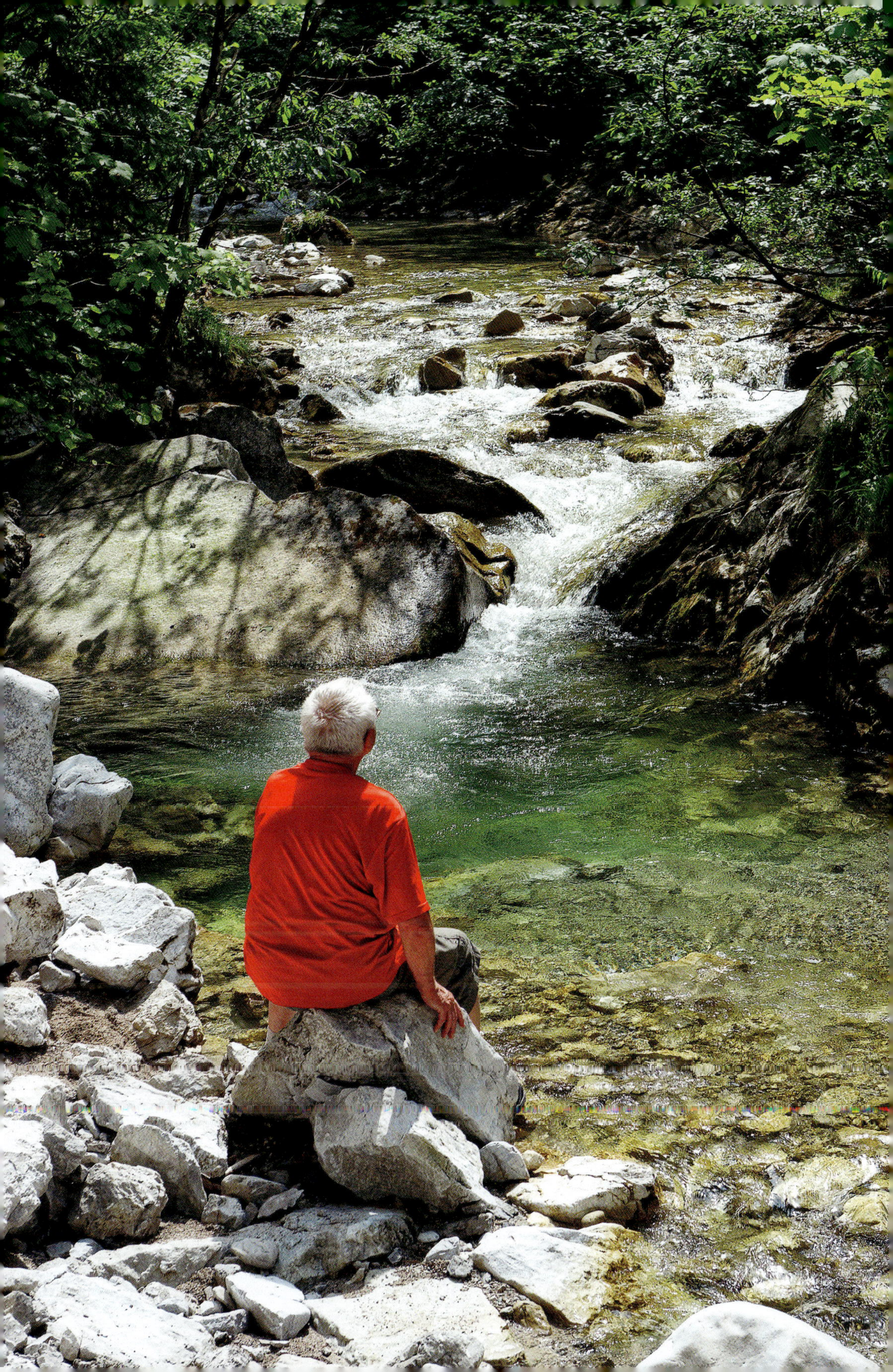

26

Um den Höglwörther See

Auf den Spuren der Augustiner-Chorherren

Leicht | 1.30 Std. | 100 Hm | 5,5 km

Besonderer Genuss: Ruhe und Natur

Tourencharakter
Einfache Wanderung auf gut ausgebauten Wegen rund um den See, ganzjährig auch mit Kinderwagen oder im Winter mit Schlitten zu begehen. Im Sommer Badesachen mitnehmen, Mückenschutz nicht vergessen!

Ausgangs-/Endpunkt
Dorfplatz in Anger
GPS: 47.8021 N, 12.8568 O

Anfahrt
Auto: A 8 bis Ausfahrt Anger (Achtung, diese Ausfahrt ist nicht ausgebaut und hat kaum eine Abbiegespur! Alternativ Ausfahrt Freilassing nehmen) und links nach Anger; dort gibt es zwei große unbeschränkte, kostenlose Parkplätze unterhalb des Dorfs
Bus & Bahn: Mit der Bahn nach Teisendorf oder Piding, dann weiter mit Bus Nr. 829

Gehzeiten
Rundweg 1.30 Std.

Einkehr
Gaststätte Goberg in Anger; am Höglwörther See der Klosterwirt und für den kleinen Hunger ein Kiosk an der Badewiese

Karte
Kompasskarte 1:50 000, Nr. 14 Berchtesgadener Land/ Chiemgauer Alpen

Information
www.anger.de

Wir geben es zu: Lang ist unsere Wanderung nicht, eher ein ausgedehnter Spaziergang, aber dafür ein sehr genussvoller. Wir lieben diesen Weg vor allem im Sommer, denn es wartet einer der wärmsten Seen Bayerns auf uns, der an zwei Stellen frei zugänglich ist und mit Liegewiesen zu einem Sonnenbad einlädt. Zudem lockt der gemütliche Klosterwirt zur Einkehr.

Bauernland vor den Bergen Unsere Tour beginnt am großen Dorfplatz von A **Anger**, der wie das Dorf selbst Anger genannt wird. Solche Anger mit einer Zufahrt auf der einen Seite und der Kirche als Abschluss auf der anderen sind in oberbayerischen Dörfern praktisch verschwunden. Aber dieser außergewöhnlich große und freie Dorfplatz in Anger beeindruckte schon den bayerischen König Ludwig I – sein Ausspruch »Anger ist das schönste Dorf Bayerns« wird heute noch als Werbung verwendet.
Wir gehen an der Nordwestseite des Dorfplatzes zu den Parkplätzen, wo zwei Häuser den Platz abschließen. Zwischen ihnen beginnt ein Fußweg, dem wir folgen. Wir überqueren die Zufahrtsstraße zum Dorfplatz und nehmen gegenüber die Holzhauser Straße, die an schön geschmückten Häusern vorbei aus dem Dorf führt. An der Abzweigung der Haslauer Straße fällt uns ein ungewöhnliches Wegkreuz auf: Unter dem eigentlichen Kreuz mit Christus, Maria und Johannes stehen sechs Bretter, die einen aus Holz geschnittenen Stahlhelm tragen. Das sind Totenbretter, mit denen die Vorbeigehenden aufgefordert werden, für die Toten zu beten. Dieser Brauch wird heute eigentlich mit dem Bayerischen Wald verbunden, aber auch hier im Rupertigau wird er seit geraumer Zeit wieder neu gepflegt.

Postkartenmotive Wir folgen der Straße weiter zur neu gebauten Gassl-Ranch, einem auffällig großen Stallgebäude, vor dem wir rechts abbiegen. Zurückblickend ergibt sich ein Postkartenmotiv: Die Pfarrkirche von Anger steht direkt vor dem breiten Untersberg. Im Weiler Stockham verzweigt sich die Straße

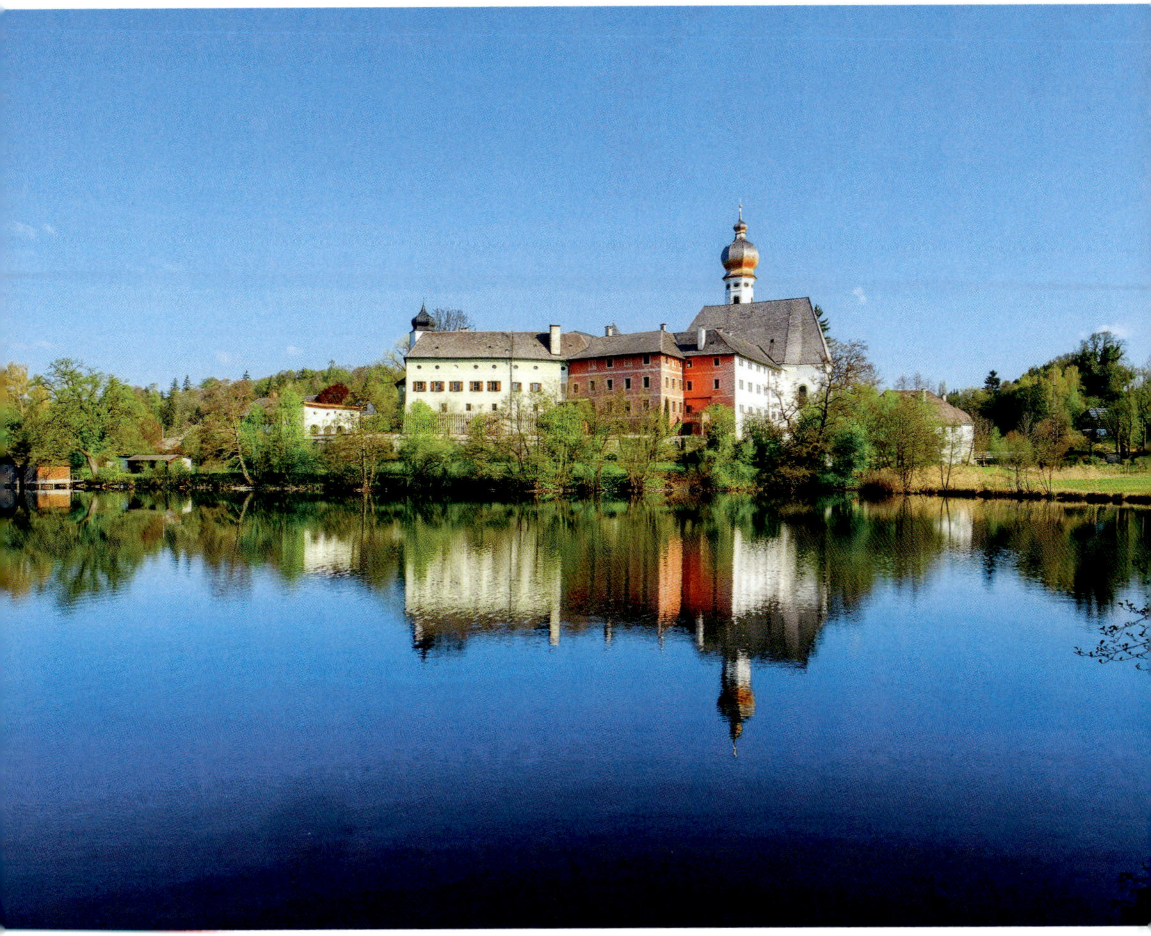

Die Halbinsel mit der Klosterkirche Höglwörth spiegelt sich im See.

wieder, und rechts durch die Häuser hindurch erreichen wir die ❶ **Hangkante des Höglwörther Sees**. Das Bankerl verleitet uns zu einer ersten Schaurast: Unter uns liegt der See mit dem ehrwürdigen Kloster, und deutlich sieht man die Verlandungsflächen, durch die die Halbinsel vor noch gar nicht langer Zeit entstanden ist.
Rasch erreichen wir eine Kreuzung, zu der wir nach der Seeumrundung zurückkommen werden. Jetzt wandern wir nach links auf den Uferweg. Gleich zu Beginn gibt es einen kleinen Badeplatz, der frei zugänglich ist. Danach führt der Weg mehr oder weniger nah am Ufer entlang. Mächtige Bäume ragen mit ihren Ästen weit hinaus über die Wasseroberfläche, in der sich die Türme des Klosters spiegeln.

Runde um den See Wir kommen zu einer Sitzbank, hinter der ein verschlossenes Rohr aus dem Boden schaut. Hier stand noch bis vor wenigen Jahren ein kleines Elektrizitätswerk, das die Bewohner des Klosters und den Klosterwirt mit Strom versorgte. Es musste abgerissen werden, als es den stetig wachsenden Strombedarf nicht mehr decken konnte.

Ein Stück weiter überqueren wir den Schornbach. Ehe er in den See mündet, springt er in Kaskaden über auffällige Stufen, die sich in den Wald hinein fortsetzen – das sind die Grundmauern der ehemaligen Bäckermühle, in der Getreide für das Kloster und für die Bauern der Umgebung gemahlen wurde. Als sie baufällig wurde, trug man sie 1922 ab.

Einsame Wege führen durch grünes Bauernland.

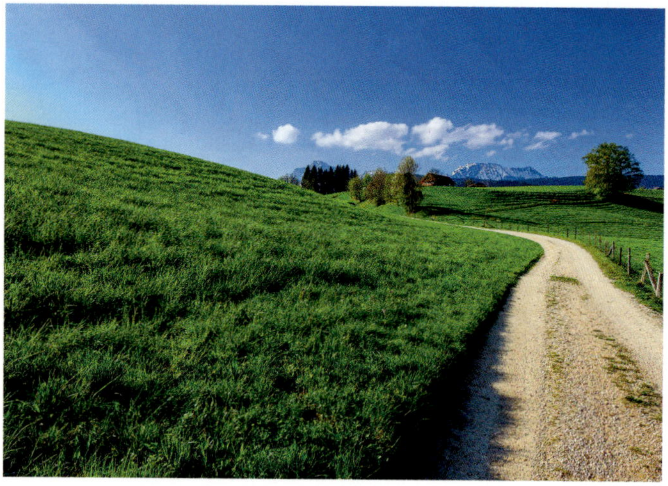

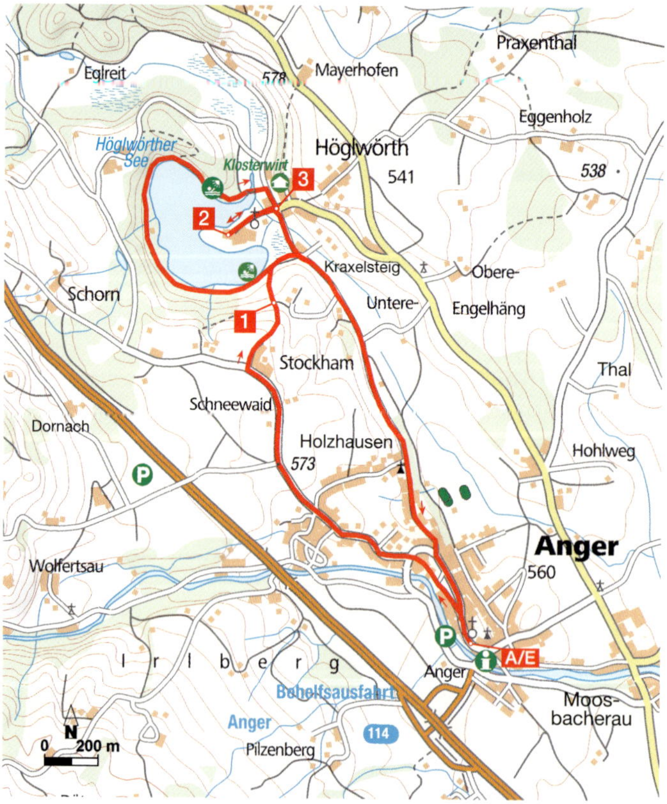

Langsam wendet sich der Weg nach rechts, und wir haben das Nordende des Sees erreicht. Wir passieren das Höglwörther Freibad, das während der Badesaison ebenfalls frei zugänglich ist; in dieser Zeit ist zudem der Kiosk geöffnet, der neben Getränken auch eine warme Küche anbietet. Dann überqueren wir den Ausläufer des Sees auf einem Holzsteg und stehen vor dem ❷ **Kloster Höglwörth**.

Sicherer Standort Das Kloster wurde 1125 durch Erzbischof Konrad I. von Salzburg gegründet; damit sollte das Land westlich der Salzach kolonisiert werden. Der kleine See mit seiner Insel, die erst viel später durch Verlandung zur Halbinsel wurde, bot sich als sicherer Standort an. Das Kloster hatte mit vielem Auf und Ab bis 1817 Bestand. Es war vor allem durch die Belastungen während der Napoleonischen Kriege derart abgewirtschaftet, dass der letzte Probst Gilbert Grab selbst die Auflösung beantragte.

Das jetzt leerstehende Kloster hatte Glück: Philipp Wieninger, der Besitzer der Brauerei von Teisendorf, sah 1821 in der Klosterbrauerei Höglwörth eine bequeme Möglichkeit, seine Kapazitäten zu erweitern. Er kaufte das komplette Kloster und führte die Brauerei noch viele Jahre fort. Später zog sogar seine Familie in die leeren Räume ein und nutzt sie immer noch als Wohnung. Damit blieben die Baulichkeiten schließlich erhalten und bieten uns das geschlossene Bild eines der vielen Kleinklöster, die sich über Jahrhunderte hinweg um die Seelsorge am Land kümmerten.
Die Kirche ist tagsüber geöffnet, ebenso ist der Klosterhof für Besucher zugänglich; der Rest hingegen ist in privater Hand und bleibt uns verschlossen.

Wieder zum Parkplatz Jetzt wollen wir natürlich auch noch das Bier des Klosterbesitzers probieren – dafür kommt uns der urgemütliche 3 **Klosterwirt** mit seinem schönen Biergarten gerade recht. Auch die Küche lässt nicht zu wünschen übrig, der Klosterwirt ist eine echte Institution im Rupertigau.
Dann machen wir uns mit vollem Bauch auf den zum Glück nur noch kurzen Rückweg. Wir folgen dem Klosterweg, passieren die Stelle, an der wir schon einmal vorbeigekommen sind, und bleiben jetzt geradeaus. Über Felder erreichen wir noch eine Naturkneippanlage, ein genussvoller Spaß zum Schluss. Danach geht es vorbei an einer Kapelle direkt zum Dorfplatz von E **Anger** zurück.

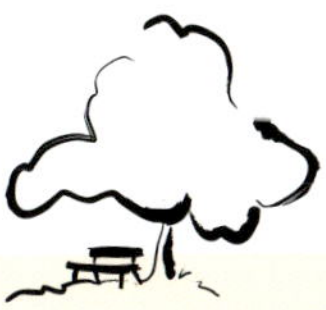

Der Höglwörther See

Er gehört zu den landschaftlichen Höhepunkten des Rupertigaus. Auf drei Seiten von Wald umgeben, hat der See als Zufluss den Schornbach und als Abfluss den Ramsauer Bach, der ihn nach Teisendorf hin entwässert. Auf dem Holzsteg am Abfluss sehen wir deutlich an den großen Schilfflächen, dass der See langsam, aber unaufhaltsam verlandet. Diese stete Verlandung hat auch die Insel, auf der das Kloster ursprünglich gebaut wurde, zu einer Halbinsel gemacht. Früher, als noch klösterliches Leben in den alten Mauern herrschte, war der See für seine Krebse berühmt, galt doch ihr Fleisch als Fisch und durfte so während der Fastenzeit gegessen werden. Durch die Überdüngung der Felder in der Umgebung waren die Krebse lange Zeit verschwunden; der Umweltschutz hat die Situation mittlerweile stark verbessert, und so wurden im Herbst 2017 zum ersten Mal wieder Krebse am See beobachtet.

27

Zu den Mordaualmen

Brotzeit mit Hochkalter-Blick

Leicht | 2.15 Std. | 320 Hm | 8,5 km

Besonderer Genuss: Einkehr

Tourencharakter
Einfache, unkomplizierte Wanderung auf gut gepflegten Wegen

Ausgangs-/Endpunkt
Wanderparkplatz Wachterl in der Ramsau
GPS: 47.6096 N, 12.8740 O

Anfahrt
Auto: A 8 bis Ausfahrt Siegsdorf, weiter über Inzell, dann auf der B 305 (Dt. Alpenstraße) über Weißbach und Schneizlreuth Richtung Ramsau und vor der Abzweigung zum Hintersee zum Wanderparkplatz Wachterl
Bus & Bahn: Mit der Bahn bis Berchtesgaden und von dort mit Bus Nr. 846 in die Ramsau (Abfahrtszeiten vorab bei der Tourist-Info erfragen, der Bus fährt nicht regelmäßig!)

Gehzeiten
Zum Taubensee 15 Min., Aufstieg zu den Mordaualmen 1 Std., Abstieg 1 Std.

Einkehr
Mordaualmen (die Almen haben nur geöffnet, wenn sie während der Sommermonate bestoßen werden)

Karte
Kompasskarte 1:50 000, Nr. 14 Berchtesgadener Land/ Chiemgauer Alpen

Information
www.ramsau.de

Eigentlich besteht die Mordaualm aus zwei Almhütten, dem Kederbach- und dem Hinterkeilhofkaser. Sie liegen nebeneinander im Lattengebirge und werden von verschiedenen Almbauern bewirtschaftet. Mit fantastischem Blick auf den Hochkalter und seine Blaueis-Gletscherzunge lässt es sich hier perfekt einkehren.

Zum Taubensee Wir starten unsere Wanderung am Ⓐ **Wanderparkplatz Wachterl** und folgen vom Parkplatz aus dem Weg in Richtung Ramsau, der parallel zur Deutschen Alpenstraße verläuft. Nach wenigen Metern queren wir die kleine Straße, die nach Hintersee führt, und wandern zunächst fast eben durch den Wald zum idyllischen ❶ **Taubensee**. Eine kleine Schaurast können wir am Steg einlegen, denn im Wasser spiegelt sich der Hochkalter, und wenn wir Glück haben, sind wir zur Zeit der Seerosenblüte unterwegs.

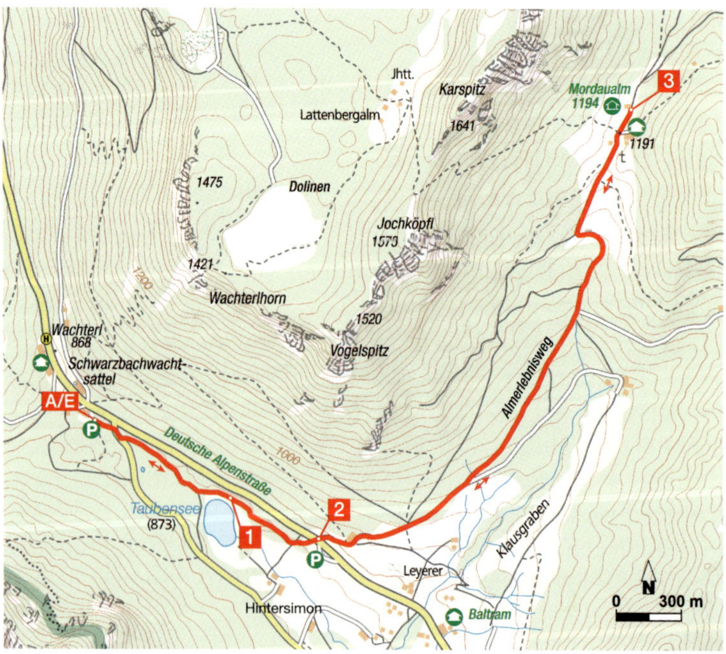

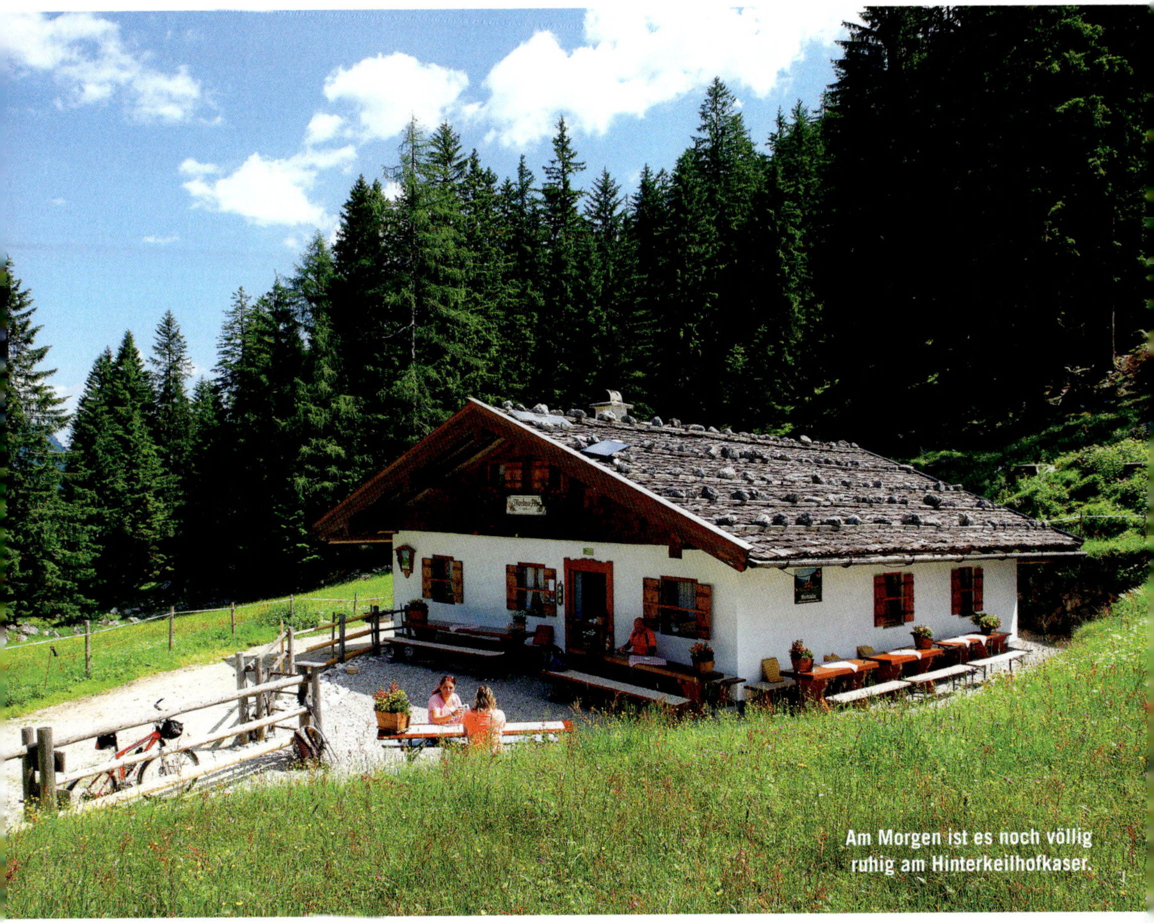

Am Morgen ist es noch völlig ruhig am Hinterkeilhofkaser.

Am Almerlebnisweg Ein kleines Stück weiter nähern wir uns wieder der Alpenstraße; nach links können wir durch einen kleinen ❷ **Fußgängertunnel** sicher auf die andere Seite wechseln. Hier beginnt nun der Aufstieg zu den Mordaualmen, der identisch mit dem vom Tourismusverband angelegten Almerlebnisweg ist. Eine große Molkerei hat dafür Informationstafeln aufstellen lassen, auf denen wir viel Wissenswertes über die Geologie, die Almen und das Leben auf dem Berg erfahren. So wandern wir auf der sonnigen Zufahrtsstraße bergauf und erreichen mit herrlicher Aussicht auf Hochkalter und Watzmann nach einer großen Almwiese die ❸ **Mordaualmen**, wo wir im Sommer einkehren können. Der Kederbachkaser ist die ältere Alm und durch ihre Bauform etwas ganz Besonderes. Der Hinterkeilhofkaser liegt (nomen est omen) etwas dahinter;

Selbst gemachter Bergkäse und Buttermilch – das schmeckt!

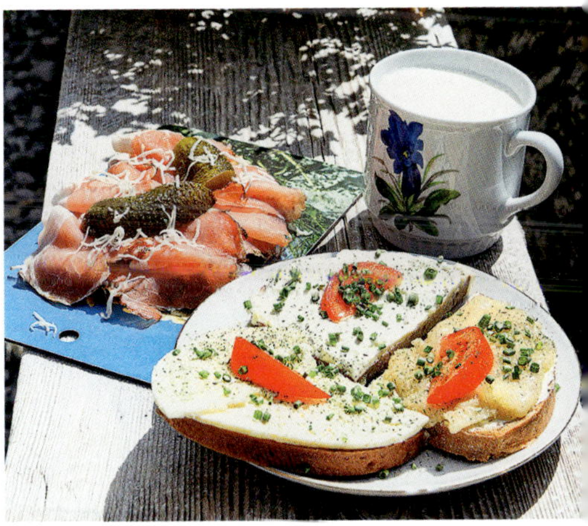

hier sitzt man windgeschützt gemütlich vor der Alm, die überdies äußerst liebevoll mit Blumen geschmückt ist. Wunderbar ist es auch, wenn man von der Alm zu dem kleinen Almkreuz hinaufsteigt. Der schnellste Abstieg führt dann über den Anstiegsweg wieder zurück zum E **Wanderparkplatz Wachterl**.

Die Mordaualmen

Die Almen auf der Mordau sind Rundumkaser, genau wie auch die Bindalm (Tour 30). Damit unterscheiden sie sich in ihrer Bauform ganz wesentlich von den sonst üblichen Almen des Alpenraums, bei denen Wohnraum und Stallung hintereinander liegen. Ein Rundumkaser hat einen etwa quadratischen Grundriss, der Wohnraum im Zentrum wird vom Stall umgeben. Das hatte vor allem in der Übergangszeit den großen Vorteil, dass die Wärme des Stalls den Wohnraum mitheizte. Überdies konnte die Sennerin deutlich hören, wenn es im Stall Probleme gab, bei denen sie eingreifen musste. Diese besondere Form der Alm entwickelte sich aus einer einfachen Hütte, die dem Senner oder der Sennerin als Schlafplatz diente. Wenn man die Sparren am Dach verlängerte, ergab sich ein trockener Unterstand für das Vieh und damit auch ein trockener Platz zum Melken. Es mag mit der Klimaverschlechterung im späten Mittelalter zusammenhängen, dass man außen Seitenwände befestigte. Damit war der Rundumkaser entstanden, den wir bei den Mordaualmen noch in dieser Form finden. Der Rundumkaser ist jedoch kein Museum, sondern ein klassischer Almbetrieb, und die Sennerin muss dort wirklich arbeiten. Trotzdem kann man dort hervorragend zu einer Brotzeit mit Almkäse einkehren.

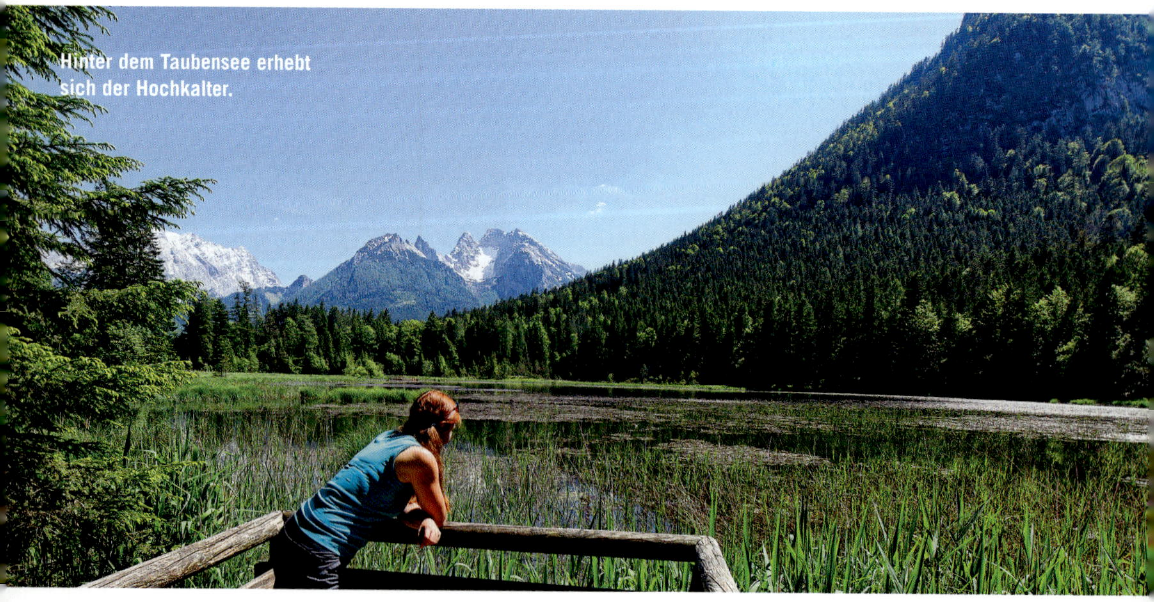

Hinter dem Taubensee erhebt sich der Hochkalter.

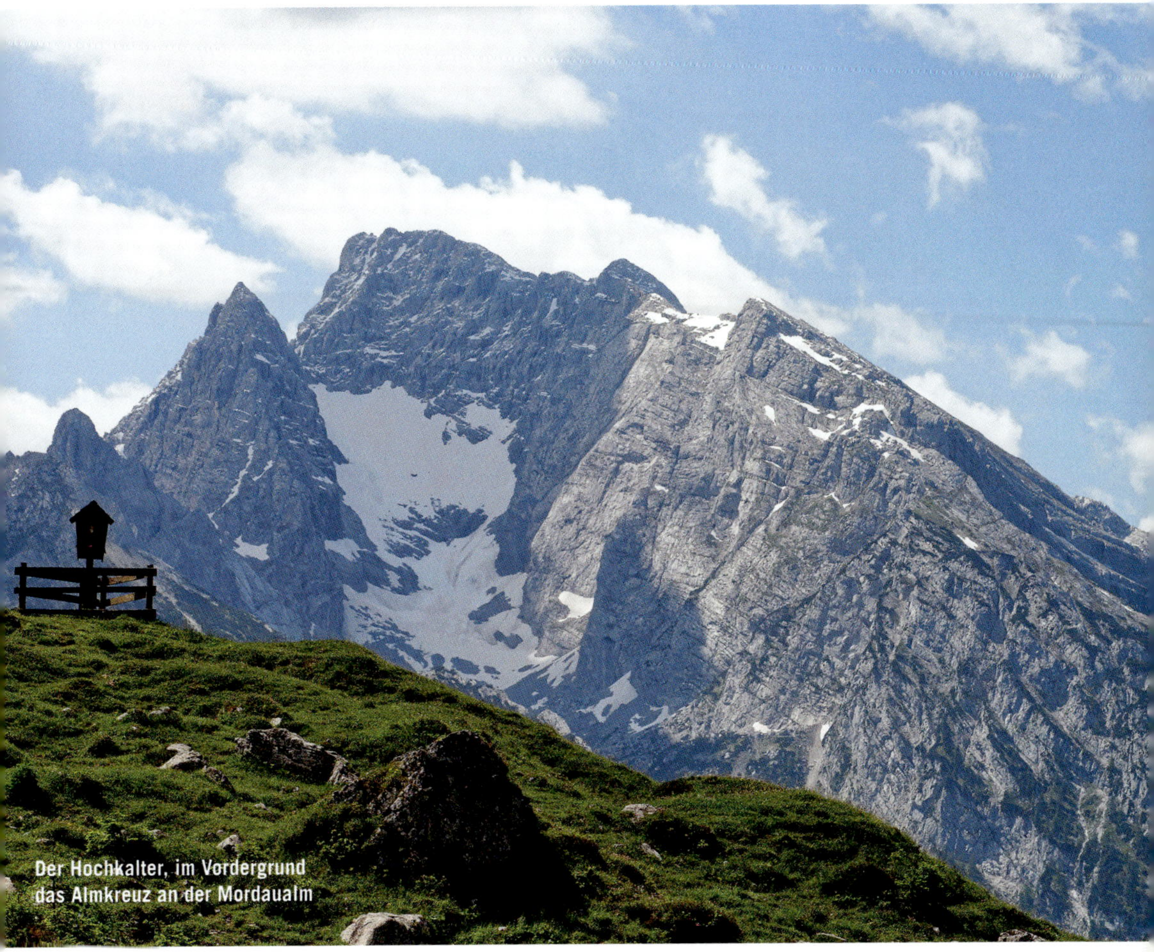

Der Hochkalter, im Vordergrund das Almkreuz an der Mordaualm

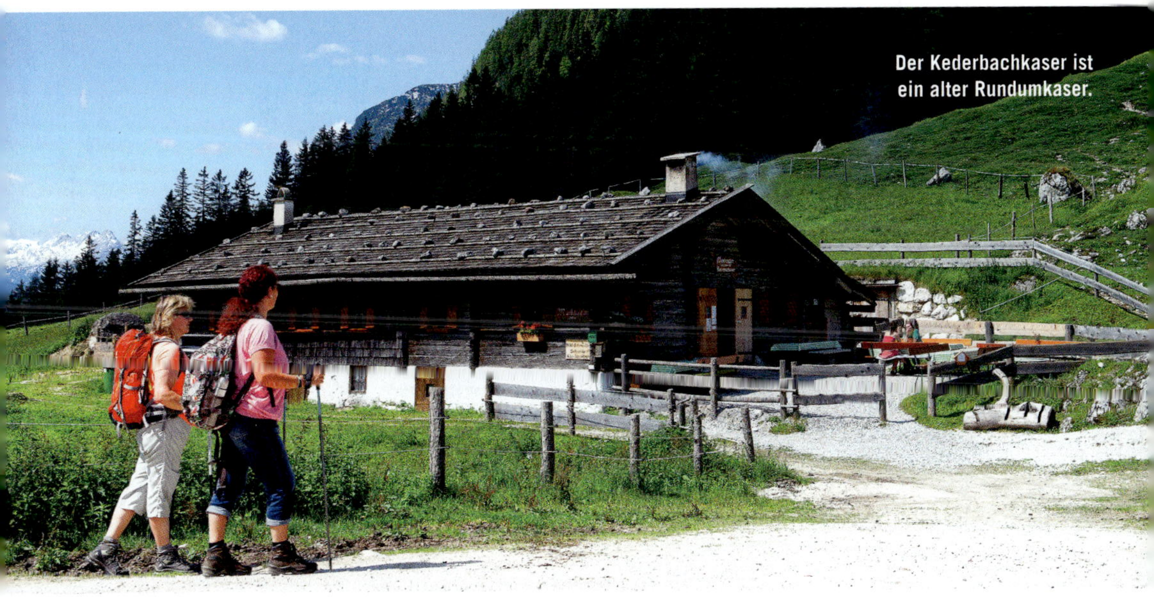

Der Kederbachkaser ist ein alter Rundumkaser.

28 Zum Hintersee

Zauberwald und magischer Bergsee

Leicht | 2 Std. | 120 Hm | 5,5 km

Besonderer Genuss: Ruhe und Natur

Tourencharakter
Einfache Wanderung auf gut ausgebauten Wegen und Steigen entlang der Ramsauer Ache und rund um den See. Im Sommer Badesachen mitnehmen

Ausgangs-/Endpunkt
Wirtshaus im Zauberwald in Ramsau
GPS: 47.6096 N, 12.8740 O

Anfahrt
Auto: A 8 bis Ausfahrt Bad Reichenhall, weiter Richtung Schneizlreuth, in Unterjettenberg rechts auf der Deutschen Alpenstraße nach Ramsau und durch den Ort Richtung Hintersee; das Wirtshaus liegt nach dem Ortsende auf der rechten Seite und ist ausgeschildert.
Bus & Bahn: Mit der Bahn bis Berchtesgaden, dann weiter mit dem Bus

Gehzeiten
Zum Hintersee 50 Min., ans Nordufer zum Bootsverleih 30 Min., Abstieg 40 Min.

Einkehr
Gasthof Auzinger am Hintersee

Karte
Kompasskarte 1:50 000, Nr. 14 Berchtesgadener Land/Chiemgauer Alpen

Information
www.ramsau.de

Der Hintersee mit seinem Zauberwald ist der Inbegriff der romantischen Berglandschaft: Im smaragdgrünen See liegen kleine, tannenbewachsene Felsinseln, und das wilde Wasser der Ramsauer Ache formt den Flusslauf durch die Felsen. Im mystischen Zauberwald stehen uralte Bäume.

Natur pur im Zauberwald Wir beginnen die Wanderung am Ⓐ **Wirtshaus im Zauberwald**, wo es ein paar Parkplätze gibt. Die Ramsauer Ache gibt den Weg vor, und wir folgen ihr flussaufwärts. Zunächst auf ihrer linken Seite, dann ans andere Ufer wechselnd, sind wir schon mitten im spannendsten Wegabschnitt. Der Weg windet sich um die Felsen, kleine Stege erleichtern manchen Tritt. Mächtige Bergahorne trotzen den Widrigkeiten von Hochwasser und Felsen und haben es geschafft, zu erstaunlicher Größe heranzuwachsen. Silberne Flechten hängen von den Zweigen der Nadelbäume, und im Wind we-

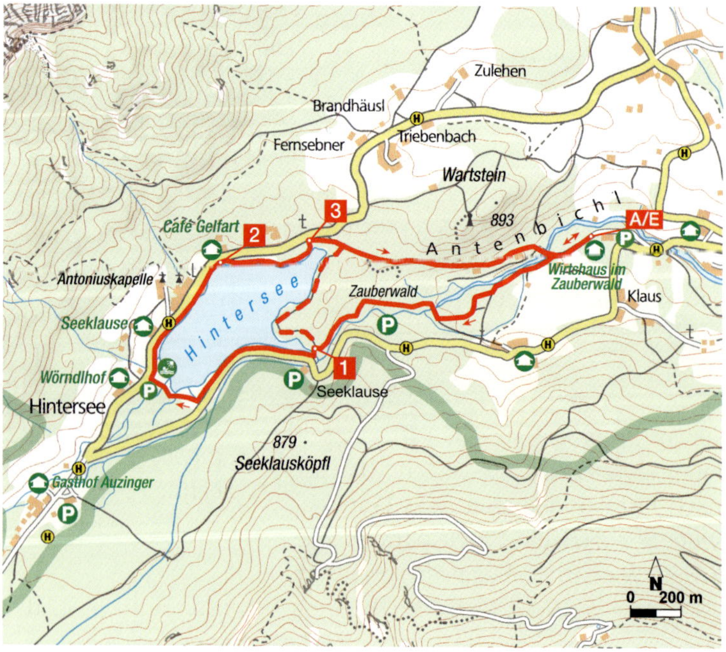

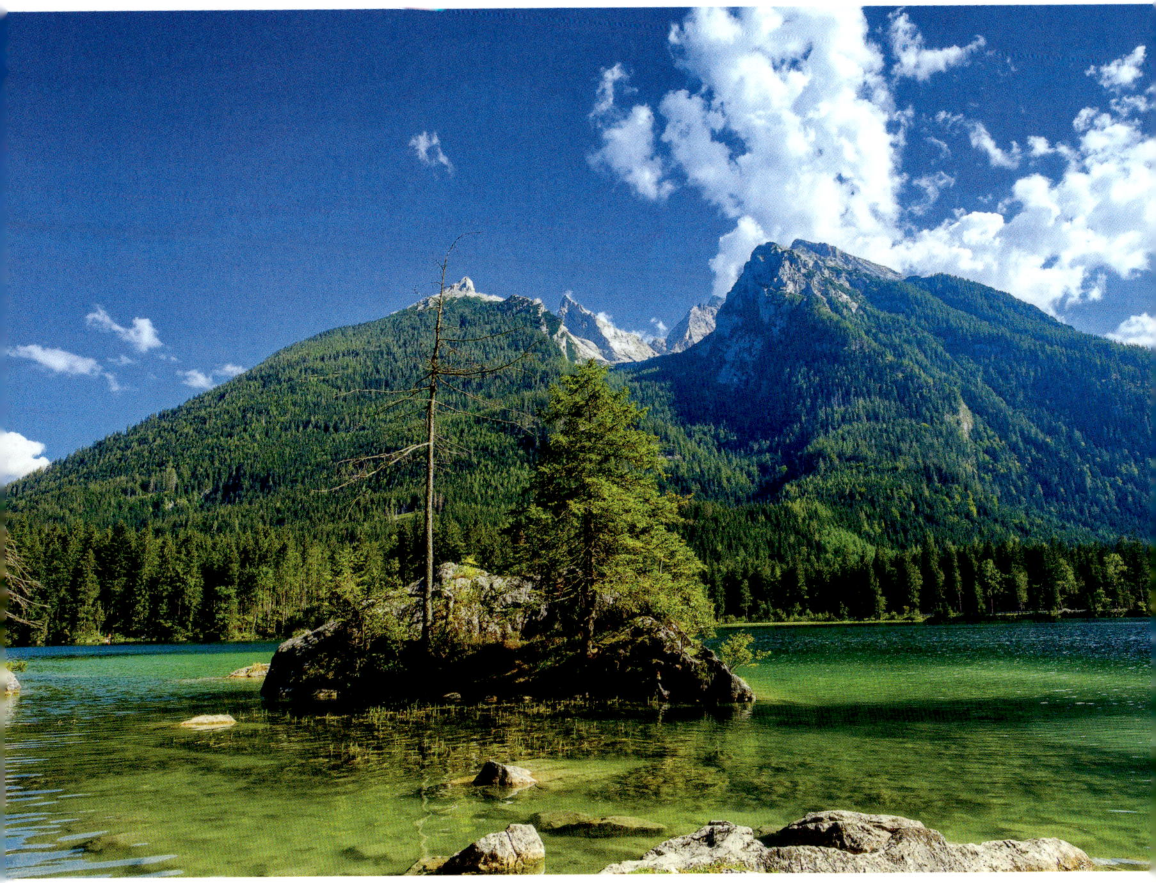

hen sie wie Feenhaar hin und her. Diese Flechten sind der beste Indikator für gesunde, saubere Luft, denn sie wachsen nur da, wo es keine negativen Umwelteinflüsse gibt. Immer leicht bergauf erreichen wir dann den höchsten Punkt der Wanderung am 1 **Abfluss der Ramsauer Ache** aus dem Hintersee. Erwachsene erfreuen sich an der kleinen Brücke über die tollen Aussichten, Kinder lieben den kleinen Kiosk mit seiner Eiskarte.

Das Wasser im Hintersee glänzt in unterschiedlichsten Grüntönen.

Rund um den Hintersee Am besten umrunden wir den See im Uhrzeigersinn. Dazu queren wir den Auslauf nach links und folgen dem Wanderweg, der jetzt ein Stück parallel zur Straße verläuft. Dann biegen wir rechts ein und wandern oberhalb eines verlandeten Teils des Sees zu einem Wanderparkplatz. Ganz in der Nähe befindet

Tipp

Im Sommer kann man sich am Hintersee auch Tret- und Ruderboote ausleihen, und es verkehrt das kleine Elektroboot »Annerl«, mit dessen Hilfe man den Rundweg abkürzen kann.

Rechte Seite oben: Der Kiosk liegt auf halber Strecke am Ufer des Hintersees.

Unten: Für Kinder ist der Zauberwald ein riesengroßer Naturspielplatz.

sich auch der kleine Badestrand. Wer beim Gasthof Auzinger einkehren möchte (s. Tippkasten), wandert hier für einen Abstecher nach links; alle anderen setzen nach rechts die Seeumrundung fort.

Entlang der Uferpromenade finden wir dann auch den Ruderboot- und einen Tretbootverleih – eine tolle Möglichkeit, den See mal aus einer anderen Perspektive zu erleben. Nach den ❷ **letzten Häusern** wird unser Weg wieder zu einem romantischen Pfad, der erneut in den Wald führt und dabei dem Seeufer folgt. Auf diesem Streckenabschnitt liegen nun die wunderbaren Inseln, die für den Hintersee so typisch sind und die wir auf allen Postkarten wiederfinden.

Dann stoßen wir auf einen breiteren Weg, die ❸ **Hinterseer Straße**. Für den schnellen Abstieg können wir ihr einfach folgen. Sie mündet kurz vor dem Wirtshaus Zauberwald in den Wanderweg, den wir vom Hinweg kennen. Von dort ist es nicht mehr weit bis zurück zum Ⓔ **Wirtshaus im Zauberwald**. Alternativ dazu können wir auch die Seeumrundung nach rechts fortsetzen und für den Rückweg wieder durch den Zauberwald wandern. Sicherlich ergeben sich so ganz neue Sichtweisen auf dieses wunderbare Geotop.

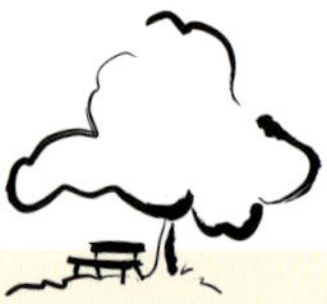

Zauberwald und Hintersee

Beide haben ihre Entstehung einem riesigen Felssturz zu verdanken: Vor einigen Tausend Jahren stürzten gewaltige Massen Gestein vom Massiv des Hochkalters ins Tal. Der Bergsturz staute die Ramsauer Ache zum Hintersee auf und formte die romantische Flusslandschaft mit ihrem angrenzenden Bergwald.

So schlängelt sich der wilde Fluss an vielen großen und kleinen Felsbrocken vorbei, die überall verstreut liegen. Sie sind von dickem Moos überzogen und von kleinen und großen Bäumen bewachsen, die sich mit ihren Wurzeln daran festklammern – ein wahres Kletterparadies für Kinder und ein absolut genussvoller, idyllischer Wanderweg für Erwachsene. Kein Wunder, dass der Zauberwald zu einem der schönsten Geotope in Bayern zählt. Der Hintersee gehört als lohnendes Ziel natürlich dazu. Zum einen kann man hier gut einkehren und zum anderen im Sommer auch sehr gut darin baden, auch wenn das Wasser recht erfrischend ist. Unbezahlbar und ein echter Höhepunkt sind jedoch die Ansichten rund um den See: Darin spiegeln sich die Wände des Hochkalters – und die sind trotz des gewaltigen Bergsturzes immer noch hoch und groß –, und die vielen kleinen Inseln sitzen wie grüne Perlen auf der Wasseroberfläche. Ein paar wenige davon eignen sich auch perfekt als ruhige Rastplätze und einsame Sonnenbänke, aber nur, wenn man vorher eine Kneipp-Tret-Kur im Wasser unternimmt …

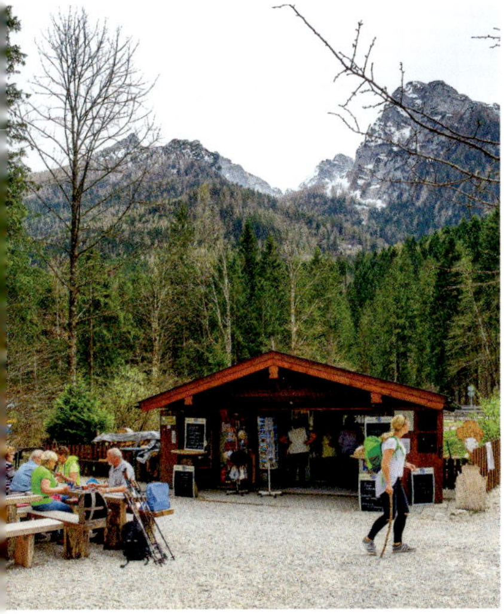

Einkehrtipp

Im Gasthof Auzinger am Hintersee gibt es seit 1610 ein Schankrecht. Im 19. Jh. entwickelte sich der Gasthof zu einem Künstlertreff und zu einer Malerherberge. Heute steht das sympathische Gasthaus unter Denkmalschutz und wird von der Familie Hillebrand bereits in der fünften Generation betrieben. Frische Fische aus dem See landen auf den Tellern genauso wie Wild aus den nahen Wäldern, und für den Schweinsbraten kommen wir immer wieder gern hierher.

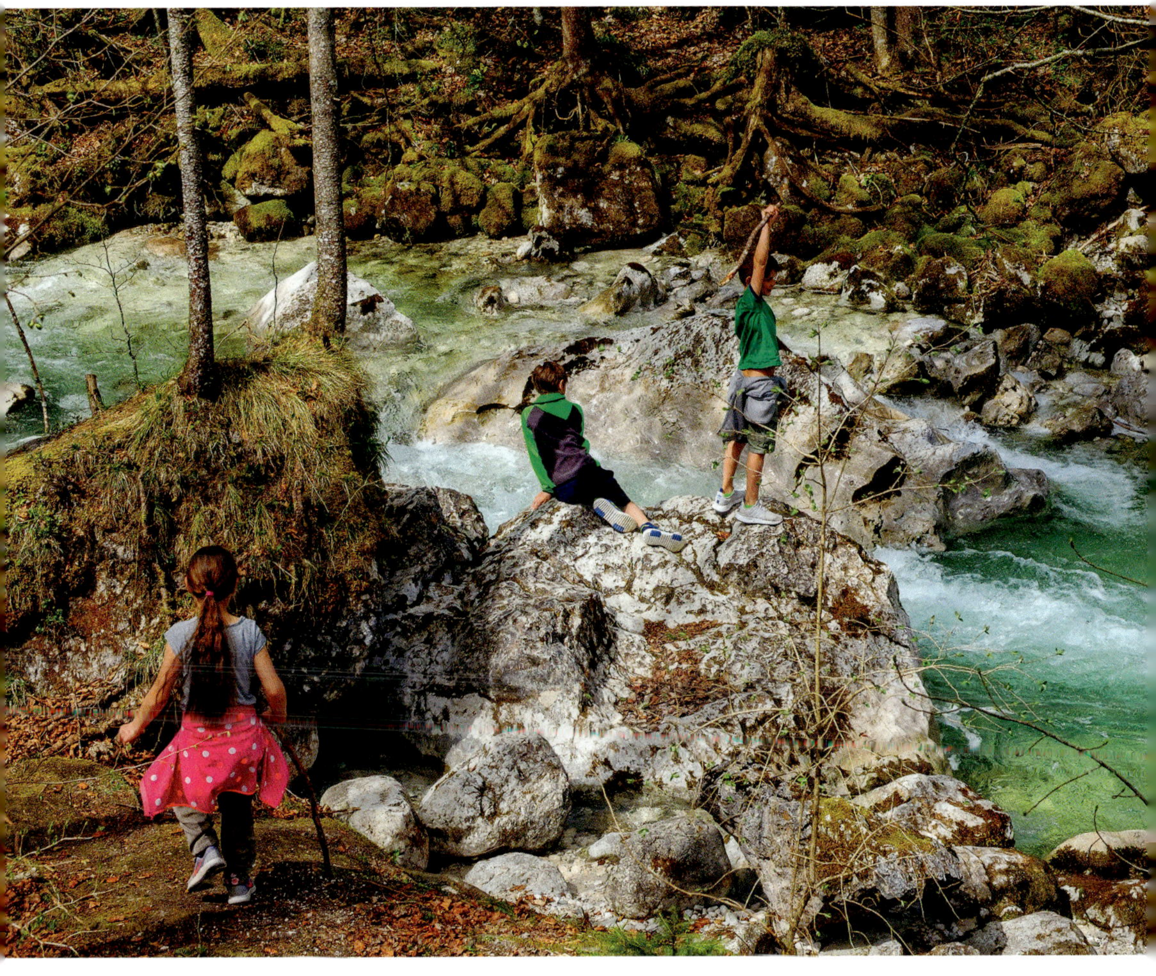

29

Zur Halsalm

Genussreicher Almsommer

Mittel | 3 Std. | 500 Hm | 6 km

Besonderer Genuss: Einkehr

Tourencharakter
Unschwierige Bergtour; der Aufstieg erfolgt auf einer Almstraße, der Abstieg verläuft steil auf schmalen Bergpfaden.

Ausgangs-/Endpunkt
Parkplatz am Hintersee
GPS: 47.6096 N, 12.8740 O

Anfahrt
Auto: A 8 bis Ausfahrt Siegsdorf, weiter über Inzell und auf der B 305 über Weißbach und Schneizlreuth Richtung Ramsau, dann rechts der Beschilderung zum Hintersee folgen und am See entlang zum gebührenpflichtigen Parkplatz am südlichen Ende
Bus & Bahn: Mit der Bahn bis Berchtesgaden oder Bad Reichenhall und weiter mit Bussen

Gehzeiten
Aufstieg zur Halsalm 1.45 Std., Abstieg 1.15 Std.

Einkehr
Die Halsalm hat nur von Juli bis Ende Sept. geöffnet, wenn die Alm bestoßen wird. Ab 17 Uhr bekommt man nichts mehr, da muss die Sennerin in den Stall. Am Ende der Tour findet man verschiedene Wirtshäuser am Hintersee.

Karte
Kompasskarte 1:50 000, Nr. 14 Berchtesgadener Land/ Chiemgauer Alpen

Information
www.ramsau.de

Bis heute ist die Halsalm eine richtige Alm und kein Berggasthof. Hier gibt es Milchkühe, auf die die Sennerin im Sommer aufpasst und deren Milch gleich oben am Berg weiterverarbeitet wird. Dahinter steht eine Leidenschaft, die ihresgleichen sucht, und das merkt man an den Produkten – selten schmecken Käsebrote mit Milch so gut wie hier!

Steinadler beobachten Vom Ⓐ **Parkplatz** am südlichen Ende des Hintersees wandern wir über das kleine geteerte Sträßchen etwas mehr als einen Kilometer Richtung Süden. Bald erreichen wir die Schranke, die den Zugang zum Berchtesgadener Nationalpark für den öffentlichen Verkehr sperrt. Für uns Fußgänger ist der Weg natürlich frei, und gleich darauf passieren wir das ❶ **Informationshaus des Parks**. Es ist in einem wunderschönen alten Hof untergebracht, und ein Besuch lohnt sich sehr, vor allem, weil im Klausbachtal (Tour 30) immer wieder

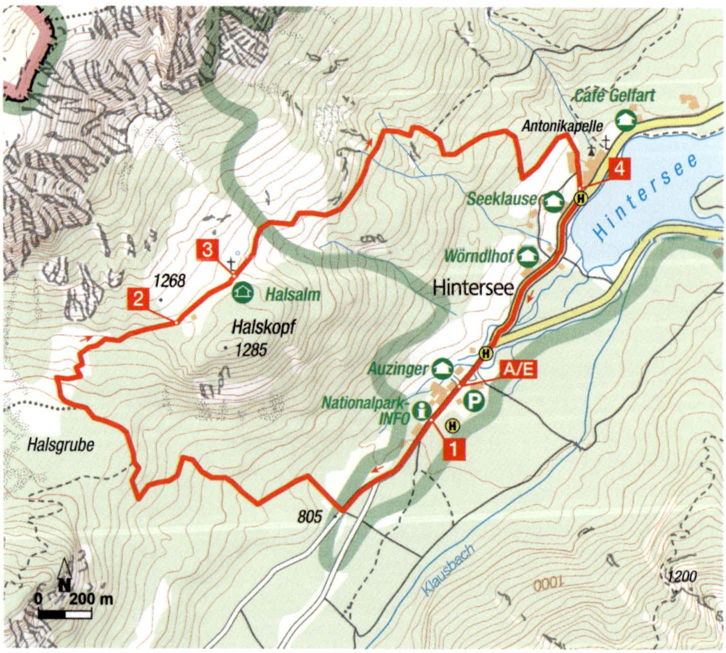

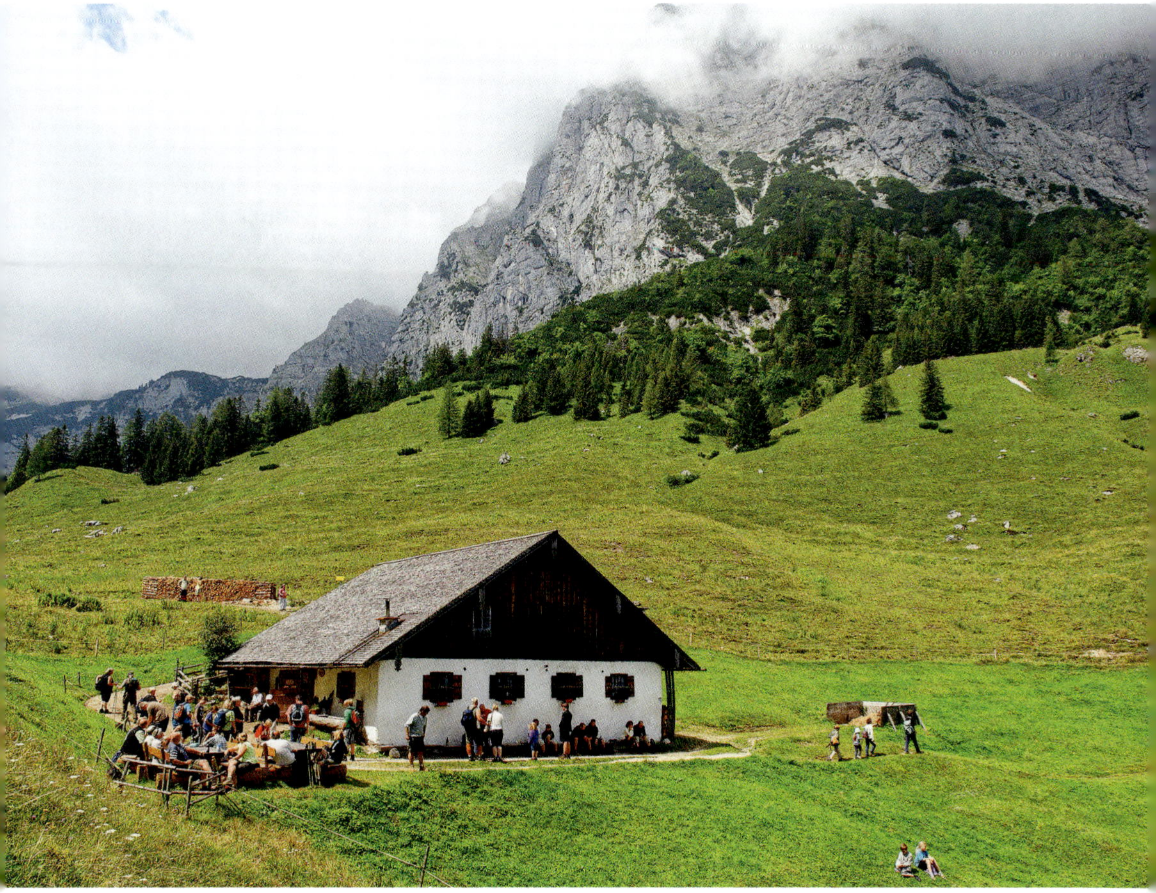

Die Halsalm mit ihren sonnigen Wiesen

Steinadler brüten. Die Ranger des Nationalparks erklären Genaueres dazu.

Aufstieg zur Halsalm Bald darauf weist uns rechts ein Schild auf eine kleine Almstraße Richtung Hochalm. Nicht gerade sanft geht es gleich zur Sache. Zum Glück ist der Weg anfangs schattig, das erleichtert den Aufstieg. Bald haben wir erste herrliche Ausblicke bis zum Talschluss und zu den Bergen der Reiteralpe. Von links zweigt einmal der Böselsteig ab, den wir jedoch unbeachtet lassen, da wir auf unserem Forstweg bleiben. Nach ein paar Kehren wird es flacher, und wir erreichen an einem Viehgatter eine 2 **Almwiese**. Vor einem Marsch direkt über die Wiese wird mit der Warnung vor Kreuzottern abgeraten, was uns übrigens die Sennerin der Halsalm bestätigt hat. Fast eben gehen wir immer noch auf dem

Tipp

Im Herbst wird Abschied vom Sommer gefeiert: Beim Almabtrieb werden die Kühe mit bunten Fuikln aufgekränzt und ins Tal geführt – ein großes Spektakel, das man einmal gesehen haben sollte.

Rechte Seite: Jeden Herbst werden beim Almabtrieb die Kühe von der Halsalm hinunter zum Hintersee gebracht.

Forstweg an einer kleineren Almhütte vorbei und erreichen schließlich von hinten die ❸ **Halsalm**. Der Ausblick auf den Hochkalter, die Ramsau und auf den Hohen Göll ist postkartenverdächtig schön! Tief unter uns schimmert das grüne Wasser des Hintersees, und wer die Idylle noch mehr genießen möchte, der geht am besten bis zu dem kleinen Kreuz mit den Bänken hinüber. Von dort ist der Ausblick noch einen Tick besser, und das rhythmische Läuten der Kuhglocken ist das Einzige, was die Stille am Berg unterbricht.

Zurück zum Hintersee Nach einer ausgiebigen Rast und dem Genuss der Käseköstlichkeiten auf der Halsalm machen wir uns an den Rückweg. Auf dem Pfad, der am Kreuz vorbeiführt, wandern wir anschließend auch wieder bergab. Nach ein paar Hundert Metern verschwindet hinter uns die Alm aus dem Blickfeld, und wir kommen in den Wald. Auf dem schmalen Bergpfad geht es flott abwärts, und nach einigen Kehren und Stufen erreichen wir eine Abzweigung. Geradeaus könnten wir sanfter bergab Richtung Taubensee steigen. Wir halten uns aber rechts hinunter in Richtung Hintersee / Antoniuskapelle.
Steil geht es jetzt bergab, und fast unten im Tal angekommen, etwas oberhalb der Wohnhäuser und Gaststätten am Hintersee, stoßen wir auf einen querenden Weg. Hier halten wir für uns wenige Meter links, bleiben dann aber entlang des Maschenzauns, der am Waldrand die letzten Meter bergab leitet. So erreichen wir an den Ausflugsgaststätten den ❹ **Hintersee** und gehen auf dem Seeuferweg nach rechts zum Ⓔ **Parkplatz**.

Von glücklichen Kühen und Wanderern

So lieben wir den Almsommer, mit einer leckeren Brotzeit aus verschiedenen Almkäsesorten und einem Bauernbrot mit frisch geschlagener Butter! Dazu gibt's schönste Aussichten auf das Berchtesgadener Land. Endlos könnte er dauern, so ein Sommer. Ein kleines Genuss-Stück davon bekommen wir auf der Halsalm geschenkt: An dem Türchen zur Stube kaufen wir uns die Brotzeit und die Getränke und lassen uns dann vor der Hütte an den Holztischen und Bänken nieder. Vor allem der Käse ist ein Traum – den produziert die freundliche Sennerin neben vielen anderem selbst: Es gibt frischen Schüsselkäse, der mit Salz und Pfeffer gewürzt ist, oder einen länger gereiften Bergkäse. Dass die Tiere, umgeben von den Bergen, in so herrlicher Natur glücklich sind, das schmeckt man schließlich: an der Milch und am Käse auf der Halsalm.

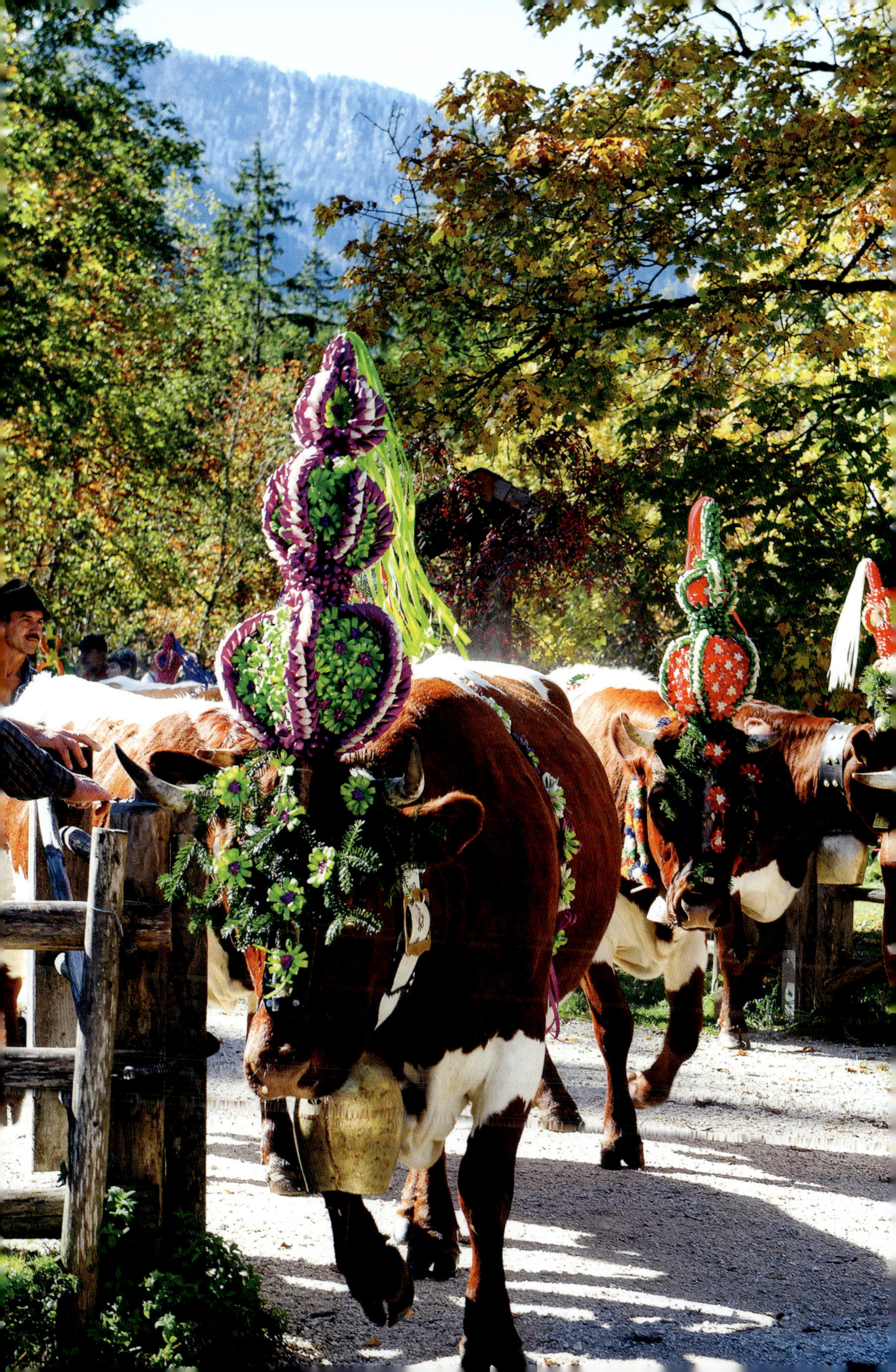

30

Durchs Klausbachtal

Almen-Zauber im Nationalpark

Mittel | 4 Std. | 300/600 Hm | 14 km

Besonderer Genuss: Kultur am Wegrand

Tourencharakter
Die Länge macht diese Wanderung zu einer »mittelschweren«. Mit dem Almbus kürzen wir knapp die Hälfte der Strecke ab. Die Runde über die Litzlalm kann auch weggelassen werden.

Ausgangs-/Endpunkt
Hintersee, Bushaltestelle Hirschbichlstraße
GPS: 47.5990 N, 12.8432 O

Anfahrt
Auto: A 8 bis Bad Reichenhall, Richtung Schneizlreuth, in Unterjettenberg rechts Richtung Ramsau, kurz hinter Wachtl rechts zum Hintersee, Parkplatz nach dem See.
Bus & Bahn: Bahn bis Berchtesgaden, mit dem Bus in die Ramsau. Dort kann man in den Alm-Erlebnis-Bus umsteigen.

Gehzeiten
Vom Hirschbichl bis zum Abzweig Litzlalm 25 Min., Abstecher Hin-und Rückweg Eiblkapelle 35 Min., Aufstieg bis Litzlalm 25 Min., Abstieg bis Hirschbichl 45 Min., bis Bindalmen 15 Min., bis Hängebrücke 1 Std., Rückweg bis Hintersee 35 Min.

Einkehr
Gasthaus Hirschbichl; Litzlalm; Bindalmen

Karte
Kompasskarte 1:50 000, Nr. 14 Berchtesgadener Land/ Chiemgauer Alpen

Information
www.berchtesgaden.de

Diese Wanderung ist wie geschaffen für Aussichtswanderer und Almenliebhaber. Im Klausbachtal erwartet uns eine prächtige Natur: gewaltige Berge mit Spitzen und Zacken, uralte Almen mit steinbeschwerten Dächern, eine Passstraße mit langer Geschichte und ein kleiner Bergsee mit grünen Inseln.

Mit dem Bus zum Hirschbichl Wir haben es immer als sehr angenehm empfunden, zuerst mit dem Bus zum Hirschbichlpass zu fahren. Dann kommen wir nicht in die Verlegenheit, den Bus eventuell für die Rückfahrt zu verpassen. Aber natürlich geht die Wanderung auch in entgegengesetzter Richtung, denn an der Hirschbichl-Haltestelle gibt es ein Gasthaus, in dem wir gemütlich auf den nächsten Bus warten können.
Aber so schnappen wir uns einen Sitzplatz an der **A Bushaltstelle Hirschbichlstraße** und fahren gemütlich die schmale historische Passstraße hinauf zur Grenze am Gasthof Hirschbichl.

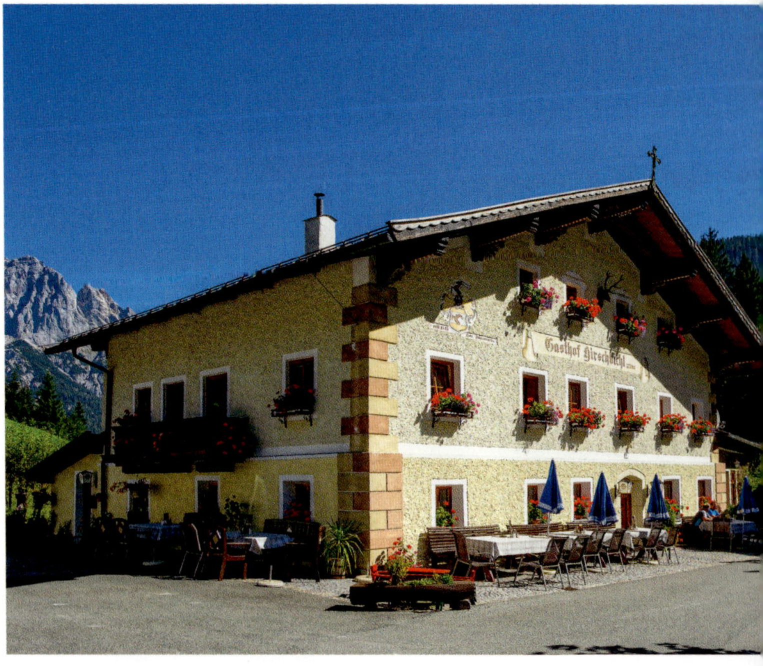

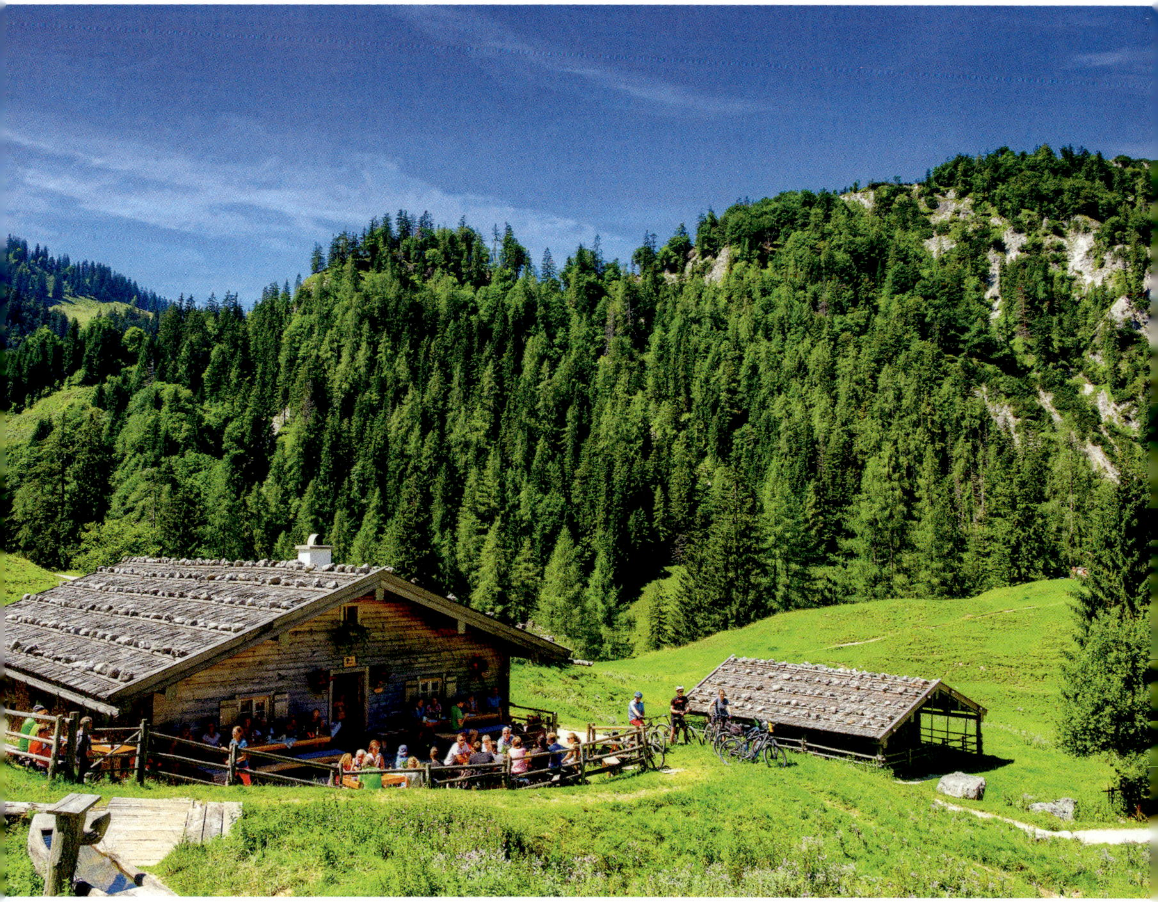

Die Bindalmen gehören zu den schönsten Almen im Berchtesgadener Land.

Linke Seite: Am Gasthof Hirschbichl beginnt die eigentliche Wanderung.

Der Übergang am Hirschbichlpass, der übrigens nicht genau am Gasthaus liegt, ist schon seit dem 13. Jahrhundert bekannt. Damals war er einer der vielen Saumpfade, die die Alpen durchzogen. Über den Hirschbichl führte der historische Salzhandelsweg von Berchtesgaden ins österreichische Pinzgau. Im Lauf der Geschichte wurde der Pass ausgebaut und militärisch befestigt. Ein erstes Schankrecht, um die Säumer und Reisenden zu bewirten, gab es bereits 1738. 1805 wurde das Wachthaus dann zu einem Gasthaus umgebaut, und das steht heute noch.

An der Grenze beim 1 **Gasthof Hirschbichl** verlassen wir den Bus und gehen nun zu Fuß weiter. Dabei entscheiden wir uns gleich am Anfang, ob wir direkt zurückwandern oder zunächst noch die schöne Litzlalm besuchen wollen. Ohne

Tipp

Der Alm-Erlebnis-Bus Nr. 847 fährt je nach Schneelage ab Mitte Mai bis Anfang Okt. vom Hintersee nach Hirschbichl (Fahrtzeit knapp 30 Min.; während der Hochsaison mehrmals täglich, in der Vor- und Nachsaison deutlich weniger; genau Abfahrtszeiten unter www.berchtesgaden.de).

sie sparen wir uns die Höhenmeter bergauf und etwa eineinhalb Stunden Weg, aber ein Besuch lohnt sich definitiv!

Zur Litzlalm Deshalb passieren wir, nun auf österreichischem Hoheitsgebiet, den Gasthof Hirschbichl und die kleine Mooswachtkapelle. Kurz danach teilt sich die Straße; wir halten uns rechts und folgen der kleinen Almstraße durch lichten Bergwald. An einer Almwiese erreichen wir dann die 2 **Abzweigung zur Litzlalm**.

Um noch zu einem weiteren schönen Aussichtspunkt zu gelangen, folgen wir weiter der Almstraße und kommen so zur hübschen 3 **Eiblkapelle**, die einen weiten Blick ins Pinzgau im Salzburger Land erlaubt.

Zurück am 2 **Abzweig** biegen wir scharf rechts ab und erreichen mit einem kurzen Aufschwung die 4 **Litzlalm**. Hier könnten wir Wurzeln schlagen! Gleich mehrere malerische Almhütten liegen verstreut auf einer mit einem kleinen Kreuz gekrönten Almwiese. Dahinter ragen die Felswände der Mühlsturzhörner und der Reiteralm auf – ein Anblick und Moment, der uns sicherlich in Erinnerung bleiben wird. Obendrein liegt in der Mitte des Almidylls die nette Jausenstation und lockt verführerisch zu einer Pause.

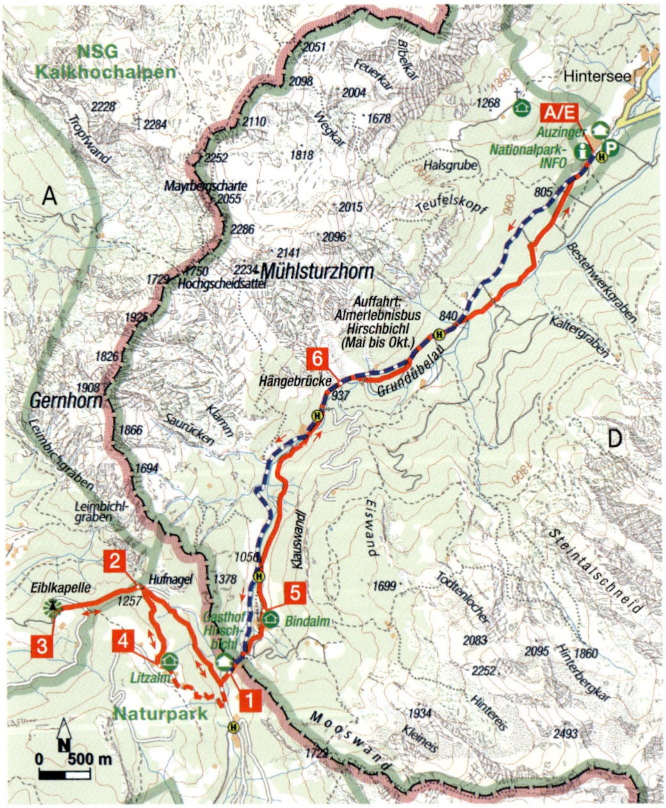

Über die Bindalmen Zurück könnten wir nun auf demselben bequemen Weg bis zum Hirschbichl wandern. Alternativ gehen wir nach der Jausenstation noch etwas weiter und biegen dann in der Spitzkehre der Almstraße links auf den Wanderweg ein, der uns steil im Zickzack bergab zum eigentlichen Hirschbichlpass führt. Nach links sind wir dann auch gleich wieder am 1 **Gasthof Hirschbichl**.

Jetzt machen wir uns auf den Abstieg durchs Klausbachtal. Für ein kurzes Stück geht es auf der Straße, auf der uns der Bus hinaufgefahren hat, nach Norden. Dann zweigt rechts ein schmaler Weg ab, der uns nach einem klitzekleinen Bergaufstieg dann abwärts zu den **5 Bindalmen** bringt. Diese können wir nicht nur ansehen, auch für eine Bewirtung ist gesorgt. Jetzt sind wir endgültig im Almen-Himmel!

Durchs Klausbachtal Aber es wartet ja noch der Rückweg durchs Klausbachtal auf uns. Der ist nun denkbar einfach: Wir folgen immer dem Wanderweg talauswärts, der im Wechsel über Wiesen, durch lichte Wälder und mal diesseits, mal jenseits des Hirschbichlklausgrabens verläuft. Schließlich nähert sich unser Wanderweg der Straße, und wir kommen zu einem weiteren Höhepunkt auf der Strecke: der **6 Hängebrücke**. So eine Brücke ist immer spannend, und zum Glück muss man hier nicht wirklich schwindelfrei dafür sein, aber auf die andere Seite müssen wir trotzdem. Sodann setzt sich unser genussvoller Weg fort, und wir passieren den Heiratsstein, dessen Bewandtnis eine Infotafel erklärt. Nun ist es nur noch ein Katzensprung, und wir erreichen das Informationshaus des Nationalparks Berchtesgadener Land und wieder unseren Ausgangspunkt an der **E Bushaltstelle Hirschbichlstraße**.

Zur Eiblkapelle führt ein Abstecher.

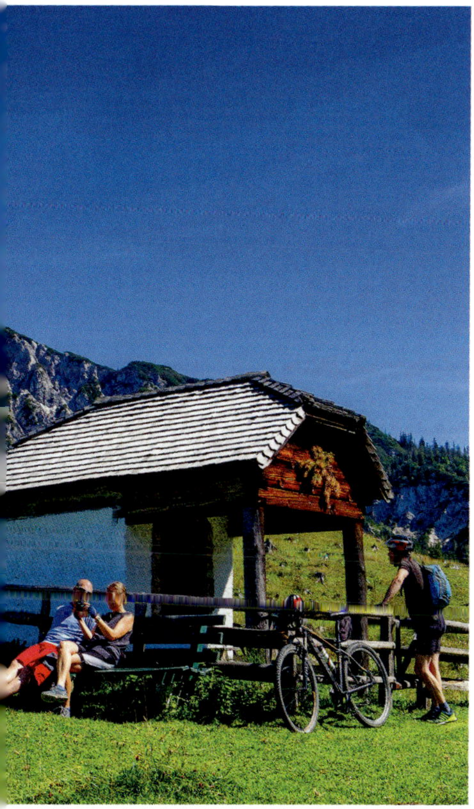

Malerisches Almdorf

Das hintere Klausbachtal weitet sich kurz vor der Grenze zum Pinzgau zu einem flachen Kessel – ideal zur Sömmerung von Vieh. Hier stehen vier Almhütten, malerisch gedeckt mit Legschindeln, die von schweren Steinen gehalten werden. Sie werden Kaser genannt. Das Wort hat übrigens nichts mit dem Käse zu tun, der auf zwei der Hütten zur Brotzeit angeboten wird, sondern stammt noch aus der Zeit der Römer, vom lateinischen Wort *casa* (= einfaches Haus). Drei der Hütten haben die übliche Form: vorne Wohnteil und hinten, meist im Westen, der Stall für die Tiere. Die vierte Hütte auf dem Almboden ist ein Rundumkaser. Hier wird der Wohnteil völlig vom Stall umgeben und damit von den Tieren gewärmt. Weil das für die Sennerin nicht ganz geruchsfrei abgeht, ist diese Form der Almhütte heute weitgehend verschwunden.

31

Durch die Almbachklamm

Vom Wasserrauschen zur Wallfahrtskirche

Mittel | 2.40 Std. | 450 Hm | 5 km

Besonderer Genuss: Ruhe und Natur

Tourencharakter
Eine für den Sommer optimale Tour, da es in der Klamm schattig ist und der Aufstieg nach Ettenberg im Wald verläuft (Jacke nicht vergessen!). Etwas Vorsicht ist in der Klamm – es kann rutschig sein – und beim Abstieg über die Hammerstielwand geboten, denn der Weg fällt dort steil ab; Trittsicherheit erforderlich!

Ausgangs-/Endpunkt
Gasthaus Kugelmühle
GPS: 47.6707 N, 13.0311 O

Anfahrt
Auto: A 8 auf der B 20 über Berchtesgaden Richtung Marktschellenberg; die Klamm ist ausgeschildert und liegt 3 km südlich von Marktschellenberg.
Bus & Bahn: Mit der Bahn bis Berchtesgaden und weiter mit Bussen

Gehzeiten
Weg durch die Klamm 1 Std., Aufstieg nach Ettenberg 40 Min., Abstieg über die Hammerstielwand 1 Std.

Einkehr
Gasthaus Kugelmühle mit malerischem Biergarten; Mesnerwirt (Mo Ruhetag)

Karte
Kompasskarte 1:50 000, Nr. 14 Berchtesgadener Land/ Chiemgauer Alpen

Information
www.marktschellenberg.de

Die perfekte Tour an einem heißen Sommertag liegt bei Marktschellenberg: Durch die spannende Almbachklamm wandert man am rauschenden Wasser entlang. Die Sonne hat uns erst an der schönen Ettenberger Wallfahrtskirche wieder, wo uns neben einer netten Einkehr vor allem die Aussicht überrascht.

Runde Schusser Bevor wir jedoch in die Klamm marschieren, bremst uns die Besichtigung der Kugelmühle im Almbach aus. Einst gab es hier 40 Kugelmühlen, und sie waren ein kleiner Wirtschaftszweig, der vor allem bei den ärmeren Bergbauern für einen zusätzlichen Verdienst sorgte. In den besten Zeiten wurden im Jahr an die 800 Zentner Murmeln (1 Zentner waren ca. 10 000 Kugeln), auch Schusser oder Marmeln genannt, durch Wasserkraft produziert. Heute betreiben die Wirtsleute des Gasthauses die Kugelmühle und verkaufen die marmornen Kunstwerke.

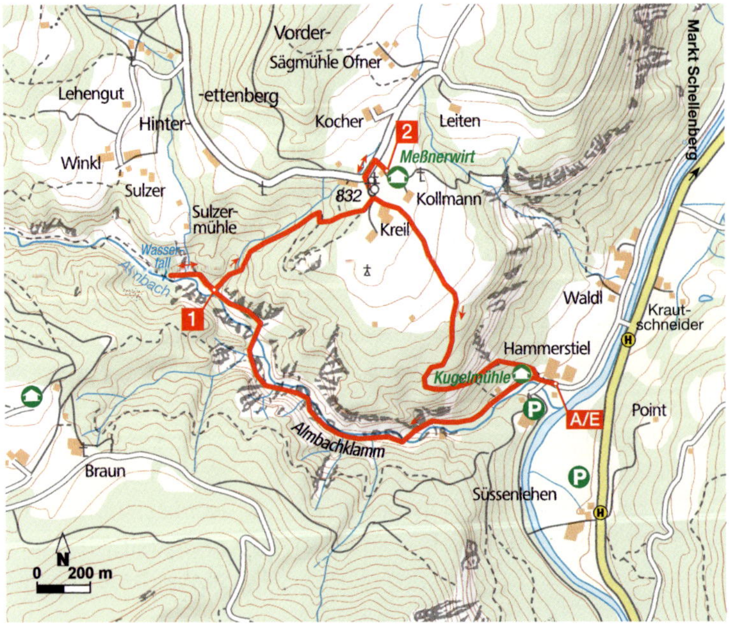

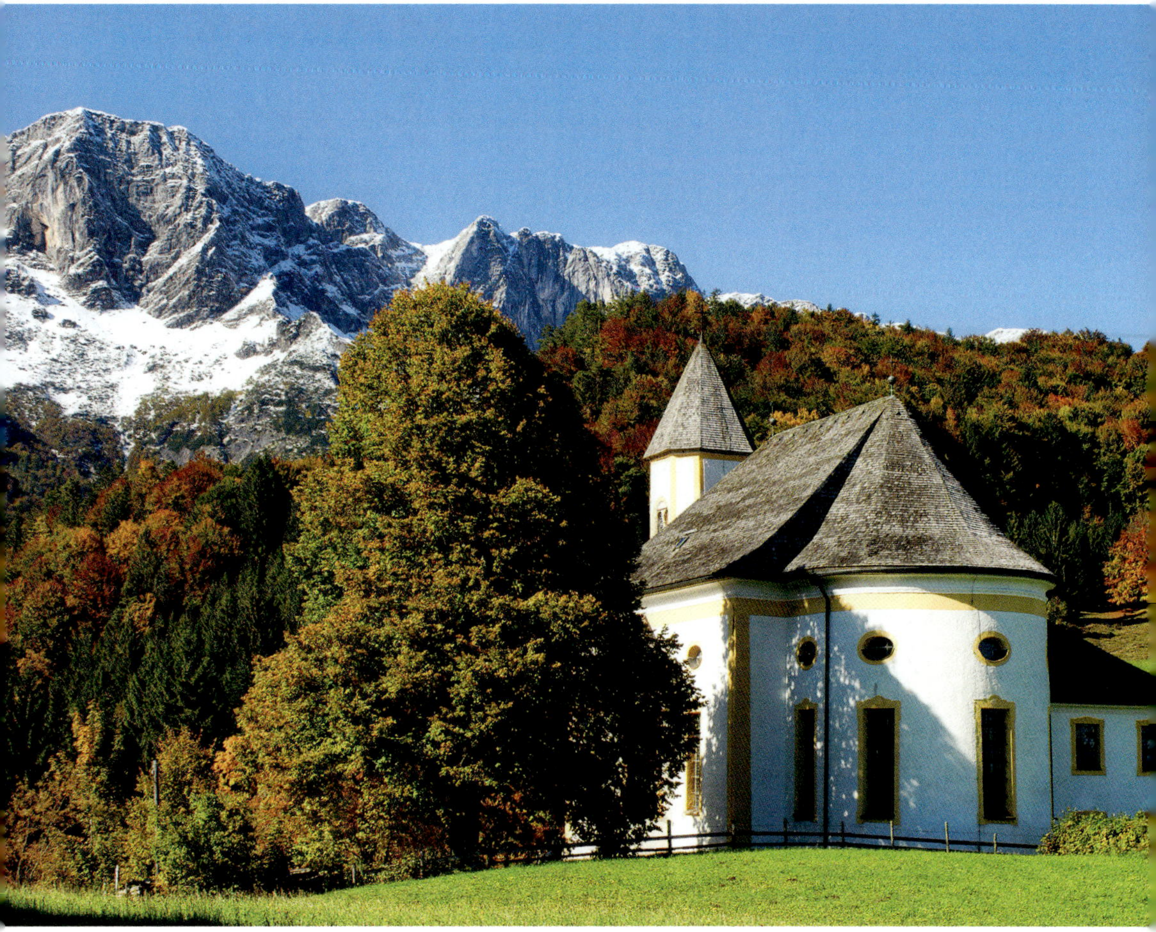

Die Wallfahrtskirche Maria Ettenberg

Durch die Klamm nach Ettenberg Hinter dem **A** **Gasthaus Kugelmühle** liegt der Eingang zur Klamm (geöffnet Mai–Okt. täglich 8–18 Uhr; bei schlechtem Wetter können sich die Öffnungszeiten ändern). Auf Stegen und Brücken geht es nun am rauschenden Bach entlang. Das Wasser umtost Gesteinsbrocken, bildet tiefgrüne klare Gumpen, plätschert auch mal sacht dahin und stürzt im nächsten Augenblick über einen Wasserfall in die Tiefe. Gut können wir nun die Kraft des Wassers verstehen, wie sie im Lauf von Millionen Jahren mit ihrem Geröll das Bachbett tief ins Gestein gefräst hat.

Je weiter wir nach oben gelangen, umso mehr beruhigt sich das Wasserspektakel. Schließlich erreichen die **1** **Abzweigung nach Maria Ettenberg** am Steg 17; hierher kommen

Tipp

Immer am letzten Sonntag im Juli wird das Annafest in Ettenberg gefeiert – mit Böllerschüssen und einer Lichterprozession, an der viele Trachtenvereine teilnehmen, ein Höhepunkt im Berchtesgadener Brauchtumsjahr.

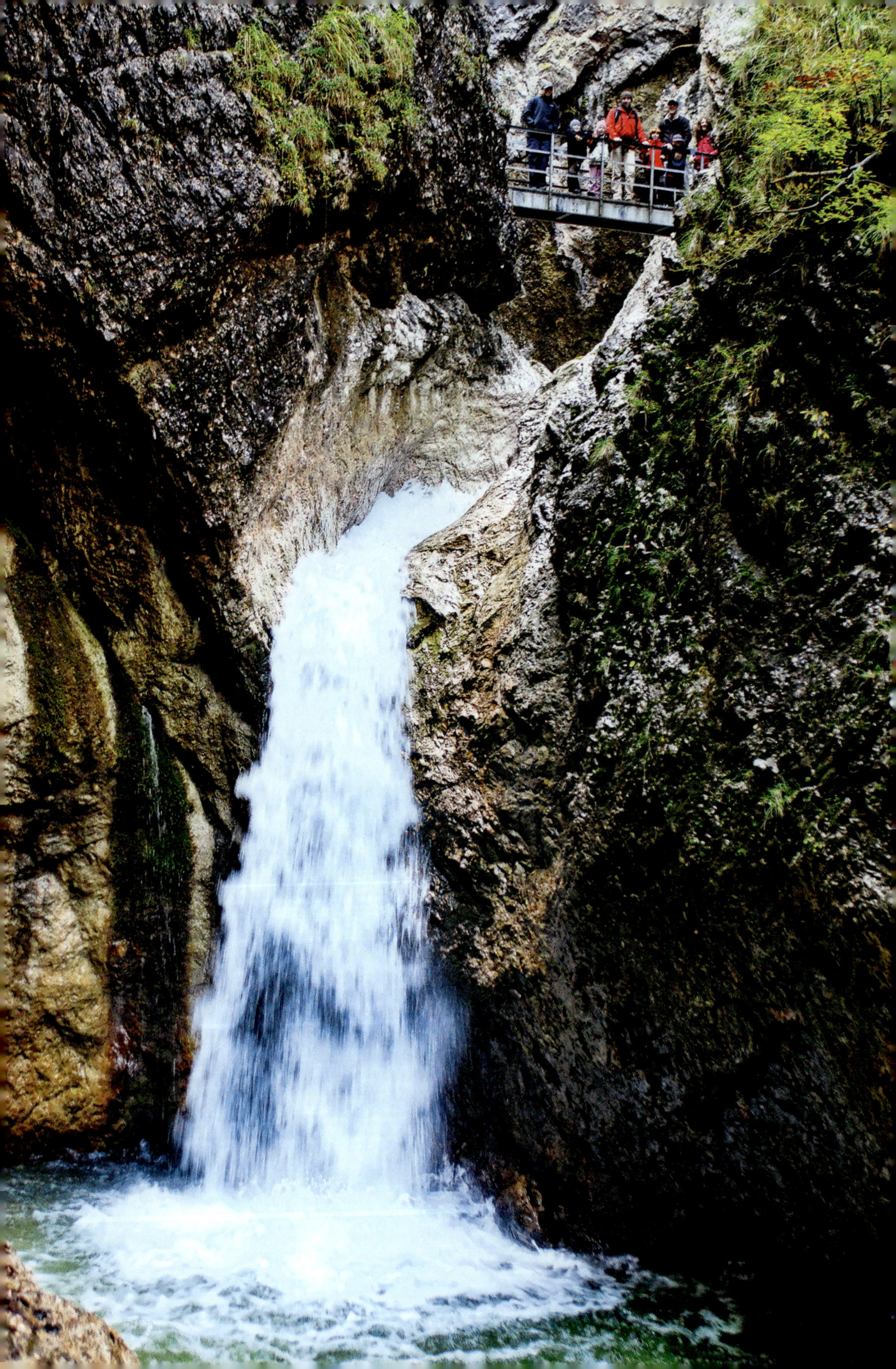

wir gleich wieder zurück. Zuerst geht es noch zwei Stege weiter bis zum Sulzer Wasserfall (Steg 19), dann drehen wir um und laufen zurück zur Abzweigung nach Maria Ettenberg.

Nun geht es steil im Zickzack durch den schattigen Bergwald aufwärts, und wir erreichen am Mesnerwirt die barocke ❷ Ettenberger Kirche auf sonnigen Wiesen. Jetzt können wir einkehren und die Aussicht genießen und später noch das bunte Deckenfresko in der Kirche bewundern – es zeigt Esther vor König Ahasver, der im Sultansgewand auf einem Löwenthron residiert.

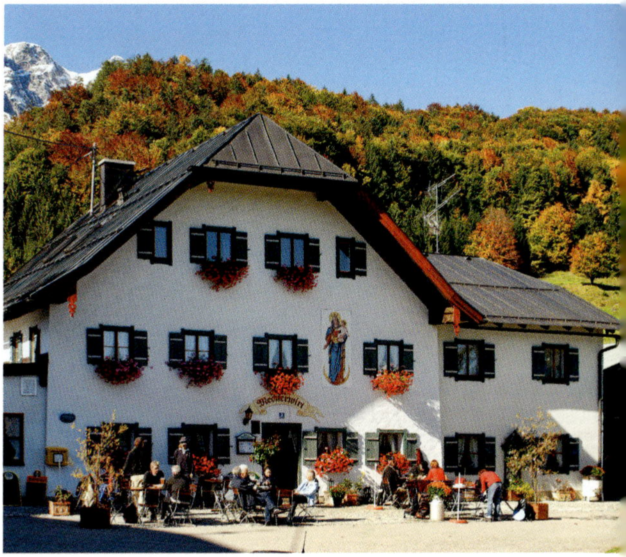

Der Mesnerwirt neben der Ettenberger Wallfahrtskirche

Linke Seite: Wild rauscht das Wasser in der Almbachklamm.

Über die Hammerstielwand Zum Abstieg wandern wir vom Wirtshaus zur Kirche und folgen dem Sträßchen zu dem einzelnen Bauernhof. Dahinter beginnt der Wiesenweg, der mit dem Schild »Über Hammerstielwand nach Marktschellenberg/Kugelmühle« ausgezeichnet ist. Trittsicherheit ist erforderlich! Nun geht es flott auf einem Bergpfad die steile Hammerstielwand hinab zurück zum Ausgangspunkt, dem Ⓔ Gasthaus Kugelmühle.

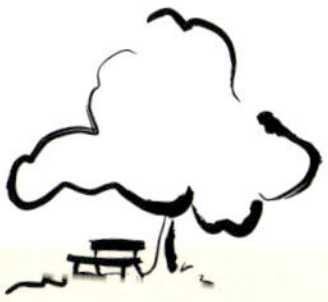

Die Almbachklamm

Im Lauf von Millionen Jahren hat das Wasser des Almbachs durch mitführendes Geröll das Bachbett so tief im Gestein ausgehöhlt, dass eine tiefe Klamm entstand. Ende des 19. Jh. wurde der erste Weg durch die Klamm für Bergsteiger angelegt. Bereits zuvor wurde sie und ihre Wasserkraft vor allem von den Holzarbeitern genutzt – am oberen Ende der Klamm entstand dafür 1834 eine Staumauer, die Theresienklause. Wenn die Holzknechte Bäume schlugen, wurden die Stämme einfach in die enge Schlucht geworfen. Hinter der Staumauer ließen sich 15 000 m³ Wasser aufstauen, die dann, nach Schleusenöffnung, mit einem großen Schwall durch die Klamm rauschten und alle Holzstämme ins Tal mitrissen. Der Steg am Gasthaus Kugelmühle diente als Auffangbecken für das getriftete Holz. Aber auch ohne Staumauer kann sich das Wasser in der Klamm entfesseln: Nach einem Unwetter im Sommer 1998 wurden die Wege und Befestigungen in der Schlucht fast vollständig zerstört und weggerissen – mit unvorstellbarer Naturgewallt rauschte das Wasser ins Tal. Heute ist jedoch alles wieder saniert und begehbar.

32

Auf die Kneifelspitze

Logenplatz über Berchtesgaden

Mittel | 2.45 Std. | 460 Hm | 5,5 km

Besonderer Genuss: Aussicht

Tourencharakter
Kurze Bergtour auf gut ausgeschilderten Wanderwegen und Bergpfaden, aber relativ steil im An- und Abstieg. Technisch keinerlei Schwierigkeiten. Nicht unbedingt einsam

Ausgangs-/Endpunkt
Wallfahrtskirche Maria Gern
GPS: 47.6531 N, 13.0025 O

Anfahrt
Auto: A 8 bis Ausfahrt Bad Reichenhall und weiter nach Bischofswiesen, im Ort links auf der St 2100 über Aschau Richtung Berchtesgaden; bevor man in die Stadt kommt, links hinauf zur Wallfahrtskirche Maria Gern, dort Parkmöglichkeiten
Bus & Bahn: Bahn bis Berchtesgaden, weiter mit dem Bus

Gehzeiten
Bis Parkplatz Schnabel 30 Min., Aufstieg zum Gipfel 1 Std., Abstieg über Marxenhöhe 1.15 Std.

Einkehr
Berggaststätte Kneifelspitze direkt am Gipfel (tolle Aussichtsterrasse; nur Jan./Feb. geschlossen, Nov./Dez. nur am Wochenende); Gasthaus Maria Gern (sehr zu empfehlen)

Karte
Kompasskarte 1:50 000, Nr. 14 Berchtesgadener Land/ Chiemgauer Alpen

Information
www.berchtesgaden.de

Zwischen der Postkartenidylle an der kleinen Wallfahrtskirche Maria Gern und dem aussichtsreichen Gipfel der Kneifelspitze liegt nur eine kleine Bergtour. Aber jeder Meter Anstieg ist es wert, um zu diesem sensationellen Aussichtpunkt über dem Berchtesgadener Land zu gelangen.

Durch den Christrosenwald ... Wir beginnen den Aufstieg an der Ⓐ **Wallfahrtskirche Maria Gern** und steigen auf der kleinen Teerstraße, die hinter der Kirche beginnt (Schild »Kneifelspitze«), bergauf. In einer Serpentinenkurve wendet sich unsere Straße nach links – auf dem kleineren Wanderweg, der gerade-

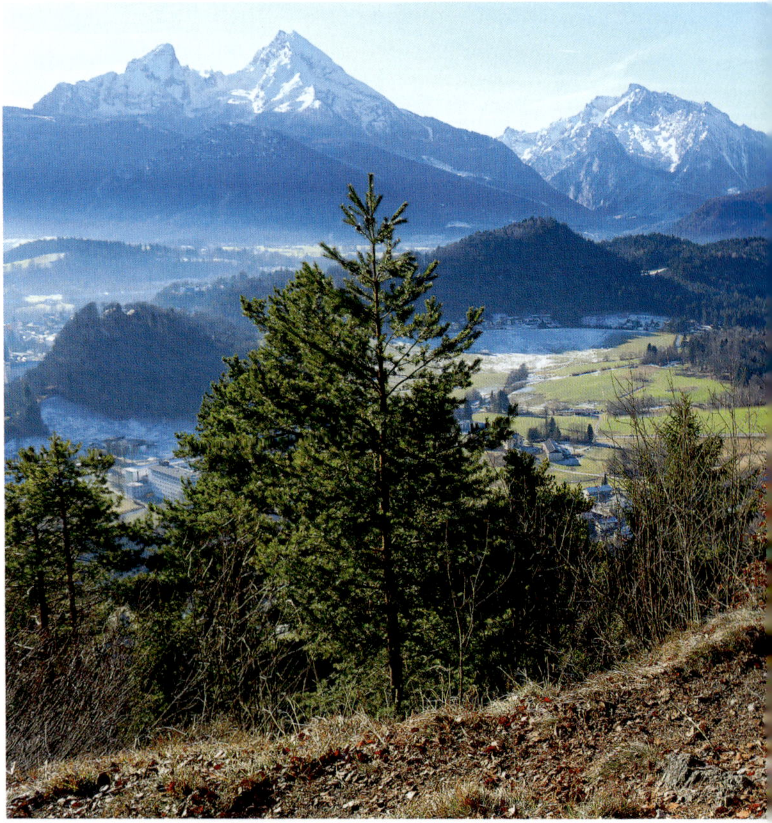

aus weiterführt, werden wir später zurückkommen. Wir folgen hier nun einfach der Straße und erreichen bald den ❶ **Wanderparkplatz an der Almwiese** beim Lauchlehen. Dort beginnt links ein Wiesenweg, der wieder in den Wald hineinführt. Im ersten Frühjahr wachsen hier viele weiße Schneerosen, auch Christrosen genannt. Dann mündet unser Weg in eine ❷ **größere Forststraße**. Bis hierher gehen wir später auf demselben Weg zurück.

... zur Kneifelspitze Der Forststraße folgen wir nach links weiter den Berg hinauf. Bald weist uns die Beschilderung nach rechts auf einen deutlich kleineren und steileren Steig. Im Zickzack geht es nun steil den Hang aufwärts. Dann stoßen wir auf die Almzufahrtsstraße, der wir nach links folgen. Nun ist es nicht mehr weit, und von hinten her erreichen wir die Kneifelspitze. Jetzt haben wir uns eine Pause verdient, dazu lädt uns die große Terrasse der ❸ **Berggaststätte Kneifelspitze** ein. Wer es etwas ruhiger möchte, kann noch ein Stück weiter in östliche Richtung zum Aussichtspunkt Salzburgblick mit seinen Rastbänken gehen.

Watzmann und Hochkalter vom Aussichtspunkt Marxen bei Maria Gern

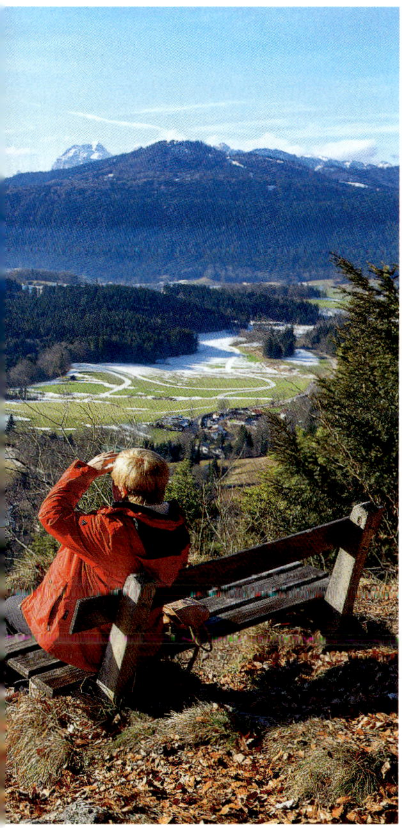

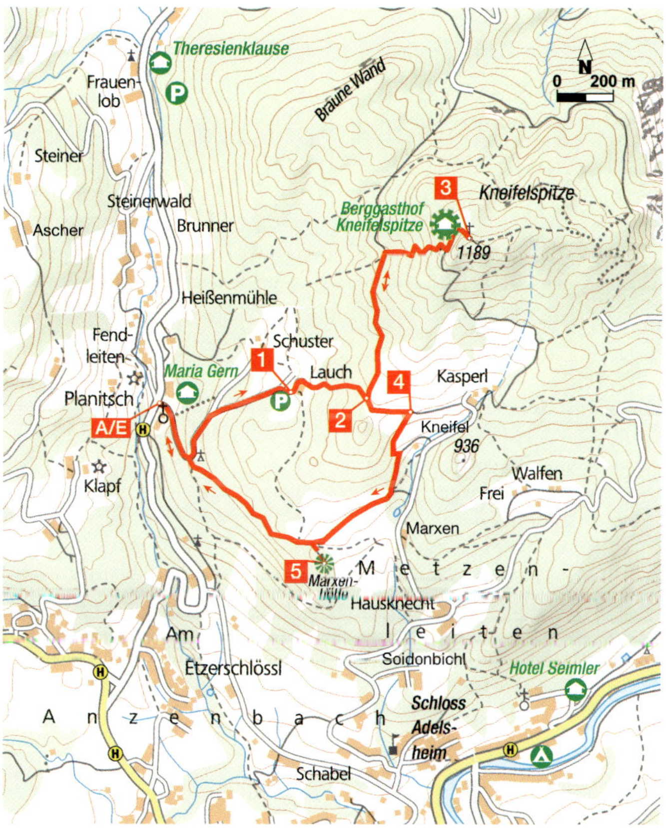

Rechte Seite: An der Wallfahrtskirche Maria Gern beginnt die Wanderung zur Kneifelspitze.

Über die Marxenhöhe Nach der Einkehr wandern wir auf demselben Weg zurück zur Abzweigung der ② **größeren Forststraße** etwas oberhalb von Lauchlehen. Wir möchten nun noch einen weiteren Aussichtsbalkon besuchen und bleiben so nun einfach geradeaus (Schild »Maria Gern über Marxenhöhe«). Gleich darauf passieren wir den einsam gelegenen ④ **Bergbauernhof Kneifel** und biegen direkt hinter dem kleinen Nebenhaus scharf rechts ab. Der Weg führt durch ein Waldstück und dann auf einem herrlichem Panoramaweg über eine Almwiese. An ihrem Ende weist uns links ein Schild zum Aussichtspunkt ⑤ **Marxenhöhe**. Dieser ist schnell erreicht und erweist sich nochmals als wunderschöner Rastplatz.

Zurück geht es dann in einem Bogen um die Bergflanke zur Teerstraße, die wir vom Aufstieg schon kennen. Bergab sind wir schließlich wieder schnell zurück an unserem Ausgangspunkt, der Ⓔ **Wallfahrtskirche Maria Gern**.

Steinerner Kinderreichtum

Wunderbar ist die Aussicht von der Kneifelspitze: Direkt zu unseren Füßen liegt Berchtesgaden mit seinem Schloss und der alten Klosterkirche, die inzwischen zur Pfarrkirche geworden ist. Dahinter ragt unübersehbar der mächtige Watzmann mit seinen vielen kleinen Gipfeln auf, der Watzmann-Familie: Der Watzmann selbst, der König, ist mit 2713 m der zweithöchste Gipfel Deutschlands; neben ihm steht der 400 m niedrigere Kleine Watzmann, die Watzmann-Frau. Die vielen Nebengipfel sind dann die Watzmann-Kinder. Aber auch die Berge daneben, der Hohe Göll auf der einen und der Hochkalter auf der anderen Seite, verdienen Beachtung, gehören sie doch zu den Traumzielen geübter Bergsteiger.

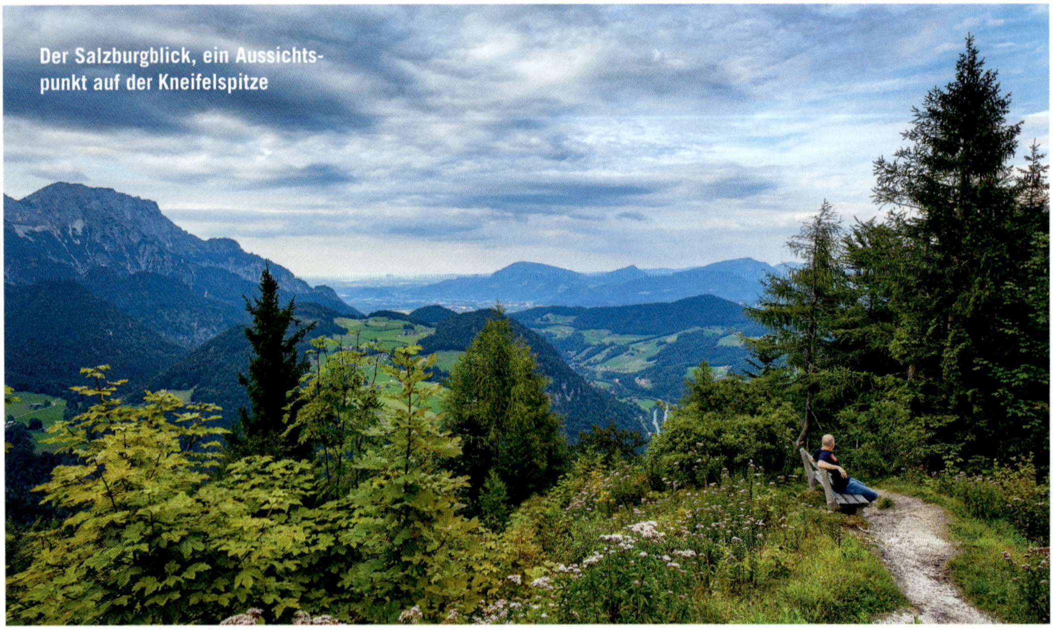

Der Salzburgblick, ein Aussichtspunkt auf der Kneifelspitze

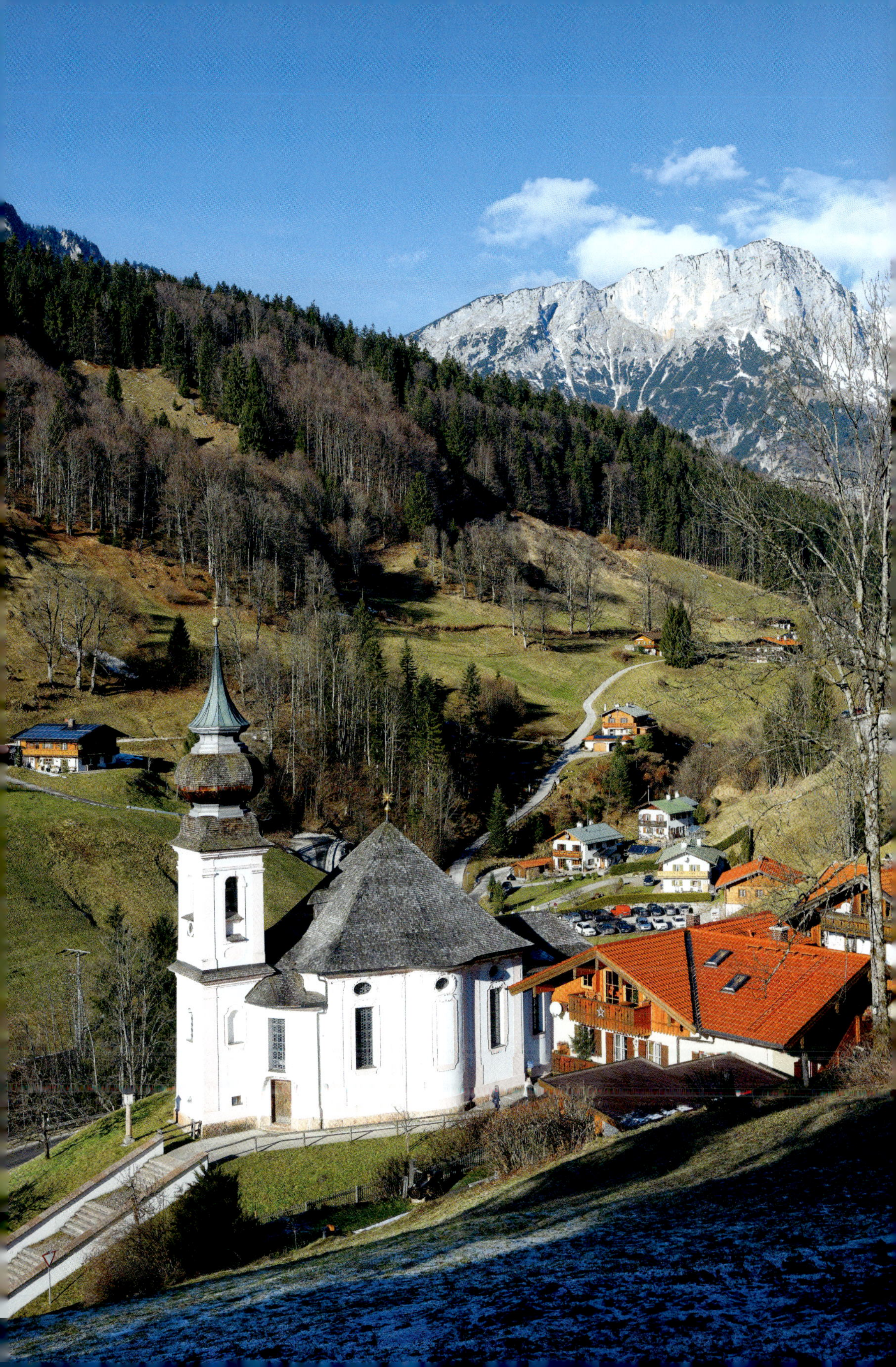

33

Zur Fischunkelalm

Besser geht's nicht

Leicht | 2.40 Std. | 300 Hm | 8 km

Besonderer Genuss: Aussicht

Tourencharakter
Kurze, aber beliebte und deswegen stark frequentierte Wanderung auf Wanderwegen. Auf halbem Weg ein kleiner An- und Abstieg, z. T. über Stufen, entlang einer Felswand, aber komplett durch ein Geländer gesichert. Für die Anfahrt braucht man ein Ticket der Königsee-Schifffahrt.

Ausgangs-/Endpunkt
Bootsanlegestelle Königsee/Schönau
GPS: 47.5882 N, 12.9890 O

Anfahrt
Auto: A 8 bis Ausfahrt Bad Reichenhall und weiter über Berchtesgaden nach Schönau am Königsee; großer Parkplatz vor dem Ort (zu Fuß 10 Min. zur Anlegestelle der Königssee-Schifffahrt)
Bus & Bahn: Mit der Bahn bis Berchtesgaden, dann weiter mit dem Bus

Gehzeiten
Bis zur Fischunkelalm 40 Min., Abstecher Röthbachfall 60 Min. hin und zurück, Rückweg zum Bootsanlegestelle Salet 1 Std.

Einkehr
Gaststätte Saletalm; Mooskaseralm und Fischunkelalm (nur im Sommer bewirtschaftet)

Karte
Kompasskarte 1:50 000, Nr. 14 Berchtesgadener Land/Chiemgauer Alpen

Information
www.schoenau.de

Diese Farben! Unglaublich, welche Schätze die Natur in ihrem Zauberfarbkasten für uns bereithält. Der Obersee ist einer der schönsten Bergseen in den Alpen und noch dazu genussvoll mit einer leichten Wanderung zu erreichen. Besser geht es wirklich kaum!

Über den Königsee zur Haltestelle Salet Dabei wäre unser Tipp, früh aufzustehen, wirklich wichtig, denn nur so kann man den Obersee einigermaßen in Ruhe genießen und die volle Schönheit der Natur auf sich wirken lassen! Wir tuckern von der Ⓐ **Bootsanlegestelle Königsee/Schönau** also mit dem ersten Boot über den morgendlichen Königsee. Das kleine Elektroboot ist schon voll besetzt, aber alle Passagiere genießen den sich lichtenden Nebel über dem Wasser. Die Stille wird nur durch den obligatorischen Halt an der Echowand unterbrochen – unser Kapitän zeigt seine musikalischen Künste nebst der Wirkung des Echos bei einem Trompetensolo.

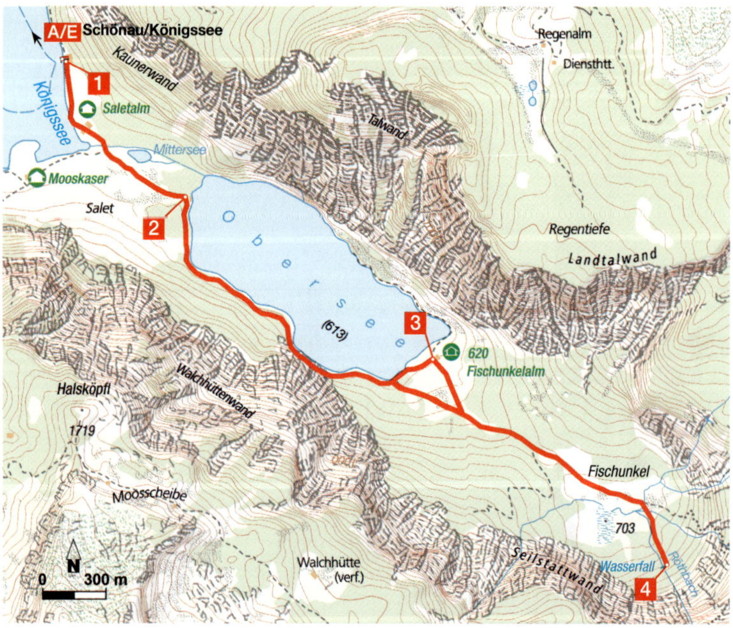

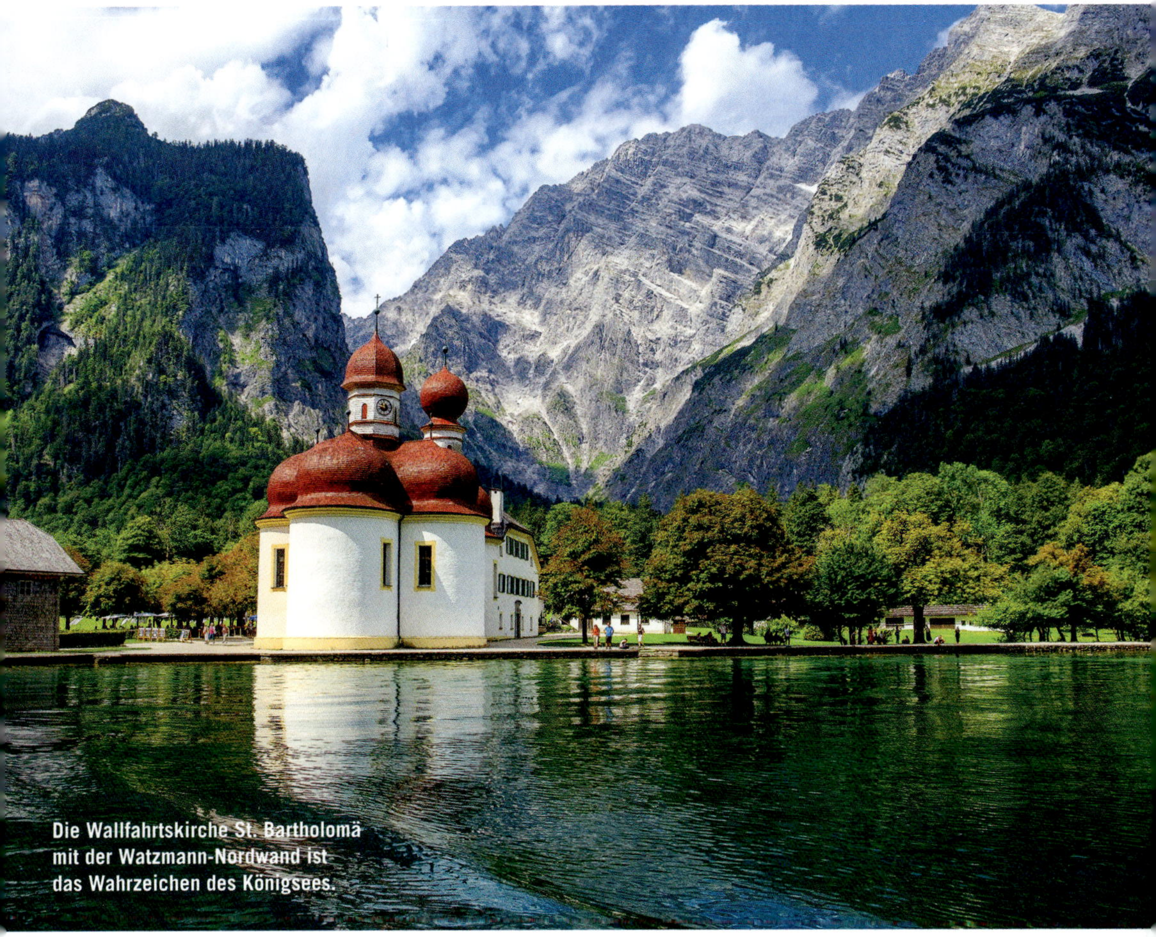

Die Wallfahrtskirche St. Bartholomä mit der Watzmann-Nordwand ist das Wahrzeichen des Königsees.

Dann legt das Schiff an der berühmten Wallfahrtskirche St. Bartholomä an. Der große Teil der Besucher steigt aus, wir aber bleiben sitzen. Bei der Weiterfahrt zur südlichsten Haltestelle des Königsees, der 1 **Haltestelle Salet**, sind wir nun schon fast allein. Eine gute Entscheidung, einmal kein Langschläfer zu sein!

Die Speise- und Getränkekarte auf der Fischunkelalm hängt für alle sichtbar aus.

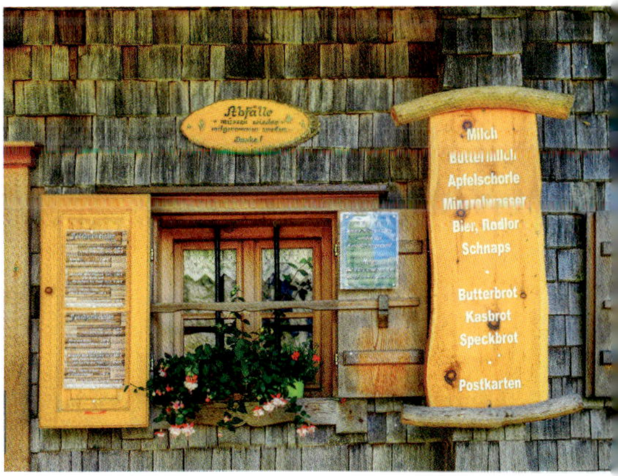

Zum Obersee Beim Salet steigen auch wir aus und gehen zu Fuß weiter. Wir folgen zunächst noch dem Ufer des Königsees. Am Gasthof Saletalm wendet sich der Weg dann nach Osten, weg vom Königsee. Den Gasthof und die mit einem Abstecher nach links erreichbare Mooskaseralm können wir uns für eine Einkehr am Rückweg vormerken. Über ein feuchtes Wiesengebiet mit dem Mittersee, der sich eher als Weiher entpuppt, geht es nun leicht ansteigend hinauf zum ❷ **Obersee**. Und den erreichen wir mit einem Aha-Effekt nach einer kleinen Kuppe – dieser Anblick gehört entsprechend gewürdigt: Die Morgensonne leuchtet gerade hinter der Landtalwand hervor und erhellt mit ihren Strahlen das einsame Bootshaus. Das Schönste aber ist das Wasser selbst: Die Farbenpracht, die sich je nach Sonnenstand ändert, ist unbeschreiblich!

Zur Fischunkelalm Am gegenüberliegenden Ufer können wir die Fischunkelalm bereits ausmachen, deshalb machen wir uns nach rechts zu ihr auf den Weg. Zum Glück folgen wir nun immer dem Ufer und müssen uns nicht von den wechselnden Farben des Wassers losreißen. Auf halber Strecke zur Alm steigen wir dann an der abfallenden Walchhüttenwand ein paar Höhenmeter hinauf. Jeder Schritt lohnt sich, denn nun liegt der Obersee unter uns.

Wer den Obersee einsam erleben möchte, muss das erste Schiff erwischen, und das am besten unter der Woche.

Dann geht es wieder abwärts, und die letzten Meter zur ❸ **Fischunkelalm** wandern wir auf ebener Strecke sogar noch über eine Almwiese. Hoffentlich hat die Sennerin so früh am Morgen ihren Ausschank schon geöffnet, denn natürlich wol-

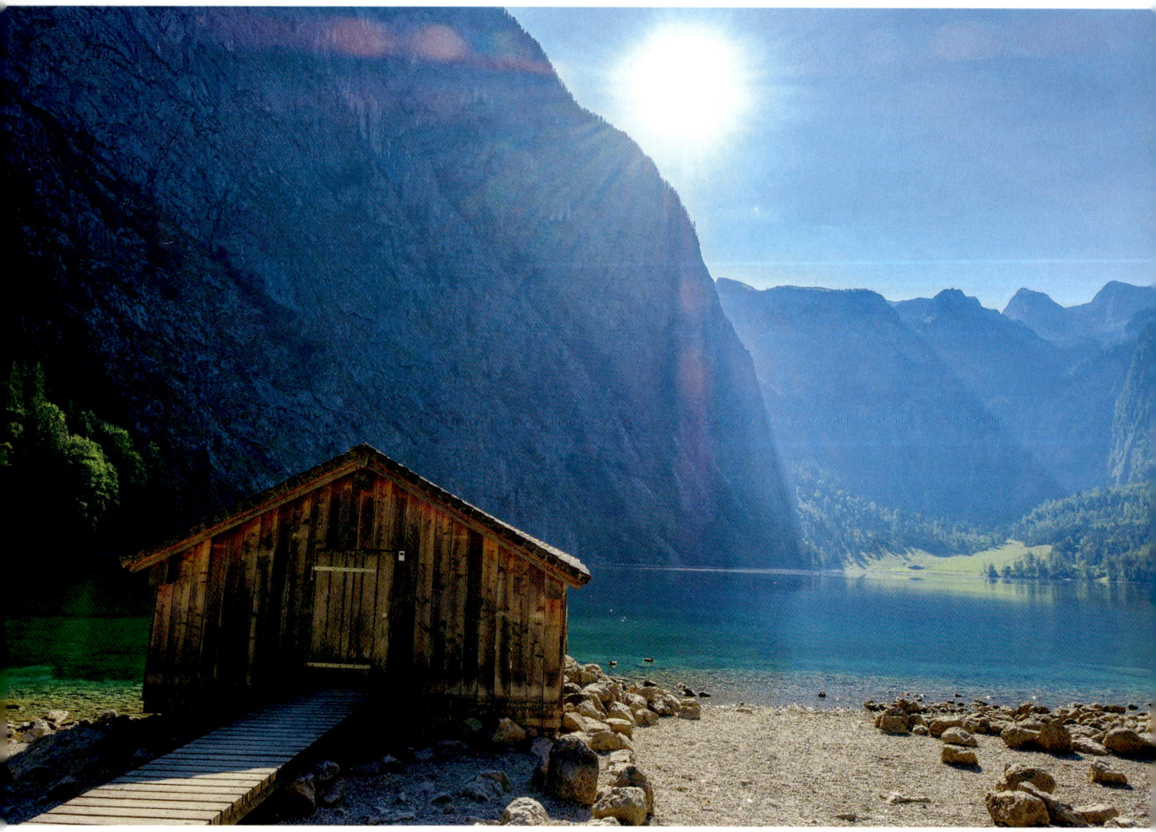

len wir die Landschaft auch von den Bänken vor der Hütte genießen. Wann die nächsten Schiffe anlanden, merken wir spätestens, wenn der Besucherstrom größer und größer wird. Dann ist es Zeit, noch einen Abstecher zum 4 **Röthbach-Wasserfall** am Talende zu unternehmen – er ist Deutschlands höchster Wasserfall und gerade nach der Schneeschmelze oder nach einer Regenperiode sehr imposant.

In Schönau am Bootssteg starten wir mit der Schifffahrt über den Königssee.

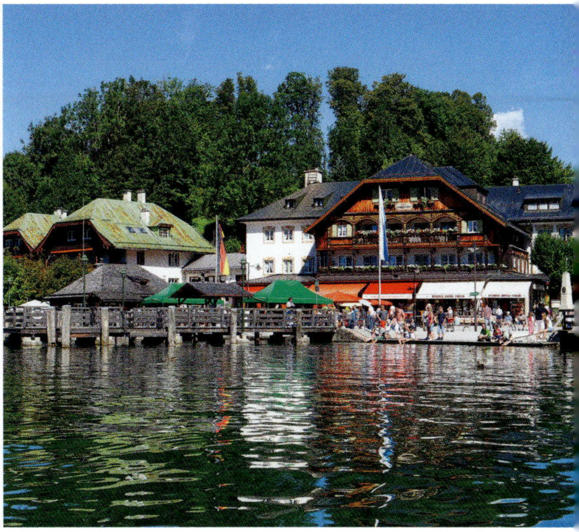

Gegenverkehr Der Rückweg ist denkbar einfach, denn er verläuft auf dem Hinweg. Nur können wir nun um die Mittagszeit mit deutlichem Gegenverkehr auf der Strecke rechnen. So viel, dass wir sogar beim Auf- und Abstieg an der Walchhüttenwand warten mussten. Umso größer ist die Freude, diese schöne Strecke in aller Früh allein genossen zu haben. An der 1 **Haltestelle Salet** legt in der Hochsaison fast jede halbe Stunde ein Boot an, so ist es leicht eines zu erwischen. Wer Lust hat, kann auf der Rückfahrt natürlich noch einen Stopp in St. Bartholomä einlegen – die berühmte Wallfahrtskirche vor der Watzmann-Ostwand ist immer einen Besuch wert, auch wenn der Trubel dort enorm ist. Irgendwann nur sollten wir dann noch ein Boot erwischen, das uns zurück zur E **Bootsanlegestelle Königsee/Schönau** bringt – zu Fuß ist das nämlich nicht möglich.

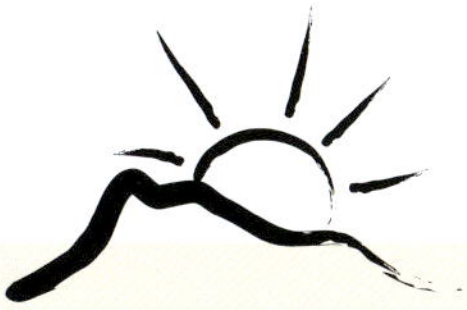

Spieglein, Spieglein – welche Wand?

Es ist nicht nur die Magie der Farben, die den Obersee zu einem märchenhaften Ort macht – es ist schlichtweg das gesamte Ensemble dieser wunderbaren Berglandschaft. Auf der Fahrt über den Königsee können wir schon einige der imposantesten Berge im Nationalpark Berchtesgadener Land bewundern: So ist die steil abfallende Ostwand des Watzmanns, die sich hinter der Kirche St. Bartholomä erhebt, zu einem Wahrzeichen für die Bayerischen Alpen geworden – tausendmal abgedruckt in jedem Foto-Alpenkalender. Aber auch die Aussichten rund um den Obersee sind beeindruckend, vor allem, weil sich die steilen Felswände der umliegenden Berge doppelt präsentieren: jede Wand noch einmal gespiegelt im klaren Wasser des Bergsees.

34

Über den Carl-von-Linde-Weg

Panoramaweg am Obersalzberg

Leicht | 1.45 Std. | 100 Hm | 5,1 km

Besonderer Genuss: Kultur am Wegrand

Tourencharakter
Kurze und fast völlig ebene Wanderung auf einem aussichtsreichen Weg am Obersalzberg. Rückfahrt mit dem Bus (man kann aber auch gut auf demselben Weg zurückgehen)

Ausgangspunkt
Dokumentationszentrum Obersalzberg
GPS: 47.6305 N, 13.0405 O

Endpunkt
Bushaltestelle Scharitzkehlalm
GPS: 47.603676 N, 13.025997 O

Anfahrt
Auto: A 8 bis Ausfahrt Bad Reichenhall, nach Berchtesgaden, dann B 319 auf den Obersalzberg; Parkplätze am Dokumentationszentrum
Bus & Bahn: Bahn bis Berchtesgaden, weiter mit dem Bus

Gehzeiten
Bis Windbeutelbaron 45 Min., bis Scharitzkehlalm 1 Std.

Einkehr
Alpengasthof Hochlenzer; Café Graflhöhe (Windbeutelbaron); Scharitzkehlalm

Karte
Kompasskarte 1:50 000, Nr. 14 Berchtesgadener Land/Chiemgauer Alpen

Information
www.berchtesgaden.de

Carl von Linde, der berühmte Erfinder der Kältemaschine und damit von Kühlschränken, ließ diesen Weg 1895 auf eigene Kosten anlegen. Das zeigt deutlich seine Liebe und Verbundenheit mit seiner Wahlheimat Berchtesgaden, aber auch sein Geschick als Tourismuspionier. Der Weg ist wundervoll angelegt und führt aussichtsreich und fast eben zur Scharitzkehlalm.

Zum Windbeutelbaron Los geht's am Ⓐ **Dokumentationszentrum Obersalzberg**. Wir folgen ein Stück der Salbergstraße bergab bis auf Höhe des unteren Parkplatzes. Dort beginnt in der Kurve links der Carl-von Linde-Weg, der durchgehend gut markiert ist. Vorbei an einem Weiher – dort steht die große Antenberg-Linde –, geht es dann ohne größere Höhenunterschiede durch den Wald. Der Weg führt unter der Obersalzbergbahn hin-

Facettenreiche Geschichte

Carl von Linde verbrachte anfangs vor allem aus gesundheitlichen Gründen viel Zeit in Berchtesgaden. Dort gefiel es ihm so sehr, dass er am Obersalzberg die Lehen Baumgart und Antenberg erwarb und darauf die Villa Oberbaumgart für sich und seine Familie errichten ließ. Ab 1933 veränderte sich der Obersalzberg durch die enormen Baumaßnahmen von Adolf Hitler extrem. Heute noch sind auf dem Weg viele Spuren von Bunkern und Gebäuden zu finden. Darüber informiert das Dokumentationszentrum am Ausgangspunkt der Wanderung, das man sich auf keinen Fall entgehen lassen sollte. Wer noch Zeit hat, startet von dort mit dem Bus zum Kehlsteinhaus, der wohl bekanntesten Sehenswürdigkeit auf dem Obersalzberg (www.obersalzberg.de).

durch, und wir erreichen den ❶ **Alpengasthof Hochlenzer** mit der Sommerrodelbahn. Wer möchte, kann hier einkehren. Die nächste Verköstigungsstation ist allerdings nicht weit, und bald

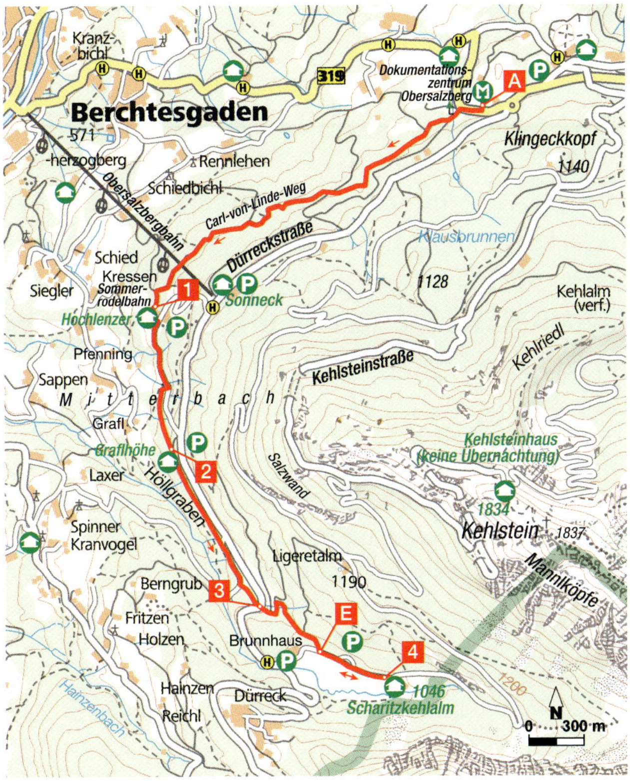

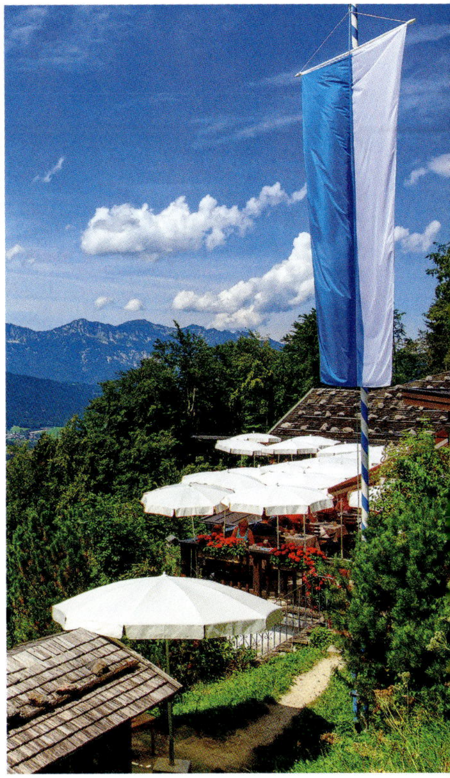

Die Sonnenterrasse am Café Windbeutelbaron

darauf erreichen wir den ❷ **Windbeutelbaron**, wie das Café Graflhöhe auch heißt. Dieser macht natürlich seinem Namen alle Ehre, denn hier gibt es die größten Windbeutel weit und breit.

Zur Scharitzkehlalm Weiter folgen wir dem Wanderweg durch den Wald; er nähert sich nun der Scharitzkehlstraße und verläuft parallel dazu. Über eine Forststraße und durch einen ❸ **Tunnel** queren wir dann die Straße. Jetzt geht es leicht ansteigend immer weiter durch den Wald, und schließlich erreichen wir nach einem Wanderparkplatz die Almwiesen der ❹ **Scharitzkehlalm**. Ein imposanter Anblick, wirkt doch die Alm fast klein und verloren unter der mächtigen Göll-Westwand. Natürlich lohnt sich der Besuch auch dort für eine Einkehr. Wer sich aber schon in den ersteren Einkehrmöglichkeiten ausreichend versorgt hat, steigt auf der Straße rechts abwärts zur Ⓔ **Bushaltestelle**, von wo wir die Rückfahrt antreten.

35

Zum Purtschellerhaus

Zwei Länder – eine Hütte

Leicht 2.30 Std. 480 Hm 5,5 km

Besonderer Genuss: Einkehr

Tourencharakter
Kurze und wenig anstrengende Tour, vorwiegend auf kleinen Forststraßen, Bergpfaden und beim Anstieg über viele Treppen

Ausgangs-/Endpunkt
Roßfeldstraße, Enzianhütte
GPS: 47.6305 N, 13.0405 O

Anfahrt
Auto: A 8 bis Ausfahrt Bad Reichenhall und weiter nach Berchtesgaden, dort auf die B 319, die Salzbergstraße, an Obersalzberg vorbei, dann auf die Mautstraße, die Roßfeldstraße; ca. 750 m nach dem Gasthaus Sonneck gibt's einige Parkplätze an der unbewirtschafteten Enzianhütte (alternativ dazu etwas weiter der Parkplatz Ahornkaser).
Bus & Bahn: Mit der Bahn bis Berchtesgaden, dann mit dem Bus zu der dem Ausgangspunkt nächst gelegenen Bushaltestelle Klaushöhe an der Roßfeldstraße (+3 km bis zum Ahornkaser)

Gehzeiten
Aufstieg Eckersattel 30 Min., Aufstieg Purtschellerhaus 1 Std., Abstieg 1 Std.

Einkehr
Purtschellerhaus (geöffnet Mitte Mai bis Okt.)

Karte
Kompasskarte 1:50 000, Nr. 14 Berchtesgadener Land/ Chiemgauer Alpen

Information
www.berchtesgaden.de; www.purtschellerhaus.de

Ein kurzer Anstiegsweg führt zu einer der einzigartigsten Alpenvereinshütten am Fuß des Hohen Gölls. Nicht nur die herrliche Aussicht auf das Berchtesgadener Land und weit über den Tennengau bis nach Salzburg ist legendär, auch die freundlichen Hüttenwirte bemühen sich sehr um das Wohl der Gäste.

Aufstieg über die deutsche Seite Ausgangspunkt unserer Wanderung ist der Ⓐ **Parkplatz an der Enzianhütte**. Direkt hinter der Schnapsbrennerei beginnt zunächst ein breiter Forstweg, der angenehm schattig über zwei Serpentinen in einer guten halben Stunde zum ❶ **Eckersattel** führt. (Wenn man aufgrund der Parkmöglichkeiten zum Ahornkaser ausweichen musste, trifft man schneller auf den Sattel, weil die Strecke von dort abwärts führt.) Am Eckersattel treffen viele Wege zusammen. Wir wählen nun den rechten Aufstieg über den Deutschen

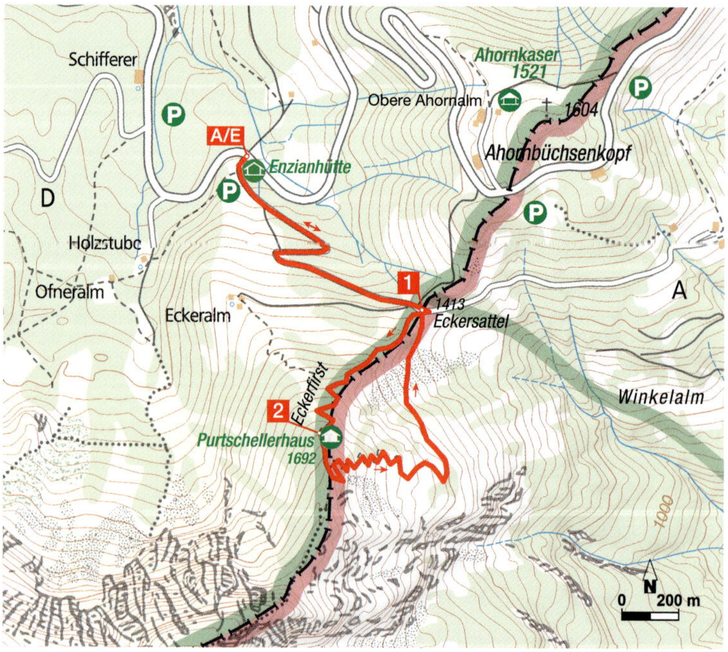

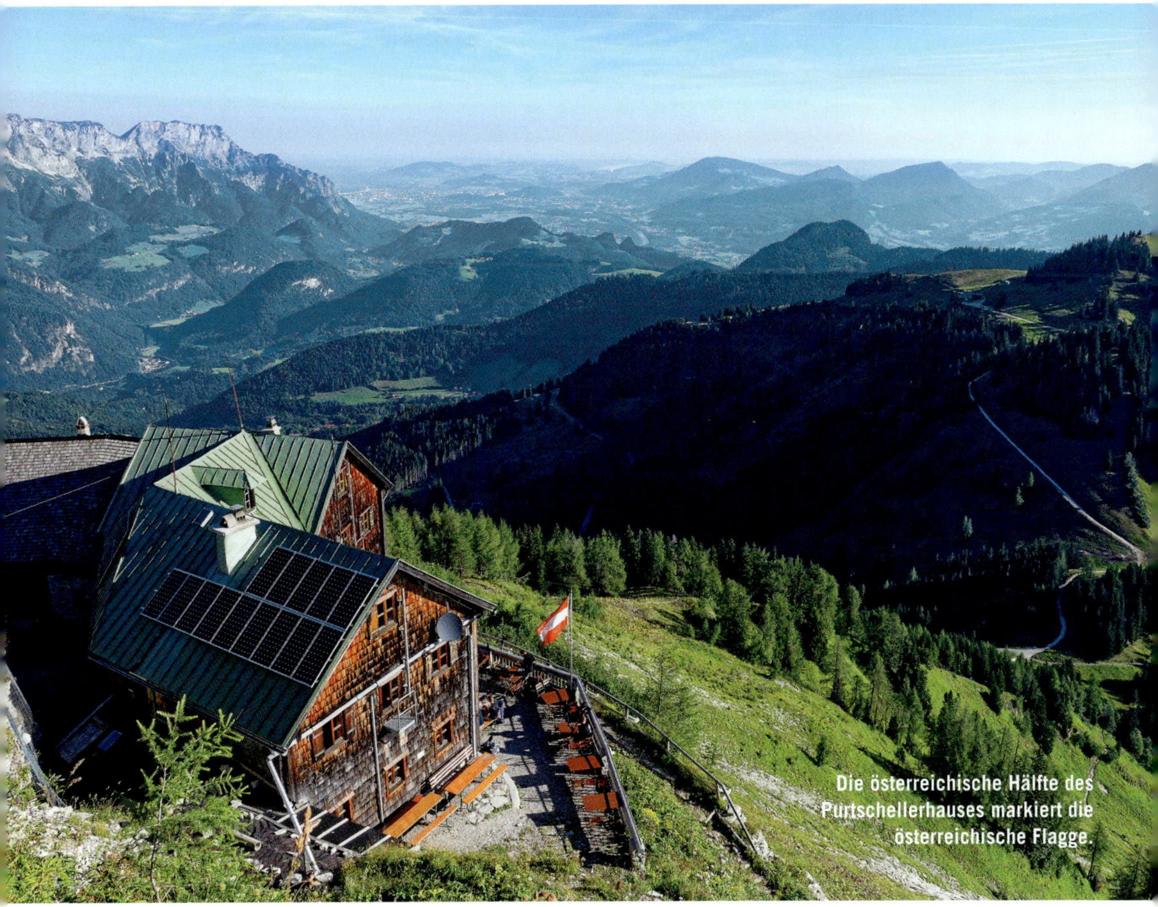

Die österreichische Hälfte des Purtschellerhauses markiert die österreichische Flagge.

Weg. So beginnt gleich ein steiler Steig, der schließlich, um weitere Hangerosionen zu vermeiden, sogar zu einer Treppe ausgebaut wurde. Auch wenn wir ganz schön zu schnaufen haben, ist doch der Weg mit seinen Ausweichbuchten und Rastbänken sehr spannend. Überdies steigen wir Treppen lieber aufwärts, das ist leichter als abwärts. Stets geht es entlang der Grenze ins Salzburger Land. Schließlich führt der Weg wieder als Bergpfad um einen kleinen Hügel herum, und wir bewältigen die letzten Höhenmeter hinauf zum 2 **Purtschellerhaus** spielend.

Weidenröschen am Weg zum Purtschellerhaus

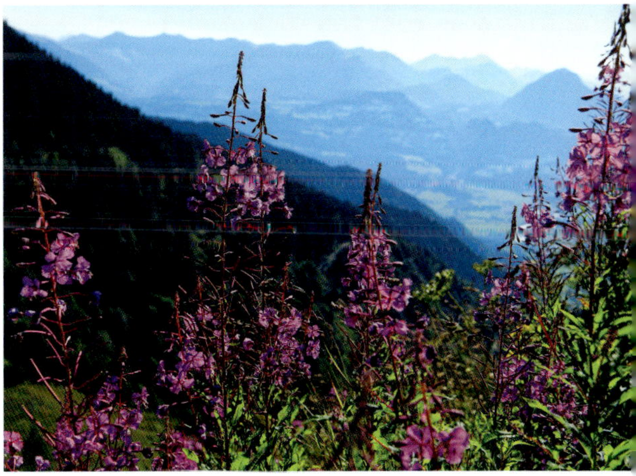

Abstieg über die österreichische Seite

Jetzt gehört natürlich das Purtschellerhaus nicht nur besichtigt, sondern wir können uns auch auf die leckeren Küchenkünste der Hüttenwirte Gabi und

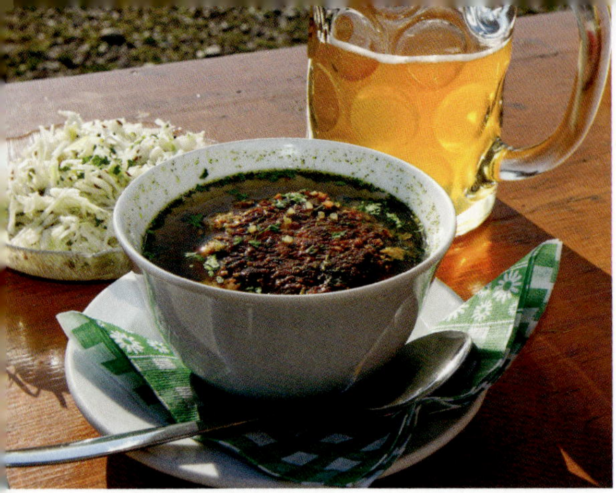

Siegfried freuen. Je nach Tageszeit gibt es sogar zwei Terrassen vor dem Haus: eine für die Morgenstunden und eine für den Nachmittag. Und dort ist die tolle Aussicht ein unbezahlbarer Augenschmaus. Gerade wer auf dem Purtschellerhaus übernachtet, kommt in den Genuss eines besonders magischen Moments: Im Dunkeln glitzern und funkeln die Lichter der Mozartstadt Salzburg im Tal wie kleine Juwelen.

Der Abstieg beginnt auf der anderen Seite der Hütte über den österreichischen Weg. Zunächst geht es in einigen Kehren auf einem steinigen Bergpfad an den Ausläufern des Hohen Gölls abwärts. Dann schwenkt der Weg nach links, und wir passieren eine Schuttreiße. Schließlich treffen wir wieder auf den 1 **Eckersattel**, wo sich, je nachdem wo wir die Autos geparkt haben, die Wege trennen. Schnell sind wir zurück an unserem Ausgangspunkt, dem E **Parkplatz an der Enzianhütte**.

Die Kaspressknödelsuppe haben wir uns nach dem Aufstieg redlich verdient.

Hütten-Unikat

Gebetet wird auf bayerischer, getrunken auf österreichischer Seite. Das Kreuz mit der geschnitzten Jesusfigur hängt in der guten Stube des Purtschellerhauses in einem bayerischen Herrgottswinkel, denn dieser liegt auf deutschem Grund und Boden. Aber die hölzernen Tische, an denen wir essen und trinken, stehen auf österreichischem Hoheitsgebiet. Nicht, dass uns das stören würde, denn zum Glück gibt es schon lange keine Grenzkontrollen mehr – aber das Erste, was jedem Gast auf dem Purtschellerhaus auffällt, ist die Grenzlinie, die quer über den Fußboden gezogen ist.

Das Purtschellerhaus ist ein Unikat im Reigen der Alpenvereinshütten. Es wurde mitten auf der Grenze erbaut, die sich quer durchs ganze Haus und sogar mitten durch den großen Holzofenherd zieht. Da steckt eine lange Geschichte dahinter, und man kann sich kaum vorstellen, wie das in den Zeiten ohne Schengener Abkommen ablief. Musste man jeweils seinen Pass zücken, wenn man auf die Toilette wollte? Wenn sich die Grenze durch die Küche zieht, an welchen Staat wird die Mehrwertsteuer entrichtet? Alles Fragen, auf die eine Hüttenchronik anlässlich der Hundertjahrfeier der Sektion Sonneberg (der das Purtschellerhaus gehört) eine Antwort liefert. Man kann wirklich stundenlang darin schmökern, und manchmal ist es nur schwer vorstellbar, dass gerade in den Nachkriegsjahren die Hütte die einzige Möglichkeit war, wo sich Deutsche und Österreicher treffen konnten. Wohlgemerkt, damals immer unter dem wachsamen Auge eines Grenzpolizisten, der in der Stube pflichtbewusst seinen Dienst verrichtete …

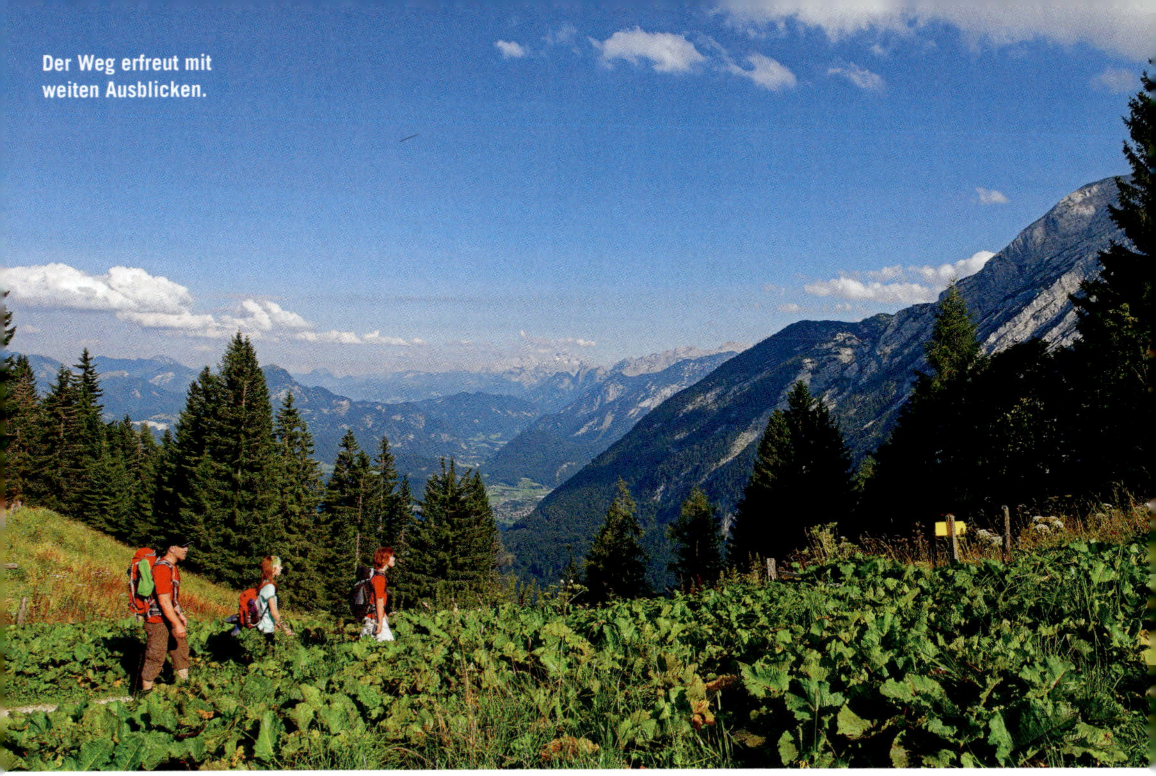

Der Weg erfreut mit weiten Ausblicken.

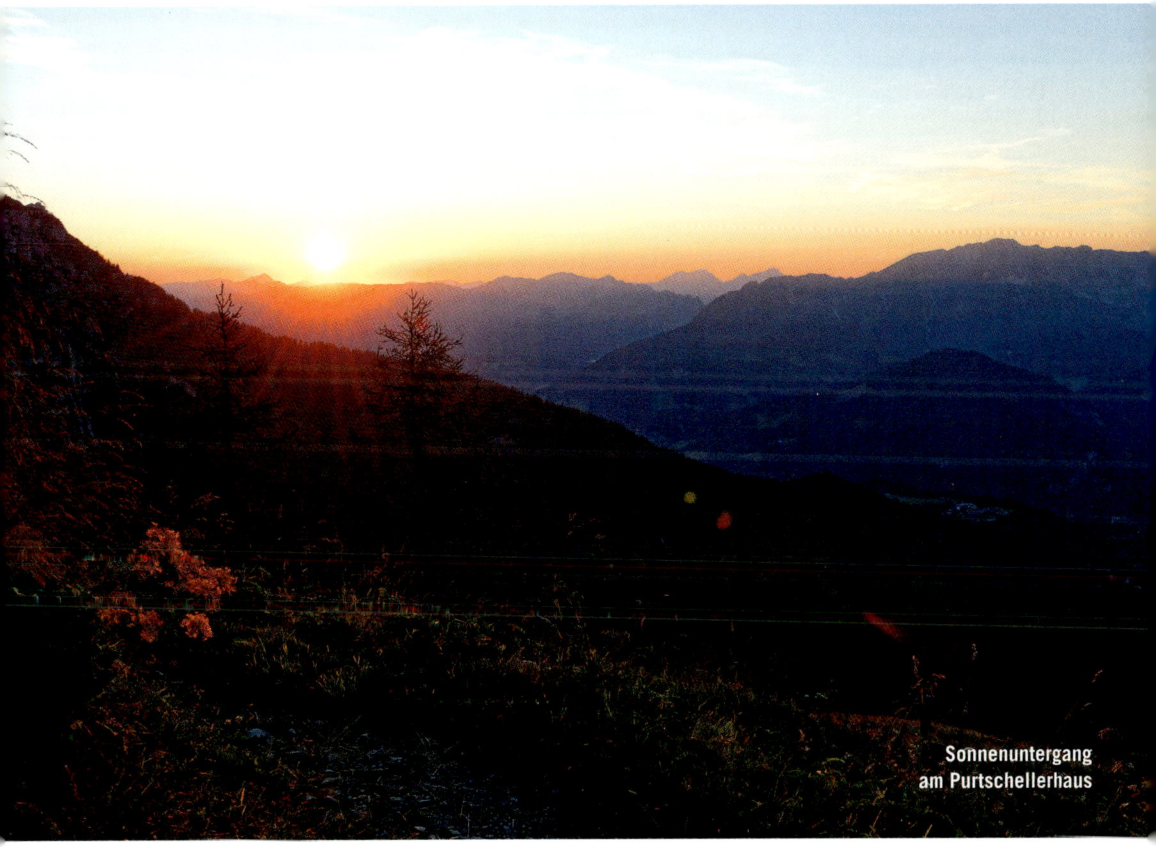

Sonnenuntergang am Purtschellerhaus

Für jeden Tag die richtige Tour

					km									
1	●	Von Törwang auf den Dandlberg	3.30	430	11,5	●	●	●	●				●	●
2	●	Zur Doaglalm	2.45	530	7	●	●		●	●				
3	●	Auf den Heuberg	3.30	600	7,5	●								
4	●	Aufs Kranzhorn	3.15	500	8	●	●			●				
5	●	Auf die Karspitze	3.30	550	11	●	●			●			●	●
6	●	Von Prien nach Gstadt	4.00	20	14,5	●	●	●	●	●			●	●
7	●	Rundwanderung bei Aschau	2.15	80	7,5	●	●	●		●			●	●
8	●	Auf die Kampenwand	2.30	300	8	●				●		●		●
9	●	Schmugglerweg Tiroler Achen	4.00	500	13	●	●	●						●
10	●	Über die Staffn-Alm zur Hefteralm	4.40	800	11	●	●			●		●		●
11	●	Von Grassau zum Torfbahnhof	3.00	60	11	●	●	●						●
12	●	Von Übersee an den Chiemsee	3.15	50	11,5	●		●	●	●			●	●
13	●	Zur Hirschauer Bucht	2.30	100	9,5	●	●	●	●	●			●	●
14	●	Im Bergener Moor	2.00	140	7,4	●	●		●	●				●
15	●	Am Hochfelln	2.15	150/600	4	●	●			●		●		●
16	●	Fellhorn und Straubinger Haus	4.00	550	10	●			●	●		●		●
17	●	Aufs Dürrnbachhorn	3.30	200/600	9	●	●			●		●		●
18	●	Über die Winklmoosalm	2.00	120	6,2	●	●	●				●		●

Nr.		Tour	Gehzeit	Höhenunterschied	Länge	Einkehr	kindergeeignet	Sehenswürdigkeit	wintergeeignet	viel Sonne	schattiger Weg	Seilbahn	baden	ÖPNV
19	🔴	Zur Unternbergalm	2.00	600	5	●	●					●		●
20	🔵	Auf dem Rauschberg	2.00	150	4	●	●			●		●		●
21	🔴	Von Siegsdorf nach Maria Eck	3.00	350	11	●		●	●					●
22	🔵	Von Traunstein auf den Hochberg	3.00	300	11	●		●	●					●
23	🔵	Rund um Inzell	3.15	120	10,3	●	●	●	●	●				●
24	🔵	Zum Frillensee	2.00	150	7	●	●				●		●	●
25	🔴	Durch die Schwarzachenklamm	3.00	400	8	●	●	●			●		●	●
26	🔵	Um den Höglwörther See	1.30	100	5,5	●	●	●	●					●
27	🔵	Zu den Mordaualmen	2.15	320	8,5	●	●			●			●	●
28	🔵	Zum Hintersee	2.00	120	5,5	●	●				●			●
29	🔴	Zur Halsalm	3.00	500	6	●	●			●			●	●
30	🔴	Durchs Klausbachtal	4.00	300/600	14	●		●					●	●
31	🔴	Durch die Almbachklamm	2.40	450	5	●	●	●			●			●
32	🔴	Auf die Kneifelspitze	2.45	460	5,5	●					●			●
33	🔵	Zur Fischunkelalm	2.40	300	8	●	●	●		●				●
34	🔵	Über den Carl-von-Linde-Weg	1.45	100	5,1	●	●	●						●
35	🔵	Zum Purtschellerhaus	2.30	480	5,5	●	●	●		●				●

Piktogramme erleichtern den Überblick

- Gehzeit
- Höhenunterschied
- Länge
- Einkehr
- kindergeeignet
- Sehenswürdigkeit
- wintergeeignet
- viel Sonne
- schattiger Weg
- Seilbahn
- baden
- ÖPNV

PS: Genussvoll …

… fanden wir die Arbeit an diesem Buch.

Wir glaubten, den Chiemgau recht gut zu kennen, aber wenn man sein Augenmerk gezielt auf so wunderschöne Leitthemen wie Aussicht, Kultur, Natur und Einkehr legt, eröffnen sich völlig neue Perspektiven und altbekannte Wege erscheinen in neuem Licht. Wir haben bei den Recherchen den Genuss gesucht und auch allenthalben gefunden. Die Gier danach ist noch lange nicht gestillt, sondern eher größer geworden.

… wären auch noch Wanderungen nördlich des Chiemsees gewesen,

wie z. B. bei Seeon oder Truchtlaching oder etwa um den Simssee. Auch der Spitzstein oder der lange Klausenberg wären interessant gewesen, genauso der blumenreiche Geigelstein, die einsame Rudersburg oder der Hochgern und der nette Zinnkopf. Das ist nur eine kleine Auswahl von Zielen, die wir ebenfalls als sehr genussvoll empfinden, die aber schlichtweg keinen Platz mehr in diesem Buch gefunden haben.

… wollen wir weiter unterwegs sein.

Und so sind wir schon am Überlegen, welche weitere Landschaft wir für ein neues Buch zur »Genussregion« erheben dürfen. Fortsetzung folgt – wir sind bereit.

Viel Spaß beim Genießen wünschen Ihnen

Lisa Bahnmüller

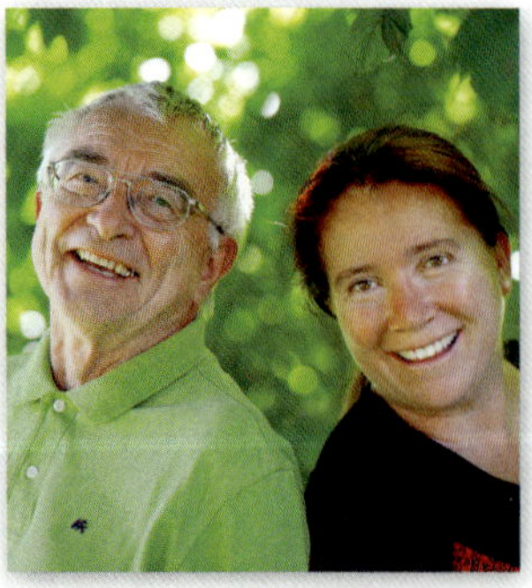

Lisa und Wilfried Bahnmüller

Register

Impressum

Verantwortlich: Stefanie Krüger
Redaktion und Lektorat: Anette Späth
Layout: Eva-Maria Klaffenböck
Repro: Cromika
Kartografie: Bruckmann Verlag GmbH, Heidi Schmalfuß
Herstellung: Alexander Knoll
Printed in Slovenia by Florjancic

★★★★★

Sind Sie mit diesem Titel zufrieden? Dann würden wir uns über Ihre Weiterempfehlung freuen.
Erzählen Sie es im Freundeskreis, berichten Sie Ihrem Buchhändler oder bewerten Sie bei Onlinekauf. Und wenn Sie Kritik, Korrekturen, Aktualisierungen haben, freuen wir uns über Ihre Nachricht an Bruckmann Verlag, Postfach 40 02 09, D-80702 München oder per E-Mail an lektorat@verlagshaus.de.

Unser komplettes Programm finden Sie unter www.bruckmann.de

Autorenempfehlung
Sie sind auf der Suche nach weiterführender Literatur? Dann empfehlen wir Ihnen den Titel »Zeit zum Wandern Chiemgau« von Michael Pröttel. Oder Sie werfen einen Blick in die Zeitschrift »Bergsteiger«. Hier werden Sie bestimmt fündig.
Ihre Lisa und Wilfried Bahnmüller

Bildnachweis: Alle Bilder im Innenteil und auf dem Umschlag stammen von den Autoren.
Umschlagvorderseite: Almenglück auf dem Samerberg, Abendlicht auf der Wimmeralm (Tour 2)
Umschlagrückseite: Das Kranzhorn ist ein traumhafter Aussichtsberg (Tour 4).

Die Deutsche Nationalbibliothek verzeichnet diese Publikation in der Deutschen Nationalbibliografie; detaillierte bibliografische Daten sind im Internet über http://dnb.d-nb.de abrufbar.

ISBN 978-3-7343-1334-9